The Great Power
of Truth
Theoretical
Breakthroughs in
Adapting
Marxism to
the Chinese Context

真理的伟力

马克思主义中国化的理论飞跃

常运立 崔 辉/主 编
王璐颖 印言蹊/副主编

上海社会科学院出版社
SHANGHAI ACADEMY OF SOCIAL SCIENCES PRESS

引　言
中国共产党是马克思主义理论武装起来的政党

作为一个有上百年历史的政党,中国共产党带领人民书写了中华民族几千年历史上最恢宏的史诗,创造了举世瞩目的人间奇迹。这些伟大成就与其自身特质密不可分,其中,注重理论的创新和发展是构成其特质的一个重要因素。因此,要真正懂得中国共产党,就必须深入了解和研究中国共产党不断推进马克思主义中国化理论飞跃的过程。

一、先进理论:中国共产党得天独厚的先天优势

20世纪初的中国,亟待解决三大课题:一是必须有一个先进政党,以整合四分五裂的国家;二是这个先进政党必须有新的思想武器;三是必须能够从各种外来的"主义"中选择先进理论,并善用之。

其一,中国亟须建立一个先进政党。19世纪中叶以后,"由于西方列强入侵和封建统治腐败,中国逐步成为半殖民地半封建社会,国家蒙辱、人民蒙难、文明蒙尘,中华民族遭受了前所未有的劫难。为了拯救民族危亡,中国人民奋起反抗,仁人志士奔走呐喊,进行了可歌可泣的斗争。太平天国运动、洋务运动、戊戌变法、义和团运动接连而起,各种救国方案轮番出台,但都以失败告终。孙中山先生领导的辛亥革命推翻了统治中国几千年的君主专制制度,但未能改变中国半殖民地半封建的社会性质和中国人民的悲惨命运。中国迫切需要新的思想引领救亡运动,迫切需要新的组织凝聚革命

力量"。①

其二,中国先进分子在比较鉴别中选择了马克思主义。自鸦片战争以来,中国人已经认识到中国传统文化的弊病,曾潜心向西方寻找真理,"中国人向西方学得很不少。但是行不通,理想总是不能实现。多次奋斗,包括辛亥革命那样全国规模的运动,都失败了,国家的情况一天一坏,环境迫使人们活不下去。怀疑产生了,增长了,发展了"。②到20世纪初,资产阶级民主主义在中国人的心目中走向了破产。正是在这种历史条件下,俄国十月社会主义革命的胜利惊醒了向西方寻找真理的中国人,也促使中国先进知识分子的目光由英美转向俄国。在经过对各种主义的比较、鉴别之后,中国的先进分子逐步选择了马克思主义,一批先进的民主主义者,如李大钊、陈独秀、毛泽东等,接受了马克思主义,成长为第一代马克思主义者。

其三,中国先进分子对马克思主义的坚定信仰。中国先进分子接受马克思主义的根本动力在于救国救民,是在认定马克思主义能够救中国的前提下做出的选择。这种选择并非一般意义上的选择,而是一种政治的或道路的选择。因此,对于这些中国先进分子而言,这种选择实际上就是他们政治信仰确立的过程。李大钊、陈独秀、毛泽东、周恩来等先进分子都是在选择了马克思主义后,从民主主义革命者转变为共产主义革命者,并从此坚定了马克思主义信仰。正是有了这批先进分子的选择,中国共产党才得以诞生。而且,这些共产党人坚定地信仰马克思主义,在任何情况下都毫不动摇自己的政治立场,始终高举马克思主义旗帜,并且代代相传,结果不仅使马克思主义成为20世纪以来中国思想理论的主导和主流,而且成为改变中国命运的旗帜。

由此可见,中国共产党从孕育到诞生都离不开马克思主义,先进理论是中国共产党得天独厚的优势,中国共产党也成为以理论立身、以理论强党的范例。

---

① 《中共中央关于党的百年奋斗重大成就和历史经验的决议》,《人民日报》2021年11月17日,第1版。
② 《毛泽东选集》第4卷,人民出版社1991年版,第1470页。

二、守正创新：中国共产党实现理论飞跃的智慧

"马克思主义从来不是教条，而是行动的指南。它要求人们根据它的基本原则和基本方法，不断结合变化着的实际，探索解决新问题的答案，从而也发展马克思主义理论本身。"①这是中国共产党人历经艰辛探索得出的重要结论，也是中国共产党人不断发展马克思主义的基本依据。

其一，始终坚持把马克思主义作为党的指导思想。马克思主义源于其产生的那个时代又超越了那个时代，既是那个时代精神的精华，又是整个人类精神的升华。马克思主义是科学的理论，创造性地揭示了人类社会发展规律，为人类指明了从必然王国向自由王国飞跃的途径，为人民指明了实现自由和解放的道路。马克思主义是人民的理论，第一次创立了人民实现自身解放的思想体系，以科学的理论为最终建立一个没有压迫、没有剥削、人人平等、人人自由的理想社会指明了方向。马克思主义不是书斋里的学问，而是实践的理论，指引着人民改造世界的行动，是在人民求解放的实践中丰富和发展的，为人民认识世界、改造世界提供了强大精神力量。马克思主义是不断发展的开放的理论，始终站在时代最前沿。一部马克思主义发展史，就是马克思、恩格斯以及他们的后继者们不断根据时代、实践、认识发展而发展的历史，是不断吸收人类历史上一切优秀思想文化成果丰富自己的历史。实践证明，马克思主义为中国革命、建设、改革提供了强大思想武器。历史和人民选择马克思主义是完全正确的，中国共产党把马克思主义写在自己旗帜上是完全正确的。马克思主义始终是中国共产党的指导思想，是中国共产党人认识世界、把握规律、追求真理、改造世界的强大思想武器。正如习近平总书记指出的："马克思列宁主义、毛泽东思想一定不能丢，丢了就丧失根本。"②

其二，勇于借鉴人类文明的一切优秀成果。借鉴人类文明的一切优秀成果，包括借鉴历史遗产、历史经验，也包括借鉴一切外来文化。但借鉴不是照抄照搬，而是批判地吸收和利用。毛泽东指出："学习我们的历史遗产，用马克

---

① 《邓小平文选》第3卷，人民出版社1993年版，第146页。
② 《习近平谈治国理政》，外文出版社2014年版，第9页。

思主义的方法给以批判的总结,是我们学习的另一任务。"①对民族文化的借鉴,就是"剔除其封建性的糟粕,吸收其民主性的精华",是"将古代封建统治阶级的一切腐朽的东西和古代优秀的人民文化即多少带有民主性和革命性的东西区别开来"。②对于外来文化,"我们的方针是,一切民族、一切国家的长处都要学,政治、经济、科学、技术、文学、艺术的一切真正好的东西都要学。但是,必须有分析有批判地学,不能盲目地学,不能一切照抄,机械搬运。他们的短处、缺点,当然不要学"。③特别是,不能"全盘西化",这是"一种错误的观点,形式主义地吸收外国的东西,在中国过去是吃过大亏的"。④

其三,善于推动理论的不断创新。创新理论,就是在坚持马克思主义基本原理和借鉴人类文明一切优秀成果的基础上,结合中国的具体国情和实践经验创造新理论。一个具有强大生命力的政党必然是一个善于创新、善于突破旧框框的政党。中国共产党始终认为,创新是一个民族进步的灵魂。党将理论创新作为自己生存和发展的根本原因,提出"实践永无止境,创新永无止境"。⑤正如习近平总书记所指出的:"我们党的历史,就是一部不断推进马克思主义中国化的历史,就是一部不断推进理论创新、进行理论创造的历史。一百年来,我们党坚持解放思想和实事求是相统一、培元固本和守正创新相统一,不断开辟马克思主义新境界,产生了毛泽东思想、邓小平理论、'三个代表'重要思想、科学发展观,产生了新时代中国特色社会主义思想,为党和人民事业发展提供了科学理论指导。"⑥

由此可见,中国共产党始终把马克思主义基本原理同中国具体实际相结合、同中华优秀传统文化相结合,以守正创新的智慧,不断推动马克思主义中国化的理论飞跃。

---

① 《毛泽东选集》第 2 卷,人民出版社 1991 年版,第 533 页。
② 《毛泽东选集》第 2 卷,人民出版社 1991 年版,第 707—708 页。
③ 《毛泽东文集》第 7 卷,人民出版社 1999 年版,第 41 页。
④ 《毛泽东选集》第 2 卷,人民出版社 1991 年版,第 707 页。
⑤ 《胡锦涛文选》第 2 卷,人民出版社 2016 年版,第 621 页。
⑥ 《习近平在党史学习教育动员大会上强调:学党史悟思想办实事开新局 以优异成绩迎接建党一百周年》,http://www.gov.cn/xinwen/2021-02/20/content_5587966.htm。

百年来，中国共产党坚持用马克思主义观察时代、解读时代、引领时代，用鲜活丰富的当代中国实践来推动马克思主义发展，用宽广视野吸收人类创造的一切优秀文明成果，在坚持改革中守正创新、不断超越自己，在开放中博采众长、不断完善自己，不断深化对共产党执政规律、社会主义建设规律、人类社会发展规律的认识，不断开辟当代中国马克思主义、21世纪马克思主义新境界！

目 录

第一编　中国共产党实现马克思主义中国化的理论飞跃

第一章　马克思主义中国化的第一次伟大飞跃　　3
第一节　审慎抉择：拥抱来自西方的科学真理　　3
第二节　独立自主：以解决中国问题为出发点　　8
第三节　艰苦探索：毛泽东思想的创立　　16

第二章　马克思主义中国化的第二次伟大飞跃　　23
第一节　突破教条：在解放思想中开创新道路　　23
第二节　实事求是：在改革实践中不断创新理论　　32
第三节　锐意进取：中国特色社会主义理论体系的形成　　38

第三章　马克思主义中国化的第三次伟大飞跃　　47
第一节　自信自强：中国特色社会主义进入新时代　　47
第二节　两个结合：不断推进马克思主义中国化　　52
第三节　守正创新：习近平新时代中国特色社会主义思想的创立　　62

第二编　21世纪的马克思主义

第四章　时代之问：习近平新时代中国特色社会主义思想的逻辑起点　　77
第一节　坚持和发展中国特色社会主义　　77
第二节　全面建设社会主义现代化强国　　84

第三节　建设长期执政的马克思主义政党　　91

第五章　历史成就：习近平新时代中国特色社会主义思想的实践基点　99
　　第一节　统筹推进"五位一体"总体布局　　99
　　第二节　协调推进"四个全面"战略布局　　117
　　第三节　立足新发展阶段、贯彻新发展理念、构建新发展格局、
　　　　　　推动高质量发展　　130

第六章　"十个明确"：习近平新时代中国特色社会主义思想的逻辑体系　141
　　第一节　"十个明确"的政治逻辑　　141
　　第二节　"十个明确"的理论逻辑　　155
　　第三节　"十个明确"的实践逻辑　　165

第三编　理论飞跃与时代伟业

第七章　理论飞跃与中国梦　179
　　第一节　理论飞跃聚焦中国问题　　179
　　第二节　理论飞跃是实现中国梦的基石　　192

第八章　理论飞跃与人类社会　201
　　第一节　为全球治理体系改革和建设贡献新智慧　　201
　　第二节　为人类迈向现代化创造新道路　　206
　　第三节　为人类文明发展提供新样本　　216

结束语　　226
后　记　　232

第一编　中国共产党实现马克思主义中国化的理论飞跃

中国共产党是用马克思主义武装起来的政党,马克思主义是中国共产党人理想信念的灵魂。但是,中国共产党不是简单重复或者把马克思主义变成僵化的教条,而是在实践中创造性地运用并创新马克思主义。中国共产党的历史,也是一部不断推进马克思主义中国化的历史,一部不断推进理论创新、进行理论创造的历史。中国共产党坚持把马克思主义基本原理同中国具体实际相结合、同中华优秀传统文化相结合,及时回答时代之问、人民之问,不断推进马克思主义中国化时代化,不断推动马克思主义中国化的理论飞跃。

第一章
马克思主义中国化的第一次伟大飞跃

毛泽东思想是马克思主义中国化的第一个理论成果,是马克思列宁主义在中国的创造性运用和发展,是被实践证明了的关于中国革命和建设的正确的理论原则和经验总结,是马克思主义中国化的第一次历史性飞跃。毛泽东思想是中国共产党人运用马克思主义的立场、观点和方法,根据中华民族的特点,在总结中国革命实践中一系列独创性经验和初步探索社会主义道路的基础上,经过科学缜密的分析而建立起来的适合中国国情的指导思想。

第一节 审慎抉择:拥抱来自西方的科学真理

轰轰烈烈的近代历史变迁,给中国人民创造了选择机会。进入近代以来,保守主义、改良主义、民主社会主义、无政府主义、实证主义等各种形形色色的社会思潮、理论和救世方案都涌入中国,一时间各领风骚,中国的先进分子在比较和鉴别中选择了马克思主义。

一、在比较鉴别中选择马克思主义

(一) 马克思主义的科学性、真理性得到验证是根本原因

进入近代以来,先进的中国人就开始思考和探索救国救民的真理,但是太平天国运动、戊戌变法、辛亥革命都以失败告终。新文化运动虽然破天荒第一次在中国大地上实现了早期的思想启蒙,给予个人解放以巨大潜力和希望,但

是它没有深入解决中国沉重的社会结构问题。

俄国十月革命显示了马克思主义理论的科学性和真理性。俄国十月革命以世人都看得见的结果,向世界表明马克思主义行得通,它向全世界展示了一个在马克思主义理论指导下的新型政权,展示了一种战胜资本主义制度、超越资本主义制度的新型国家,它最直观地展示了马克思主义可以在一国而非全世界获得胜利的样板,完成了把马克思主义转化为世界潮流的一步,马克思主义成为理论和实践兼修的科学和真理。

十月革命后,马克思主义的力量以及对工人阶级伟大力量的阐述和号召,进一步得到全球认可。中国一批有识之士通过比较,认识到了马克思主义所表现出的巨大力量,他们开始大量宣传马克思主义,最具有代表性的就是李大钊。在他们的努力之下,一大批先进的知识分子和觉悟的工人阶级,紧紧跟上了世界潮流,按照十月革命昭示的光辉道路,积极传播马克思主义,动员和发展工人阶级力量,并建立了多个共产主义组织。在马克思主义的指导下,在共产主义运动的推动下,中国革命如火如荼地开展起来,而革命在挫折进程中的不断胜利,则又反过来巩固了马克思主义的真理性认同,进一步加强了中国人民选择马克思主义的信心。

(二) 马克思主义中国化是基本原因

马克思主义早期传入中国时,接受者还只是一小部分知识分子。马克思主义是科学和真理,但是它如何适应不断变化的形势,被广大人民接受,是摆在广大革命者面前的重要问题。先进的马克思主义革命家找到了解决问题的真正道路——中国化。

伟大的中国共产党领导以其敏锐的战略眼光和卓绝的实践智慧,果断地把马克思主义基本原理同中国具体实际相结合。1938年,毛泽东首次提出马克思主义中国化路径,并身体力行积极推动。马克思主义中国化,具体而言就是把马克思主义基本原理同中国实际相结合,融入中国元素、引入中国土壤、形成马克思主义的中国形式,使之具有中国风格和中国气派。习近平总书记强调:"我们党的历史,就是一部不断推进马克思主义中国化的历史。"[①]通过把

[①] 习近平:《坚持用马克思主义及其中国化创新理论武装全党》,《求是》2021年第22期。

马克思主义中国化,马克思主义者找到了能让马克思主义在中国生根发芽的根本路径;也正是通过中国化,马克思主义成为中国人民的历史性选择。

同时,马克思主义中国化建立了马克思主义与中国现代化进程的现实性联系。马克思列宁主义传入中国时,中国正处在现代化进程的纵向延续轴上,中国化的马克思主义融入这一进程,并把自己也变成了现代化的推动因素。一般的马克思主义向中国化的马克思主义转化后,承接了中国的现代化进程。不过,不同的年代,马克思主义作为现代化的因素,起作用的方式有所不同,表现出来的现代含义也不同。革命年代以意识形态承载的方式植入现代化基因,建设年代则以政党组织动员的方式建立起全能化的现代化模式,形成了被中国人民广泛接受并自觉推动,从而引领中国进步的马克思主义。

(三) 中国共产党在比较中坚持是重要原因

从早期的传播起源看,中国在传播革命理论的初始阶段,就是在比较鉴别中认可和接受马克思主义的。作为马克思主义理论传播的先驱者,李大钊先后撰写《法俄革命之比较观》《庶民的胜利》《布尔什维主义的胜利》等伟大著作,为中国共产党接受和坚持马克思主义奠定了早期的理论基础。也正是由于早期革命者的努力,中国共产党自其建立一开始,就把马克思主义写在自己的旗帜上。从毛泽东开始,中国共产党始终认为,只有马克思主义这个在当时被称为激进社会主义的主义,才能拯救中国于水火,抵御帝国主义,为人民谋幸福,才是真正的出路。自那以后,无论顺境还是逆境,中国共产党始终坚持马克思主义信仰不动摇。

中国共产党始终坚持马克思主义,不断传播马克思主义,成为全国性执政党后,很快就把社会主义应用于全国性的实践,尽管建设过程中出现过波折,但是坚持以马克思主义为指导,这从根本上为中国人民选择马克思主义提供了持续的组织基础,确保了中国人民选择马克思主义的长期性。

改革开放以后,中国共产党以其伟大的战略定力,始终坚持马克思主义。邓小平指出:"我们的党和人民浴血奋斗多年,建立了社会主义制度。尽管这个制度还不完善,又遭受了破坏,但是无论如何,社会主义制度总比弱肉强食、损人利己的资本主义制度好得多。我们的制度将一天天完善起来,它将吸收我们可以从世界各国吸收的进步因素,成为世界上最好的制度。这是资本主义所绝对不可能做到的。"①经历了四十多年的改革开放后,中国基本形成了较为完善的现代国家制度和治理体系,把马克思主义具体化为制度体系,形成了坚持马克思主义的制度基础。

二、马克思主义政党改变了中国

(一) 中国共产党改变了中国人民受压迫、被剥削的悲惨地位

从1840年鸦片战争开始,中国从封建帝制社会逐渐沦为半殖民地半封建社会,西方帝国主义列强强权和封建专制统治综合禁锢着中国的发展,广大人民遭受压迫和剥削,遭受帝国主义的欺凌。中国共产党带领人民外求民族独立,驱除帝国主义列强在华统治,废除了列强强加给中国的不平等条约和帝国主义在中国的一切特权;内求人民解放,推翻了封建专制长达几千年对中国的禁锢。

中国共产党领导中国人民经过28年艰苦卓绝的斗争,建立了人民当家作主的新中国。中国彻底结束了极少数剥削者统治广大劳动人民的历史,彻底改变了旧中国一盘散沙的局面,彻底废除了列强强加给中国的不平等条约和帝国主义在中国的一切特权,实现了中国从几千年封建专制向人民民主的伟大飞跃。在中国共产党的领导下,人民翻身求得了解放,彻底摆脱了被欺负、被压迫、被奴役的命运,人民真正成为国家、社会和自己命运的主人。

(二) 中国共产党改变了旧中国积贫积弱的命运

中国共产党不可逆转地改变了中国积贫积弱的近代命运,把解放和发展社会生产力,使人民摆脱贫困、尽快富裕起来作为自己的使命追求。新中国成立前夕,中国共产党就做出了工作重心从农村转移到城市的决策。改革开放以后,党和国家及时把党和国家工作重心转移到经济建设上,坚持以经济建设为中心,坚持发展,把科学技术作为第一生产力,把科教兴国、可持续发展、人才强国、西部大开发、振兴东北地区、城乡区域协调发展等作为实现富强的重

---

① 《邓小平文选》第2卷,人民出版社1994年版,第337页。

大战略,形成集国有经济、集体经济、非公有制经济多重优势为一体的经济体制,根据发展阶段和形势需要,积极转变增长方式,走绿色发展之路,确保经济可持续,确保富强可持续。

在中国共产党的努力下,中国创造了长期经济增长和社会稳定的奇迹,彻底摆脱了绝对贫困,中国式脱贫举世罕见,其规模力度之大、成就影响之深,令世界艳羡。中国建成了全球最大规模的社会保障体系,全面建成了小康社会,人民群众的获得感、幸福感、安全感不断增强,中国共产党把中国推向历史上从未有过的新高度,国家和人民一道走向富强。

(三)中国共产党改变了中华民族的发展方向和进程

中国共产党带领中国人民走中国特色社会主义道路,把实现中华民族伟大复兴作为奋斗目标。中国仅用几十年就完成了工业化进程,而西方国家同样的进程却经历了数百年。在工业化进程中,中国共产党以其高超的战略眼光和卓越的布局能力,成功避免了西方国家布下的产业发展陷阱,在积极融入全球化生产体系的同时,建立起门类齐全的全产业链体系,创造了经济快速发展和社会长期稳定两大奇迹,中国成功地发展成为世界第一制造业大国、贸易大国,经济繁荣和社会进步齐头并进,呈现出一派欣欣向荣的气象。在实现全面小康以后,中国正大踏步地迈入本世纪中叶把我国建成富强、民主、文明、和谐、美丽的社会主义现代化强国的新征程,开启由富起来到强起来的伟大飞跃。习近平指出:"中国特色社会主义不是从天上掉下来的,是党和人民历尽千辛万苦、付出巨大代价取得的根本成就。"[1]

中国以其磅礴的力量和发展规模,成功地让社会主义屹立于世界的东方,使马克思主义以崭新形象展现在世界上,"使世界范围内社会主义和资本主义两种意识形态、两种社会制度的历史演进及其较量发生了有利于社会主义的重大转变"[2]。中国特色社会主义制度在东方中国,牢牢地建立和巩固,代表着世界发展的新趋势,开辟了世界发展的新格局、新境界。中国共产党胸怀世

---

[1] 习近平:《在庆祝中国共产党成立95周年大会上的讲话》,《人民日报》2016年7月2日,第2版。
[2] 《中共中央关于党的百年奋斗重大成就和历史经验的决议》,《人民日报》2021年11月17日,第1版。

界,把为人类进步事业奋斗作为努力的方向,习近平总书记指出:"中国共产党始终把为人类作出新的更大的贡献作为自己的使命。"[①]党为人类谋进步、为世界谋大同,着力构建持久和平、普遍安全、共同繁荣、开放包容、清洁美丽的新世界,以自己持续的奋斗深刻改变了世界发展的趋势和格局。

第二节 独立自主:以解决中国问题为出发点

中国共产党的成立,是开天辟地的大事变,中国革命面貌由此焕然一新。大革命失败后,中国共产党独立举起革命旗帜,创建发展了红军和农村革命根据地,开辟了农村包围城市、武装夺取政权的道路。抗日战争期间,中国共产党促进了国共第二次合作,制定了正确的战略方针;同时提出了"马克思主义中国化"的伟大命题,加强了中国共产党的自身建设。

一、革命的开局与挫折

在中国工人阶级的先锋队中国共产党的领导下,经过长期、艰苦、曲折的斗争,中国人民推翻了半殖民地半封建的社会制度,最终取得了新民主主义革命的胜利。

(一)制定民主革命纲领,开展工农运动

1921年7月,中国共产党成立,这是开天辟地的大事变,中国革命的面貌从此焕然一新。

第一,第一次提出了反帝反封建的民主革命纲领,为中国人民指出了明确的斗争目标。刚刚成立的中国共产党,最重要的任务是学习运用科学理论来观察和分析中国面对的实际问题。1922年7月在上海举行的中国共产党第二次全国代表大会,通过对中国社会经济政治状况的分析,揭示出中国社会的半殖民地半封建性质,指出党的最高纲领是实现社会主义、共产主义;最低纲领

---

① 《习近平在中国共产党第十九次全国代表大会上的报告》,《人民日报》2017年10月27日,第1版。

是打倒军阀,推翻国际帝国主义的压迫,统一中国为真正民主共和国。大会指出,为实现反帝反军阀的革命目标,必须联合全国一切革命党派,联合资产阶级民主派,组成"民主主义的联合战线"。

第二,发动工农群众开展革命斗争。在中国共产党的领导、组织和推动下,从 1922 年 1 月香港海员罢工到 1923 年 2 月京汉铁路工人罢工,中国掀起了工人运动的第一个高潮。在 13 个月中,全国发生了包括安源路矿工人罢工、开滦五矿工人罢工等在内的大小罢工 100 余次,参加者在 30 万人以上。

通过领导工人斗争,中国共产党密切了同工人阶级的联系,此外也开始从事发动农民的工作,党的自身建设得到加强。1925 年 1 月,工人党员占到全体党员人数的 50% 以上。1921 年 9 月,浙江萧山县衙前村成立了中国第一个农民协会;1922 年 6 月,彭湃在广东海丰县赤山约成立了农会。这种新式的农民运动,在中国共产党成立前也是不曾有的。①

(二)第一次国共合作与大革命失败

1923 年 2 月 7 日,京汉铁路罢工遭到反动军阀血腥镇压,造成二七惨案。此后,中国工人运动暂时转入低潮。中国共产党从中看到,这时的中国革命力量远不如帝国主义和封建势力强大。所以二七惨案后,中国共产党决定采取更为积极的步骤,联合孙中山领导的中国国民党。1924 年 1 月,由孙中山主持的中国国民党第一次全国代表大会在广州举行。国民党一大在事实上确认了联俄、联共、扶助农工的三大革命政策,标志着第一次国共合作正式形成。

国共合作实现后,以广州为中心,汇集全国革命力量,很快开创了反对帝国主义和封建军阀的革命新局面。1924 年,工人运动开始复兴;1925 年,中华全国总工会成立。农民运动也逐步开展,从 1924 年 7 月起,在广州开办 6 届农民运动讲习所,培养了一批农民运动骨干。学生运动和妇女运动也得到发展。在日益高涨的革命形势下,中国共产党还进行了创建直接领导的革命武装的尝试。1926 年初,建立了由共产党员叶挺指挥的国民革命军

---

① 中共中央党史研究室:《中国共产党的九十年·新民主主义革命时期》,中共党史出版社 2016 年版,第 49—50 页。

第四军独立团。1926年7月,以推翻北洋军阀统治为目标的北伐战争开始。随着北伐的胜利进军,中国历史上空前广大的人民解放运动得以形成。但是,在北伐的进程中,蒋介石的反共活动也日益公开化。1927年4月12日,蒋介石在上海发动反革命政变,以"清党"为名,在东南各省大规模捕杀共产党员和革命群众。7月15日,时任武汉国民政府主席的汪精卫在武汉召开"分共"会议,对共产党员和革命群众实行搜捕和屠杀。国共合作全面破裂,大革命最终失败。

大革命从兴起到失败的经验教训表明,中国共产党还处在幼年时期,缺乏应对如此复杂环境的政治经验,缺乏对中国社会和中国革命基本问题的深刻认识,还不善于把马克思列宁主义的基本原理和中国革命的实践结合起来。由此导致中国共产党的中央领导机关在大革命的后期犯了右倾机会主义错误,革命遭到失败。但正是由于经历了这场大革命,中国人民的觉悟程度和组织程度有了明显提高,中国共产党开始掌握了一部分革命武装。所有这些,为把中国革命推进到一个新的阶段——土地革命战争阶段准备了必要条件。

(三)农村包围城市、武装夺取政权道路的开辟

党从残酷的现实中认识到,没有革命的武装就无法战胜武装的反革命,就无法夺取中国革命胜利,就无法改变中国人民和中华民族的命运,必须以武装的革命反对武装的反革命。南昌起义打响了武装反抗国民党反动派的第一枪,标志着中国共产党独立领导革命战争、创建人民军队和武装夺取政权的开端。

1927年8月7日,中共中央在汉口秘密召开紧急会议,即八七会议,会议确定了实行土地革命和武装起义的方针。毛泽东在会议发言中强调:"以后要非常注意军事。须知政权是由枪杆子中取得的。"[1]八七会议给正处在思想混乱和组织涣散中的中国共产党指明了新的出路,这是由大革命失败到土地革命战争兴起的历史性转变。此后,党领导举行秋收起义、广州起义和其他许多

---

[1] 中共中央党史研究室:《中国共产党的九十年·新民主主义革命时期》,中共党史出版社2016年版,第104页。

地区起义，但由于敌我力量悬殊，这些起义大多数失败了。事实证明，在当时的客观条件下，中国共产党人不可能像俄国十月革命那样通过首先占领中心城市来取得革命在全国的胜利。在起义失败后保留下来的部队，大都经过摸索，逐步转移到了远离国民党统治中心的农村区域，在那里发动农民群众、开展游击战争、进行土地革命和创建工农政权。

从进攻大城市转为向农村进军，是中国革命具有决定意义的新起点。毛泽东领导军民在井冈山建立第一个农村革命根据地。1928年4月下旬，朱德、陈毅率领南昌起义保留下来的部队和湘南起义农军陆续转移到井冈山地区，与毛泽东领导的部队会师，成立工农革命军第四军，朱德任军长，毛泽东任党代表和军委书记。从此，他们领导的军队被称为"朱毛红军"。井冈山根据地的建立，点燃了工农武装割据的星星之火，为中国革命开辟出了农村包围城市、武装夺取政权这样一条前人没有走过的正确道路。大革命失败后，中国共产党人正是沿着这条独特的道路，引导中国革命走向复兴并逐步赢得胜利的。1929年12月，红四军党的第九次代表大会，即古田会议，在福建上杭县古田村召开，古田会议确立了思想建党、政治建军原则。古田会议决议是中国共产党和红军建设的纲领性文献，是党和人民军队建设史上的重要里程碑。

随着革命新道路的开辟，中国革命开始走向复兴。到1930年初，共产党领导人民群众建立了大小十几块农村根据地，红军发展到7万人，连同地方武装共约10万人。红军游击战争实际上已经成为中国革命的主要形式，农村根据地成为保存和锻炼革命力量的主要战略阵地。

（四）"左"倾错误给土地革命带来严重挫折

中国革命的复兴和发展并不是一帆风顺的。从1927年7月大革命失败到1935年遵义会议召开前，"左"倾错误先后三次在党中央领导机关取得了统治地位，尤其是以王明为代表的"左"倾教条主义错误，使中国革命遭受严重挫折，中央革命根据地第五次反"围剿"失败，不得不退出南方根据地，实行战略转移——长征。中央红军（红一方面军）开始长征后，项英、陈毅等率领中央根据地留下的部分红军在南方坚持了艰苦卓绝的三年游击战争。

(五) 遵义会议和红军长征的胜利

长征初期,原来推行"左"倾错误路线的中央领导人,在实行突围和战略转移时,又犯了退却中的逃跑主义错误。在强渡湘江后,中央红军从长征出发时的8.6万人锐减到3万多人。严酷的事实教育了广大共产党员和红军指战员,促使他们对"左"倾错误领导产生了怀疑和不满。

1935年1月,中央政治局在长征途中举行遵义会议,会议集中解决了当时具有决定意义的军事和组织问题,事实上确立了毛泽东在党中央和红军的领导地位,开始确立了以毛泽东为主要代表的马克思主义正确路线在党中央的领导地位,开始形成以毛泽东为核心的党的第一代中央领导集体,开启了党独立自主解决中国革命实际问题的新阶段,在最危急关头挽救了党、挽救了红军、挽救了中国革命。这在党的历史上是一个生死攸关的转折点。

遵义会议后,中央红军采取灵活机动的战略战术,四渡赤水河,巧渡金沙江,摆脱了数十万国民党军队的围追堵截,赢得了战争的主动权。随后,强渡大渡河,飞夺泸定桥,翻越人迹罕至、终年积雪的夹金山。与红四方面军会师后,党中央又同张国焘分裂中央、分裂红军的严重错误进行了坚决的斗争,于10月19日到达陕北吴起镇。1936年10月,红一、二、四方面军会师甘肃会宁,三大主力红军的长征胜利结束。

长征的胜利,极大地促进了党在政治上和思想上的成熟。中国共产党进一步认识到,只有把马克思主义基本原理同中国革命具体实际结合起来,独立自主解决中国革命的重大问题,才能把革命事业引向胜利。长征一结束,中国革命的新局面就开始了。

(六) 为建立抗日民族统一战线而斗争

九一八事变后,中日民族矛盾逐渐超越国内阶级矛盾上升为主要矛盾。在日本帝国主义加紧侵略我国、民族危机空前严重的关头,党率先高举武装抗日旗帜。1935年8月1日,中共驻共产国际代表团草拟《中国苏维埃政府、中国共产党中央为抗日救国告全体同胞书》(《八一宣言》),呼吁停止内战,组织国防政府和抗日联军,对日作战。12月,中共中央在陕北瓦窑堡召开政治局扩大会议,提出党的基本策略任务是建立广泛的抗日民族统一战线,批评了党内长期存在的"左"倾冒险主义、关门主义错误倾向。中国共产党在新的历史时期即将到来时掌握了政治主动权。1936年12月,蒋介石到达西安,逼迫张学良、杨虎城"剿共",张、杨在向蒋介石要求抗日遭拒后,于12日凌晨毅然实行"兵谏",扣留蒋介石,并通电全国,提出停止内战、一致抗日等八项主张。党中央以中华民族团结抗日大局为重,独立自主确定了用和平方式解决西安事变的方针。周恩来与张、杨共同努力,经过谈判,迫使蒋介石做出"停止剿共,联红抗日"的承诺,西安事变的和平解决成为时局转换的枢纽,十年内战局面基本结束,国内和平初步实现。

为促进国共两党合作,1937年2月,中共中央致电国民党五届三中全会,提出停止内战等五项要求。如果国民党将这五项要求定为国策,共产党愿意实行包括停止武力推翻国民党政府的方针在内的四项保证。上述主张在全国引起巨大反响,也得到国民党内抗日派的赞同。国民党五届三中全会表示同意国共两党进行谈判,并在会议文件上第一次写上了"抗日"字样。为促进国共两党合作抗日,1937年7月15日,中共代表周恩来等将《中共中央为公布国共合作宣言》交给蒋介石;9月22日,国民党中央通讯社发表中共中央的宣言;23日,蒋介石发表实际上承认共产党合法地位的谈话。以国共两党第二次合作为基础的抗日民族统一战线正式形成。

七七事变后,党在实行正确的抗日民族统一战线政策的同时,坚持全面抗战路线,提出和实施持久战的战略总方针和一整套人民战争的战略战术,开辟广大敌后战场和抗日根据地,领导八路军、新四军、东北抗日联军和其他人民抗日武装英勇作战,成为全民族抗战的中流砥柱,直到取得中国人民抗日战争最后胜利。这是近代以来中国人民反抗外敌入侵第一次取得完全胜利的民族解放斗争,也是世界反法西斯战争胜利的重要组成部分。

二、马克思主义中国化命题的提出

1938年9月29日至11月6日,中共扩大的六届六中全会在延安桥儿沟召开。参加这次会议的中央委员和候补中央委员17人,中央各部门和各地区领导干部30余人。这是自党的六大以来出席人数最多的一次中央全会,也是被毛泽东称为"决定中国之命运"①的重要会议,具有不可估量的巨大贡献。

中国共产党从成立之日起,就明确把马克思主义确立为党的指导思想。但由于马克思主义在中国传播时间较短,加之斗争环境恶劣,党较难对党员进行系统的马克思主义教育,这使得我们党在用马克思主义来解释和指导中国革命上存在薄弱环节,党内一度盛行把马克思主义教条化,给革命造成了很大损失。全国抗战开始以后,国民党顽固派大肆宣扬"一个主义""一个政党"的主张,大肆鼓吹"共产主义不适合中国国情"。中国向何处去的问题,尖锐地摆在每一个中国人面前。1937年11月,王明回国以后,积极宣传"一切经过统一战线""一切服从统一战线"的错误思想,把共产党和人民军队的活动限制在国民党允许的范围内,对洛川会议以来党在统一战线问题上的许多正确观点和政策提出批评,在实际工作中产生了消极影响。究其错误根源在于,没有把马克思主义与中国革命实际相结合。这些错误观点受到毛泽东等中央领导人的坚决抵制。1938年8月,中共驻共产国际代表王稼祥回国,传达共产国际指示:中共中央的政治路线是正确的,中共中央要以毛泽东为首来解决统一领导的问题。为此,毛泽东创造性地提出了"马克思主义中国化"的新命题,而新民主主义理论的提出和系统阐明,就是马克思主义中国化的伟大成果。

在六届六中全会上,毛泽东做了题为《论新阶段》的长篇报告,深刻指出:"没有抽象的马克思主义,只有具体的马克思主义。所谓具体的马克思主义,就是通过民族形式的马克思主义,就是把马克思主义应用到中国具体环境的具体斗争中去,而不是抽象地应用它。成为伟大中华民族之一部分而与这个民族血肉相连的共产党员,离开中国特点来谈马克思主义,只是抽象的空洞的马克思主义。因此,马克思主义的中国化,使之在其每一表现中带着中国的特性,即是说,按照中国的特点去应用它,成为全党亟待了解并亟须解决的问题。"②这是党内第一次提出"马克思主义中国化"的命题。

此后,毛泽东接连发表《〈共产党人〉发刊词》《中国革命和中国共产党》《新民主主义论》等重要的理论著作。毛泽东首先揭示了中国半殖民地半封建社

---

① 《毛泽东选集》第3卷,人民出版社1991年版,第425页。
② 《建党以来重要文献选编(一九二一——一九四九)》第15册,中央文献出版社2011年版,第651页。

会的性质和主要特征,近代中国社会的主要矛盾和中国革命发生及发展的原因。在此基础上,他阐明了中国共产党领导的整个中国革命运动,是包括民主主义革命和社会主义革命两个阶段在内的全部革命运动。而1919年五四运动以后的中国民主革命,已经是无产阶级领导的人民大众的反帝反封建的新民主主义革命。区别新民主主义革命和旧民主主义革命的根本标志,是无产阶级的领导权问题。

毛泽东还阐明了中国共产党在新民主主义革命阶段的基本纲领,即在政治上,要建立"无产阶级领导下的一切反帝反封建的人们联合专政的民主共和国,这就是新民主主义的共和国"。在经济上,要使"大银行、大工业、大商业归这个共和国的国家所有","这个共和国并不没收其他资本主义的私有财产,并不禁止'不能操纵国民生计'的资本主义生产的发展";"这个共和国将采取某种必要的方法,没收地主的土地,分配给无地和少地的农民","农村的富农经济,也是容许其存在的"。在文化上,要挣脱帝国主义、封建主义文化思想的奴役,实行人民大众的反帝反封建的文化,即"民族的科学的大众的文化"。

毛泽东指出,新民主主义革命的发展前途必然是社会主义。新民主主义革命和社会主义革命是两个不同的革命阶段,不能"毕其功于一役",但两个革命阶段必须也必然是衔接的,不容横插一个资产阶级专政。他提出并论证了建立新民主主义制度的必要性和可能性,指明新民主主义社会就是走向社会主义前途的过渡阶段。

毛泽东总结中国共产党成立以来的历史经验,指出统一战线和武装斗争是战胜敌人的两个基本武器。而党的组织,则是掌握统一战线和武装斗争这两个武器以实行对敌冲锋陷阵的英勇战士。统一战线、武装斗争、党的建设,这就是中国共产党在中国革命中战胜敌人的三个主要的法宝。

新民主主义理论的系统阐明,标志着毛泽东思想得到多方面展开而趋于成熟。这个理论从思想上武装了中国共产党人,使他们极大地增强了参加和领导抗日战争和新民主主义革命的自觉性。

第三节　艰苦探索：毛泽东思想的创立

毛泽东思想是马克思列宁主义在中国的创造性运用和发展，是马克思主义中国化的第一次历史性飞跃。在这个过程里，中国共产党经历了不断的探索，将马克思主义同中国实际结合起来，指明了新民主主义革命的方向，实现了马克思列宁主义与中国实际的"第二次结合"。

一、指明了新民主主义革命胜利的方向

近代以来，在西方坚船利炮的强势逼迫下，中国被动接受了西方的思想启蒙，开启了走向现代化的社会历史进程。自屈辱的鸦片战争后，清朝统治的中国逐步走向衰落，西方资产阶级思想也在此时传入，拉开了旧民主主义革命的帷幕，但是一次次的革命都没能改变当时中国四分五裂的局面。俄国十月革命的胜利向中国人表明，社会主义比资本主义更科学且更有生命力。与西方强调个人主义、自由意志的思想相比，马克思主义的道德价值取向、伟大社会理想等与中国的传统文化具有内在的一致性。同时，其科学理性内涵也符合中国社会发展的客观需要，这些都使在彷徨中不断探索未来道路的中国人转向马克思主义。以毛泽东同志为主要代表的中国共产党人，把马克思列宁主义的基本原理同中国革命和建设的具体实践结合起来，创立了毛泽东思想，实现了马克思列宁主义与中国实际相结合的第一次理论飞跃。

（一）马克思主义中国化有利于避免"左"和右的问题

中国共产党在领导中国革命和建设的实践中，曾在不同程度上犯过右或"左"的错误。如陈独秀在大革命后期犯过右倾机会主义错误，瞿秋白、李立三、王明在土地革命前后先后犯过"左"倾错误等，其原因在于他们没有将马克思主义的普遍理论与中国革命的实际相结合，只是照搬经典原理，将马克思主义教条化、经验化。中国共产党也在不断艰辛探索中，逐步认识到将马克思列宁主义与中国实际相结合的重要性，并提出了相结合的科学方法，克

服了右或"左"的错误,终于取得了新民主主义革命胜利,建立起社会主义的新中国。

(二) 马克思主义中国化使得中国共产党日益独立自主

1926年,毛泽东分析了中国革命的特殊性,即中国的革命要在无产阶级的领导下"建设一个革命民众合作统治的国家"①。武装斗争应该是中国革命的主要方式。马克思、恩格斯在分析资本主义深层次矛盾时,也提出不能放弃无产阶级暴力革命,这是无产阶级斗争的一般规律,但是如何实行无产阶级暴力革命,不同的国家和社会应该有不同的方式。恩格斯还强调:"我们的理论是发展着的理论,而不是必须背得烂熟并机械地加以重复的教条。"②毛泽东思想始终能够做到从理论与实践的有机统一出发,很好地保留了这一精髓,因为各国情况不同,所以采取的斗争手段和形式也有所不同。在革命问题上,主体应该是共产党领导的农民群体,中国共产党不应该对共产国际的指示盲目听从,而应该走出一条属于自己的道路,对国民党反动势力不能一味地退后让步。以毛泽东同志为主要代表的中国共产党人提出要有属于自己的军事武装,事实也证明了枪杆子里面出政权,没有革命武装,没有革命军队,就无法获取革命的胜利。

思想上的改变,带动了作战战略方面的转变,党在敌后开辟了更多的根据地,使得我们的军事力量得到了快速增长,成为真正可以影响中国发展的政治力量。从整个历史发展的角度,没有马克思主义理论的帮助,我们开展革命的确失败了;如果马克思主义不和中国实际结合,革命也终将失败;而将马克思主义中国化,则可以取得最后的胜利。

(三) 马克思主义中国化推动了中国共产党的理论飞跃

1945年,党的六届七中全会通过了《关于若干历史问题的决议》,这是中国共产党在新民主主义革命时期的重要历史文献。其中指出:"中国共产党自1921年产生以来,就以马克思列宁主义的普遍真理和中国革命的具体实践相

---

① 《毛泽东文集》第1卷,人民出版社1993年版,第24页。
② 《致弗洛伦斯·凯利-威士涅威茨基夫人》,《马克思恩格斯全集》第36卷,人民出版社1974年版,第584页。

结合为自己一切工作的指针,毛泽东同志关于中国革命的理论和实践便是此种结合的代表。"①

马克思主义关于无产阶级革命的理论在毛泽东思想中得到了延续,建党初期,共产党人逐渐掌握了马克思主义的革命学说,以及列宁提出的尝试通过彻底的无产阶级民主主义革命直接转向社会主义革命,这些都是新民主主义革命的直接理论来源,但无产阶级革命如何在经济文化比较落后的国家进行,以及半殖民地半封建社会的中国的民主革命道路应该怎么走,没有人提出明确的答案。毛泽东思想的新民主主义革命论填补了这一空白,完善了马克思主义关于无产阶级革命的理论体系,1939年底至1940年初,毛泽东先后发表了《中国革命和中国共产党》《新民主主义论》等,第一次创造性地提出并阐述了新民主主义理论:中国的革命应该分成两步走,即应该通过新民主主义革命实现民族独立,然后再过渡到社会主义社会,新民主主义则是连接这两个部分的桥梁。实践证明,这一理论是符合中国半殖民地半封建社会国情且不超越发展阶段的合理结合,是对马克思主义无产阶级革命理论的继承和发展。它既避免了陈独秀的"二次革命论"——只看到两个革命阶段的区别,忽视二者的联系;也避免了王明"毕其功于一役"的"左"倾教条主义对中国革命的严重干扰。毛泽东思想在中国共产党创建初期开始萌芽,并在土地革命、抗日战争、解放战争中延续和发展,最终形成了完备的理论体系。新中国的成立标志着中国完成了新民主主义革命,但如何开展社会主义革命,又变成全党全社会不得不面对的新问题。

二、马克思列宁主义与中国实际的"第二次结合"

新中国成立后,中国共产党领导人民进行了社会主义改造,确立了社会主义制度。但是,在一个落后的国家如何建设社会主义是党必须面对的全新课题。毛泽东于此时提出了将马克思列宁主义与中国实际进行"第二次结合",以探索中国建设社会主义的道路。

---

① 《毛泽东选集》第3卷,人民出版社1991年版,第938页。

1956年4月初,中共中央书记处会议讨论了《关于无产阶级专政的历史经验》一文,毛泽东提出:"我认为最重要的教训是独立自主,调查研究,摸清本国国情,把马克思列宁主义的基本原理同我国革命和建设的具体实际结合起来,制定我们的路线、方针、政策。现在是社会主义革命和建设时期,我们要进行第二次结合,找出在中国进行社会主义革命和建设的正确道路。"[1]为了把马克思列宁主义的理论与中国社会主义建设的具体实际结合起来,中国共产党人进行了多方面的探索。

(一) 加强对马克思主义理论的学习

如果说"第一次结合"解决了中国如何革命的问题,那么"第二次结合"要解决的就是如何进行现代化建设的问题。毛泽东提出的走自己的社会主义建设道路,不代表要完全抛弃马克思主义,而是既要坚持马克思主义的基本原理、社会主义的共同性这些社会主义必备的特征,又要实现领导人民去完成实现国家繁荣富强和人民共同富裕这个历史任务,两者应该结合起来,而不是只强调其中一个方面,不能单腿走路,也不能蹦着腿走路,社会主义在各国的发展和表现,应该存在不同的表现形式,而不是只有一个固定模式。因此,毛泽东非常注重在党内开展马克思主义理论的学习,比如规定了干部必读的马克思主义书目,建议各级干部学习《苏联社会主义经济问题》和《马克思、恩格斯、列宁、斯大林论共产主义社会》这两本书,认为只有这样才能奠定牢固的思想基础,以科学的态度对待马克思列宁主义理论这个问题。

(二) 提出正确处理不同性质矛盾的理论

什么是社会矛盾运动? 马克思主义指出了生产力与生产关系、经济基础与上层建筑之间的矛盾是人类社会的基本矛盾,是人类社会发展的根本动力。随着社会主义改造的完成,社会主义制度逐步在中国生根发芽,并展现出蓬勃发展的生命力,如何处理当时中国社会中的矛盾? 这也困扰着当时以毛泽东同志为主要代表的中国共产党人。毛泽东运用了辩证唯物主义来分析中国的社会主义建设实践,对不同性质的矛盾区别对待和处理,丰富和发展了马克思

---

[1] 吴冷西:《忆毛主席》,新华出版社1995年版,第9页。

主义理论,为"第二次结合"的实践探索奠定了理论基础。不同性质的矛盾指的是"人民内部矛盾"和"敌我矛盾",区分的标准是界定谁是人民、谁是敌人。当然不同性质的矛盾也不是一成不变的,在一定条件下可以相互转化,要用实事求是的思想路线来正确处理人民内部矛盾;同时要吸取苏联的教训,避免"肃反"扩大化导致对抗性矛盾计划,酿成一系列不良的后果。

(三)为完成这一目标制定指导方针

在经济文化比较落后时,如何建设社会主义,这是放在当时中国共产党人面前比较急迫的问题。毛泽东站在时代的高度,提出"建设强大的社会主义现代化国家"这一基本方针,指出:"如果不在今后几十年内,争取彻底改变我国经济和技术远远落后于帝国主义国家的状态,挨打是不可避免的。"[①]总体来说,毛泽东提出的工业和农业、重工业和轻工业并举的发展方针,走出了一条立足中国实际的新路,较好地区分了工业和农业不同的发展道路。这是对社会主义经济发展规律的正确认识,是对马克思主义关于经济发展理论的创新性发展。

三、毛泽东思想活的灵魂

实事求是、群众路线、独立自主是毛泽东思想活的灵魂,不仅存在于他的著作和理论中,也存在于共产党人的实践活动中,是对马克思主义的具体运用与重大继承发展。

(一)实事求是是马克思列宁主义普遍原理的中国化

1938年,毛泽东在《中国共产党在民族战争中的地位》一文中就强调,马克思列宁主义的伟大力量来源于和各个国家具体的革命实践的联系,而中国共产党的任务就是把马克思列宁主义和中国的具体实际相结合。在中共七大的口头政治报告中,毛泽东说:"我们历史上的马克思主义有很多种,有香的马克思主义,有臭的马克思主义,有活的马克思主义,有死的马克思主义,把这些马克思主义堆在一起就多得很。我们所要的是香的马克思主义,不是臭的马克

[①]《毛泽东文集》第8卷,人民出版社1999年版,第340页。

思主义;是活的马克思主义,不是死的马克思主义。"①这说明了毛泽东并不是机械化地照搬马克思主义,来解决中国在实际情况下面临的种种问题,而是用发展的马克思主义指导新的实践。

毛泽东特别强调"没有调查就没有发言权",提出了实事求是的思想路线。事实证明,正确的思想路线是判断事物的发展阶段、指导行动的科学指南。实事求是,是要一直不断地在实践中创新、丰富、发展马克思主义。马克思主义是抽象化的理论,是对客观事物发展变化规律的高度认识,为了推进马克思主义中国化,就应该从客观存在的事实出发,避免主观主义带来的思想误区,只有这样才能够使大众更好地接受马克思主义,也是在中国环境中,对马克思主义活的灵魂的具体运用。正如毛泽东所指出的:"我们要把马、恩、列、斯的方法用到中国来,在中国创造出一些新的东西。只有一般的理论,不用于中国的实际,打不得敌人。但如果把理论用到实际上去,用马克思主义的立场、方法来解决中国问题,创造些新的东西,这样就用得了。"②

(二) 群众路线是历史唯物主义群众观的中国化

人民群众是实践的主体,是历史的创造者。群众路线是马克思主义中历史唯物主义群众观的根本要求。毛泽东在1936年提出"依靠群众才能进行战争",强调要相信群众、信任群众,只有这样才能克服困难,使任何敌人都不能压倒我们。相信群众,就是要相信群众是历史的创造者;依靠群众,是党的事业成功的力量来源。同时还要以中国最广大人民的最大利益为出发点,充分调动人民群众的积极性、主动性和创造性。在革命战争年代,毛泽东创造性地提出了要进行人民战争,并根据敌强我弱等特点,制定了"敌疲我打、敌退我追"等一系列战略战术原则;从中国革命的特点出发,运用马克思列宁主义基本原理,提出要把革命队伍培养成一支与群众密切联系、为人民服务的新型人民军队。毛泽东强调,中国共产党是无产阶级的代表,党的利益和人民群众的利益是一致的,因此党员干部要在行动上坚持一切向人民群众负责,党不能没

---

① 《毛泽东文集》第3卷,人民出版社1996年版,第331页。
② 《毛泽东文集》第2卷,人民出版社1993年版,第407页。

有人民群众,党正是在千千万万的人民群众提供的物质、精神的切实帮助下,取得了战争的胜利。党领导人民进行社会主义建设的过程,又是千千万万的人民群众投身到国家现代化的建设中。党离不开人民,人民也不能没有党。共产党的指导思想是科学的,共产党的组织是严密的,共产党的党员是有担当的。以毛泽东同志为主要代表的中国共产党人把历史唯物主义群众观进行了升华,并形成了具有中国共产党人特色的群众路线理论。

(三) 独立自主是唯物辩证法的中国化

马克思、恩格斯一直强调各国应根据自己的情况选择革命道路,毛泽东思想活的灵魂也继承和发扬了这一部分,并贯穿于新民主主义革命、社会主义革命和社会主义建设时期,涵盖了多个方面。毛泽东在《中国革命战争的战略问题》中提出要独立自主用兵,指出:"军事上的第一要义是保存自己消灭敌人,而要达到此目的,必须采用独立自主的游击战和运动战,避免一切被动的呆板的战法。"[①]只有做到独立自主,才能不被外部的困难所压倒,最终取得革命胜利。在革命战争年代,我们坚持独立自主、自力更生、艰苦奋斗,克服了物质上的艰难困苦,终于赢得了革命的胜利。新中国成立初期,中国共产党虽然提出了"一边倒"的战略,但特别强调,一个有主权的国家必须独立自主,而不能依附别的国家。即使面对一些西方国家实行的封锁和禁运,毛泽东也强调,我们不是要反对西方国家的一切,所有国家的好的技术和经验我们都要学,我们要反对的是压迫人、欺侮人的东西。正是在这一正确的思想路线的指导下,中国共产党带领人民坚持独立自主、自力更生,不断创造人间奇迹。

---

① 《毛泽东选集》第 2 卷,人民出版社 1991 年版,第 379 页。

第二章
马克思主义中国化的第二次伟大飞跃

"文化大革命"结束以后,在党和国家面临何去何从的历史关头,党深刻认识到,必须以理论创新引领事业发展。1978年召开的党的十一届三中全会重新确立了实事求是的思想路线,做出把党和国家工作重心转移到经济建设上来、实行改革开放的历史性决策,由此开启了我国历史发展的新时期。党围绕着"什么是社会主义、怎样建设社会主义""建设什么样的党、怎样建设党""实现什么样的发展、怎样发展"的基本问题,在建设中国特色社会主义的思想路线、发展道路、发展阶段、发展战略、根本任务、发展动力等问题上,提出了一系列紧密联系、相互贯通的理论观点,提出了一系列新思想、新观点、新论断,丰富和发展了马克思主义的社会主义本质理论、社会主义发展理论、社会主义建设理论和执政党建设理论,实现了马克思主义与中国实际相结合的第二次历史性飞跃。

第一节 突破教条:在解放思想中开创新道路

新中国成立后,党领导全国人民对社会主义建设道路进行了艰辛探索。但由于"左"的错误,特别是长达十年的"文化大革命",我们的事业遭受巨大损失。党的十一届三中全会做出把党的工作重心转移到经济建设上来、实行改革开放的历史性决策,开启了我国改革开放和社会主义现代化建设新时期。以邓小平同志为主要代表的中国共产党人,解放思想、实事求是,团结带领全国各族人民,成功开创了中国特色社会主义道路。

一、社会主义建设的主要经验教训

新民主主义向社会主义转变完成以后,如何在中国这样一个经济文化比较落后的国家建设社会主义,是中国共产党面临的新课题。我们党对于这一新课题的探索,虽然遭受了重大挫折,留下了深刻教训,但也积累了丰富经验,取得了重大成就。

(一)必须坚持马克思主义与中国实际相结合

中国的社会主义建设是从学习苏联起步的。苏联是世界上第一个社会主义国家,在长期社会主义建设实践中积累了丰富经验。早在1950年初,毛泽东出访苏联时就说过苏联经济文化及其他各项重要的建设经验,将成为新中国建设的榜样。毛泽东后来说,在新中国成立初期,因为我们没有经验,在经济建设方面,我们只得照抄苏联。通过学习苏联社会主义建设的经验,我国初步形成了一整套社会主义建设的制度、体制和管理方法,积累了工业、农业、文化和其他方面建设的物质技术基础。

但是随着实践的发展,我们党逐渐意识到,苏联的一些东西并不完全符合中国实际,而且苏联模式本身就存在着许多缺陷和不足,在实践中出现了许多问题。1956年,苏共二十大全盘否定斯大林,"捅了娄子",造成严重思想混乱,给国际共产主义运动带来巨大冲击;但同时"揭了盖子",苏联模式的弊端进一步暴露。对此,毛泽东指出:"最近苏联方面暴露了他们在建设社会主义过程中的一些缺点和错误,他们走过的弯路,你还想走?过去我们就是鉴于他们的经验教训,少走了一些弯路,现在当然更要引以为戒。"[①]他提出把马克思主义普遍原理和中国实际进行"第二次结合",独立探索一条适合中国情况的社会主义建设道路。中国共产党由此开始了社会主义建设道路的艰辛探索历程。

但是,我们对社会主义建设的一些规律理解和把握得不够深入,对我国的基本国情缺乏深刻认识,没有完全搞清楚什么是社会主义、怎样建设社会主

---

① 《毛泽东文集》第7卷,人民出版社1999年版,第23页。

的问题,也采取了一些脱离实际、超越发展阶段的政策和措施,导致社会主义建设道路出现严重曲折。实践证明,只有把马克思主义基本原理与中国具体国情相结合,坚持马克思主义中国化,充分认识社会主义建设的长期性和复杂性,深刻掌握社会主义建设规律,才能找到适合中国特点的社会主义建设道路。

(二)必须正确认识社会主义社会的主要矛盾和根本任务

党的八大正确分析国内形势和国内主要矛盾的变化,明确规定了党和全国人民在新形势下的根本任务。根据中国社会发展情况,做出我国无产阶级和资产阶级之间的矛盾已经基本上解决,几千年来的阶级剥削制度的历史已经基本上结束,社会主义的社会制度在我国已经基本上建立起来的判断。提出我国国内的主要矛盾已经是人民对于建立先进的工业国的要求同落后的农业国的现实之间的矛盾,已经是人民对于经济文化迅速发展的需要同当前经济文化不能满足人民需要的状况之间的矛盾。党和全国人民当前的主要任务,就是要集中力量来解决这个矛盾,把我国尽快地从落后的农业国变为先进的工业国。这些论述的着眼点,在于突出我国生产力发展还很落后这一基本国情,强调在生产资料私有制的社会主义改造已经基本完成的情况下,国家的主要任务已经由解放生产力变为在新的生产关系下保护和发展生产力,全党要集中力量去发展生产力。

但是,这些正确的认识并没有很好坚持下来。党的八大二次会议错误地认为在社会主义社会建成以前,无产阶级与资产阶级的矛盾、社会主义道路与资本主义道路的矛盾始终是我国社会的主要矛盾。实践证明,在社会主义初级阶段,要科学把握我国社会主要矛盾,以经济建设为中心,不断提高人民物质文化生活水平,不断满足人们对美好生活的向往。

(三)必须正确认识推动社会发展的动力

社会主义制度下存不存在矛盾,这是斯大林长期没有弄清和解决的问题。在领导苏联建设社会主义的实践中,斯大林一直不承认社会主义制度下生产关系和生产力之间、上层建筑和经济基础之间的矛盾,没有认识到正是这种矛盾和解决矛盾的过程推动着社会主义社会向前发展。在我国,也有许多人不承认社会主义社会存在矛盾,在面临种种社会矛盾时处于被动地位,甚至做出错误的判断和处置。毛泽东指出,矛盾是普遍存在的,社会主义社会也充满着矛盾,正是这些矛盾推动着社会主义社会不断地向前发展。社会主义社会的基本矛盾仍然是生产力和生产关系、经济基础和上层建筑之间的矛盾,不过这些矛盾同旧社会的矛盾相比,具有根本不同的性质和情况,可以经过社会主义制度本身的自我调整和完善,不断地得到解决。

毛泽东不仅把这个长期被回避的问题鲜明地提了出来,而且把它上升到新的理论高度。毛泽东关于社会主义社会基本矛盾的论断,第一次科学地揭示了社会主义社会发展的动力,也为后来的社会主义改革奠定了理论基础。

(四)必须坚持调动一切积极因素建设社会主义

1956年和1957年,毛泽东先后发表了《论十大关系》和《关于正确处理人民内部矛盾的问题》两篇文章,既总结我国经验,也总结苏联的经验,着力研究我国社会主义建设中的突出问题。明确提出社会主义建设要坚持一个基本方针,就是把国内外的一切积极因素调动起来,化消极因素为积极因素,把中国建设成为一个强大的社会主义国家。毛泽东提出要正确区分和处理两类不同性质的矛盾,把正确处理人民内部矛盾作为国家政治生活的主题;要扩大人民代表大会的权力,注意科学地吸收西方资本主义国家在民主方面的某些形式和方法;在共产党与各民主党派的关系上,实行"长期共存,互相监督"的方针;在汉族与少数民族的关系上,既反对地方民族主义,又重点反对大汉族主义,发展和巩固民族区域自治制度,大力培养少数民族干部;对知识分子应当从根本上改善同他们的关系,给予信任,善于团结,同时加强对他们的教育和思想政治工作。国家政治生活要造成一个又有集中民主,又有纪律,又有自由,又有统一意志,又有个人心情舒畅、生动活泼的政治局面。实践证明,我们的社会主义建设,就是要调动一切积极因素,团结一切可以团结的力量。

(五)必须坚持均衡发展,尊重经济规律

刚建立的新中国一穷二白,全党、全国人民都强烈希望能迅速改变国家的落后面貌。这使得社会主义建设快速取得巨大成就,但同时出现了急躁冒进、急于求成的现象,如制定的路线、方针和政策一度偏离我们建设实际,目标过高不切实际。实践证明,在社会主义建设上,既要反对保守又要反对冒进,在综合平衡中稳步前进;以农业为基础,以工业为主导,按农、轻、重的次序安排国民经济计划;计划指标必须切合实际,建设模式必须同国力相适应,改善人民生活与经济建设应当兼顾;制订计划必须做好物资、财政、信贷平衡;要从全国实际出发,统筹兼顾,适当安排;要尊重经济规律,学习资本主义国家先进的科学技术和企业管理方法中科学的部分。

(六) 必须坚持党的民主集中制,加强执政党建设

党的八大《关于修改党的章程的报告》,一方面提出反对党内主观主义、宗派主义、官僚主义,批评那种脱离实际、脱离群众的思想作风;另一方面,根据苏联社会主义建设的经验教训,强调坚持民主集中制和集体领导制度,反对个人崇拜。这些认识是正确的,但由于我们搞建设缺乏经验,党和国家的领导制度还有很多不完善的地方,尤其是受苏联高度集中体制的影响和我国封建专制主义的影响,党的民主集中制曾经遭受严重破坏。实践证明,我们必须认真坚持民主集中制,不断加强执政党的建设,充分发扬"从群众中来,到群众中去"的群众路线,从而确保党的决策的科学化和民主化。

二、真理标准问题大讨论

"文化大革命"结束后,"中国向何处去"成为摆在中国人民面前的头等重要问题。"四人帮"虽然被粉碎了,但"左"倾思想和路线却没有被清除干净。1977年2月7日,《人民日报》、《红旗》杂志、《解放军报》社论《学好文件抓住纲》提出了"两个凡是"的方针,即"凡是毛主席作出的决策,我们都坚决维护,凡是毛主席的指示,我们都始终不渝地遵循"。"两个凡是"在理论上违背了马克思主义基本原理,在实践上为新形势下坚持真理、修正错误设置了障碍。1977年4月,邓小平在给党中央的信中提出,"我们必须世世代代地用准确的完整的毛泽东思想来指导我们全党、全军和全国人民"[①]。陈云、叶剑英、聂荣臻、徐向前等老一辈革命家先后发表文章或讲话,呼吁恢复和发扬实事求是的

---

① 中共中央文献研究室编:《邓小平年谱(1975—1997)》(上),中央文献出版社2004年版,第157页。

优良传统和作风,抵制"两个凡是"的推行,坚持以实事求是的态度对待马列主义、毛泽东思想。

面对"两个凡是"造成的严重影响,人们开始感到,要彻底澄清"四人帮"造成的思想混乱,不能不首先解决这样的问题:究竟应当用什么样的态度对待毛泽东的指示?判定历史是非的标准到底是什么?解决这些问题不可避免地会引发实事求是与"两个凡是"的争论,引发真理标准问题大讨论。

1978年5月10日,中央党校内部刊物《理论动态》第60期发表胡耀邦同志审定的《实践是检验真理的唯一标准》一文。5月11日,《光明日报》以特约评论员名义,公开发表了这篇文章,当天新华社向全国转发。5月12日,《人民日报》《解放军报》同时全文转载。文章鲜明地提出:第一,实践不仅是检验真理的标准,而且是唯一的标准。毛主席在《新民主主义论》中说:"真理只有一个,而究竟谁发现了真理,不依靠主观的夸张,而依靠客观的实践。只有千百万人民的革命实践,才是检验真理的尺度。"他在《实践论》中提出"真理的标准只能是社会的实践"。这里说的"才是""只能",指的是标准只有一个,没有第二个。在长期的革命斗争中,成功的经验和失败的教训从正、反两个方面证明了毛主席的革命路线是正确的,而"左"倾、右倾机会主义路线是错误的。标准是什么呢?只有一个,就是千百万人民的社会实践。第二,理论与实践的统一,是马克思主义的一个最基本的原则。"四人帮"出于篡党夺权的反革命需要,鼓吹种种唯心论的先验论,反对实践是检验真理的标准。他们自吹自擂证明不了真理,大规模的宣传证明不了真理,强权证明不了真理。他们以马列主义、毛泽东思想自居,实践证明他们是反马列主义、反毛泽东思想的政治骗子。毛主席强调理论与实践的统一是马克思主义的一个最基本的原则。坚持实践是检验真理的标准,就是坚持马克思主义,坚持辩证唯物主义。第三,革命导师是坚持用实践检验真理的榜样。革命导师们不仅提出了实践是检验真理的标准,而且亲自做出了用实践去检验一切理论(包括自己所提出的理论)的光辉榜样。马克思和恩格斯对待他们所共同创作的著名的马克思主义科学文献《共产党宣言》的态度,就是许多事例当中的一个生动的例子。毛主席同样一贯严格要求自己,不断用革命实践来检验自己提出的理论和路线。第四,任何理论都要不断接受实践的检验。因为实践、生活之树是长青的。马克思主义的理论宝库不是一堆僵死不变的教条。"四人帮"强加在人们身上的精神枷锁还远没有完全被打破,对"四人帮"设置的禁区"要敢于去触及,敢于去弄清是非"。文章明确提出,不能拿现成的公式去限制、宰割、剪裁无限丰富的飞速发展的革命实践,应该勇于研究新的实践中提出的新问题。这篇文章冲破了"两个凡是"的严重束缚,一经发表便在广大干部群众中引起强烈反响,引发了关于真理标准问题的讨论。

《实践是检验真理的唯一标准》阐述的问题是马克思主义的常识,但由于它同"两个凡是"尖锐对立,并且触及盛行多年的思想僵化和个人崇拜现象,因此也受到一些领导人的强烈指责,真理标准问题讨论面临着巨大压力。据相关党史资料,在关键时刻,邓小平对这场讨论给予及时而有力的支持。1978年6月2日,他在全军政治工作会议的讲话中着重阐述了毛泽东关于实事求是的观点,批评在对待毛泽东和毛泽东思想问题上"两个凡是"的错误态度,号召"在当前和今后一个时期就是要深入揭批'四人帮',要联系揭批林彪,肃清他们的流毒和影响"。①此后,《解放军报》《人民日报》《光明日报》等报刊连续发表文章,许多老一辈革命家也以不同方式支持或参与讨论。在邓小平等的大力支持下,中央各部门、地方和军队的负责人相继发表讲话或文章,表明支持的态度;理论界、学术界、新闻界更是踊跃参与,站到讨论的前沿。实践表明,真理标准问题讨论是党的十一届三中全会实现伟大历史转折的思想先导,推动了各条战线、各个领域拨乱反正的启动和开展,为党的十一届三中全会的召开做了重要的思想准备,为党重新确立马克思主义的思想路线、政治路线和组织路线奠定了坚实的思想基础。

三、中国特色社会主义道路的开创

以邓小平同志为主要代表的中国共产党人,在和平与发展成为时代主题的历史条件下,在借鉴世界社会主义经验、总结我国社会主义建设历史经验的

---

① 《邓小平文选》第2卷,人民出版社1994年版,第121页。

基础上,做出把工作重心从"以阶级斗争为纲"转到"经济建设",实行改革开放的历史性决策,明确提出走自己的路、建设中国特色社会主义,科学回答了建设中国特色社会主义的一系列基本问题,成功开创了中国特色社会主义道路。其历史过程大致可以分为三个阶段。

(一) 萌芽阶段(1978年至1982年)

以真理标准问题的大讨论为理论准备,1978年,党的十一届三中全会召开。这是党的历史上又一次具有划时代意义的伟大转折。大会否定了"两个凡是"和"以阶级斗争为纲"的指导思想,党和国家工作重心实现转移,中国以此为起点进入了改革开放的全新历史时期,1978年至1982年,这一时期的改革重点在农村,以安徽省凤阳县小岗村农民自发包产到户为开端,逐步废除了人民公社制度,建立起了新型农村集体所有制,实行家庭联产承包经营,拉开了全面改革的帷幕。农村改革的实行,使中国特别是农村面貌焕然一新,人民生活迅速改善,人民群众切身感受到了改革带来的巨大变化,这为后续改革打下了坚实的基础,也增强了党和人民进行改革的信心。

(二) 初步形成阶段(1982年至1987年)

1982年,党的十二大召开,邓小平明确提出"走自己的路,建设有中国特色的社会主义",这一命题的确立标志着中国特色社会主义道路初步形成。十二大以后,全国改革的重点由农村转向城市。党的十二届三中全会通过了《关于经济体制改革的决定》,开始了以城市为重点的全面改革;随着城乡经济体制改革的顺利开展,科学技术体制、教育体制的改革也有序展开;同时,开始了对外开放的历史进程。我们提出要学习外国的先进技术和管理经验,邓小平说:"除现在的特区之外,可以考虑再开放几个港口城市,如大连、青岛。这些地方不叫特区,但可以实行特区的某些政策。"[①]利用国际舞台,不仅加强了同世界商品市场、资本市场、劳务市场的竞争与合作,也促进了能源、交通等基础产业以及服务业等的发展。至此,我国对外开放格局逐步形成,这是中国特色社会主义道路初步形成的标志。

---

① 《邓小平文选》第3卷,人民出版社1993年版,第52页。

(三) 发展和完善阶段(1987年至1992年)

1987年,党的十三大召开,首次系统论述了社会主义初级阶段的基本路线,即"领导和团结全国各族人民,以经济建设为中心,坚持四项基本原则,坚持改革开放,自力更生,艰苦奋斗,为把我国建设成为富强、民主、文明的社会主义现代化国家而奋斗"①。十三大报告明确指出:"十一届三中全会以来,我们党在对社会主义再认识的过程中,在哲学、政治经济学和科学社会主义等方面,发挥和发展了一系列科学理论观点。包括:关于解放思想、实事求是,以实践作为检验真理的唯一标准的观点;关于建设社会主义必须根据本国国情,走自己的路的观点;关于在经济文化落后的条件下,建设社会主义必须有一个很长的初级阶段的观点;关于社会主义社会的根本任务是发展生产力、集中力量实现现代化的观点;关于社会主义经济是有计划商品经济的观点;关于改革是社会主义社会发展的重要动力,对外开放是实现社会主义现代化的必要条件的观点;关于社会主义民主政治和社会主义精神文明是社会主义重要特征的观点;关于坚持四项基本原则同坚持改革开放的总方针这两个基本点相互结合、缺一不可的观点;关于用'一个国家、两种制度'来实现国家统一的观点;关于执政党的党风关系到党的生死存亡的观点;关于按照独立自主、完全平等、互相尊重、互不干涉内部事务的原则,发展同外国共产党和其他政党的关系的观点;关于和平与发展是当代世界的主题的观点,等等。这些观点,构成了建设有中国特色的社会主义理论的轮廓,初步回答了我国社会主义建设的阶段、任务、动力、条件、布局和国际环境等基本问题,规划了我们前进的科学轨道。"②这是我们党第一次对中国特色社会主义理论进行系统的概括。依据社会主义初级阶段理论,邓小平把原来的"两步走"战略发展成为"三步走"战略,并在党的十三大上正式确立了"三步走"战略。

20世纪80年代末90年代初,中国共产党遇到了国际、国内政治风波的严峻考验,在这个关键的时刻,邓小平排除了右和"左"的错误思想的干扰,于1992年踏上了南方谈话之路,首次科学地概括了社会主义的本质这一重大理

---

① 中共中央文献研究室编:《十三大以来重要文献选编》(上),中央文献出版社2011年版,第13页。
② 中共中央文献研究室编:《十三大以来重要文献选编》(上),中央文献出版社2011年版,第48页。

论问题,"社会主义的本质,是解放生产力,发展生产力,消灭剥削,消除两极分化,最终达到共同富裕"①,划清了长期存在于人们心中的模糊界限。邓小平明确指出,计划和市场不是社会主义和资本主义的本质区别,社会主义可以也必须搞市场经济。社会主义本质理论和市场经济理论的提出是邓小平中国特色社会主义理论成熟的基本标志。

邓小平开创的中国特色社会主义道路,以十一届三中全会为起点,经历了长达14年的艰苦奋斗历程。中国特色社会主义道路,是马克思主义中国化的道路,是引领中国进步、增进人民福祉、实现民族复兴的道路。我们要立足新的历史起点,奋力开拓中国特色社会主义道路,使中国特色社会主义道路越走越宽广。

第二节　实事求是:在改革实践中不断创新理论

十一届三中全会吹响了改革开放的号角,中共十二大正式提出了"建设有中国特色的社会主义"的新命题。从十二大结束到十五大召开这一时期,中国共产党秉着实事求是的态度在实践中不断摸索前进,在国际上成功应对了东欧剧变引发的挑战,在国内有效化解了一系列政治风波的影响。中国共产党在实践中总结经验、不断反思,逐渐形成了伟大的集体智慧结晶——中国特色社会主义理论。

一、社会主义的曲折发展

20世纪社会主义制度的诞生和发展,是人类文明的一大进步。但任何事物的发展都不是一帆风顺的,社会主义在20世纪80年代末90年代初遭受了重大挫折,东欧国家和苏联的政局发生剧变。东欧剧变是从戈尔巴乔夫的错误改革理论和路线开始的。戈尔巴乔夫认为,加速发展战略的受挫,是由于党

---

① 中共中央文献研究室编:《十四大以来重要文献选编》(上),中央文献出版社2011年版,第9页。

内所谓"保守力量"的阻碍和苏联社会制度的限制,因而将改革的重点由经济领域转向政治领域。1987年,他出版了《改革与新思维》一书,提出"民主社会化"政治路线,并以"民主化、公开化"为口号,提出放开意识形态领域管控。1988年,苏共召开第十九次全国代表会议,戈尔巴乔夫要求把苏共改革的目标确定为实现"人道的民主的社会主义"。戈尔巴乔夫的"新思维"背离了科学社会主义的基本原则,实际上是以民主社会主义指导苏联改革,导致西方自由化思潮泛滥,苏联政局开始动荡。在戈尔巴乔夫新思维的影响下,东欧国家纷纷推行政治多元化,西方敌对势力和国内反对派趁机加紧活动,政局逐渐失控,共产党相继失去政权,国家性质改变。1990年3月14日,苏联第三次(非常)人民代表大会正式通过《关于设立苏联总统职位和苏联宪法(根本法)修改补充法》,放弃苏共在苏联法定的领导地位,向西方政治的议会制和多党制过渡。面对国内严重的政治局面和来自东欧剧变的冲击,苏共党内思想混乱、意见分歧不断,组织上出现分裂,1991年8月24日,戈尔巴乔夫宣布辞去苏共总书记职务并提出苏共自行解散,12月,苏联分裂为15个独立主权国家。①

东欧剧变,是多重原因造成的后果。从直接现实原因看,戈尔巴乔夫所推行的错误路线,直接导致了苏联亡党亡国。具体体现在:一是放弃马克思主义指导地位,使党和国家失去了共同思想基础,从根本上瓦解了社会主义大厦的所有支撑;二是放弃共产党的领导地位,为反党反社会主义组织和党派的发展和活动大开方便之门,造成大批党员退党、党组织涣散,国家失去了领导核心力量;三是放弃新闻舆论的领导权,历史虚无主义盛行,使全党全社会出现思想大混乱,给敌对势力颠覆苏联社会主义制度提供了可乘之机;四是放任西方敌对势力的颠覆活动,以求得所谓"开明"形象,自动解除了思想武装,使"和平演变"的阴谋在东欧各国得逞。②

从长期历史原因看,东欧剧变有着长期历史积累过程。一是长期教条地对待马克思主义,不能根据实践和时代的变化推进理论创新,使得指导思想失去了生机和活力;二是长期僵化地对待社会主义,排斥市场和价值规律的作

---

① 王伟光主编:《社会主义通史》第7卷,人民出版社2011年版,第3—5页。
② 《社会主义发展简史》编写组:《社会主义发展简史》,人民出版社2021年版,第189—191页。

用,不能及时把握科技的发展和市场的变化;三是长期奉行以发展重工业为主的经济战略,忽视人民生活水平的提高;四是与美国长期争霸,陷入军备竞赛,消耗大量资源,影响了民生经济的发展;五是长期缺乏社会主义民主和法治,广大党员和群众的政治权利长期得不到保障,他们逐渐失去了对执政党和政府的信任;六是长期不能正确处理民族关系和民族矛盾,甚至放纵民族分裂势力,加剧了民族之间的对立、冲突和分离;七是长期放松执政党自身建设,一些党的领导人腐化变质,基层组织涣散,官僚主义、形式主义盛行,缺乏凝聚力。①

东欧剧变是国际共产主义运动的重大挫折。西方反共、反社会主义势力一时间甚嚣尘上,有人宣称社会主义中国将因"多米诺骨牌效应",随着这一历史剧变而倒下。西方媒体铺天盖地地对中国进行攻击和污蔑,妖魔化、丑化中国,各式各样的"中国崩溃论"不绝于耳。以美国为首的西方国家宣布对中国实施制裁,加紧了对中国的施压、渗透和颠覆。中国的社会主义事业面临前所未有的压力。

二、资产阶级自由化思潮的冲击

改革开放后,随着利益调整和经济体制的急剧变动,以及当时法制的不健全,不可避免地滋生出了一些腐败现象,在一定程度上影响到社会稳定。20 世纪 80 年代末,我国经济社会发展长期积累的深层次矛盾和改革发展引起的新矛盾交叉影响集中显现。与此同时,随着改革开放的深入发展,西方资产阶级腐朽思想乘机渗透进来,同国内一些人错误的政治观念相结合,出现了一股盲目崇拜西方资本主义国家"民主""自由",否定党的领导、否定社会主义制度的资产阶级自由化思潮。

事实上,党在改革开放之初就对即将面临的风险和考验有着清醒的认识,提出建设高度社会主义精神文明。在 1980 年 12 月召开的中央工作会议上,邓小平指出,我们要建设的社会主义国家,不但要有高度的物质文明,而且要

---

① 《社会主义发展简史》编写组:《社会主义发展简史》,人民出版社 2021 年版,第 191—195 页。

有高度的精神文明。党中央明确了物质文明和精神文明"两手抓、两手都要硬"的方针。党的十二大比较全面、系统地论述了社会主义精神文明建设的战略地位、主要内容以及同物质文明建设的辩证关系等重大问题。[1]1983年10月,邓小平在党的十二届二中全会上指出,思想战线不能搞精神污染,对现代西方资产阶级文化,一定要用马克思主义进行分析、借鉴和批判。[2]党的十二届六中全会进一步阐述了社会主义精神文明建设的指导方针和根本任务。

但是,一些人包括有些高级领导干部,对资产阶级自由化的实质和危害认识不够、反对不力,导致党的十二届六中全会决议所强调的加强马克思主义在精神文明建设中的指导地位和反对资产阶级自由化的内容,没有得到认真贯彻。[3]资产阶级自由化思潮不但没有受到遏制,反而愈加发展以至泛滥,最终导致了1989年的政治风波。[4]

在党和国家生死存亡关头,中央政治局在邓小平和其他老一辈革命家坚决有力的支持下,旗帜鲜明地反对动乱,迅速平息了政治风波,恢复了社会正常秩序,捍卫了人民民主专政的国家政权,捍卫了社会主义制度,确保了改革开放和社会主义现代化建设事业的顺利发展,维护了中国最广大人民的根本利益。

三、党的理论新突破

1992年1月18日至2月21日,邓小平到南方视察,发表了一系列重要谈话。根据邓小平南方谈话指明的改革方向,中共十四大确立了社会主义市场经济体制的改革目标,这是我们党在理论和实践创新上的一个重大突破。

(一) 邓小平南方谈话

从1989年到1991年底,国内和国外都出现一些重大事件,不少干部、党员、群众对政治、经济、意识形态、国际关系等方面存在的一些问题产生困惑、

---

[1] 《改革开放简史》编写组:《改革开放简史》,人民出版社2021年版,第63页。
[2] 《邓小平文选》第3卷,人民出版社1993年版,第39—48页。
[3] 《改革开放简史》编写组:《改革开放简史》,人民出版社2021年版,第64页。
[4] 《改革开放简史》编写组:《改革开放简史》,人民出版社2021年版,第85页。

疑惑。政治上,国内的政治风波和国际上的剧变给人们的思想带来强烈的冲击,有人甚至重提"以阶级斗争为纲"。经济上,前期的经济过热和通货膨胀记忆犹新,对于中国应该力争一个什么样的发展速度,人们在思想上往往倾向于稳妥;另外,计划和市场的性质和关系问题,实际上关系到资本主义与社会主义的本质区别,也长时间存在着激烈争论。意识形态上,世界社会主义运动遭受严重挫折,马克思主义还灵不灵,资本主义灭亡有无必然性,是此时一个重大的理想信念问题。国际关系上,世界格局新旧交替,怎么看世界大局,怎么看中国改革开放的国际环境,又是一个重大的认识问题。[①]

南方谈话有一个鲜明的中心思想,即必须坚定不移地全面贯彻执行党的"一个中心、两个基本点"的基本路线,解放思想、实事求是,放开手脚、大胆试验,排除各种干扰,抓住有利时机,加快改革开放步伐,集中精力把经济建设搞上去,全面推进中国特色社会主义事业。[②]

对于如何推进改革开放问题,邓小平指出,要坚持"一个中心、两个基本点",坚持党的基本路线一百年不动摇。革命是解放生产力,改革也是解放生产力。改革开放胆子要大一些,敢于试验。改革开放迈不开步子,不敢闯,要害是姓"资"姓"社"的问题。判断的标准,应该主要看是否有利于发展社会主义社会的生产力,是否有利于增强社会主义国家的综合国力,是否有利于提高人民的生活水平。中国要警惕右,但主要是防止"左"。在改革开放过程中,必须始终注意坚持四项基本原则,两手都要抓,两手都要硬。

对于经济发展速度问题,邓小平指出,发展是硬道理,经济发展要尽可能快一点。抓住时机,发展自己,关键是发展经济。现在,周边一些国家和地区经济发展比我们快,如果我们不发展或发展太慢,老百姓一比较就有问题了。低速度就等于停步,甚至等于后退。对于我们这样发展中的大国来说,经济要发展得快一点,不可能总是那么平平静静、稳稳当当。要注意经济稳定、协调地发展,但稳定和协调也是相对的,不是绝对的。经济发展得快一点,必须依靠科技和教育,科学技术是第一生产力。

[①] 王伟光主编:《社会主义通史》第 8 卷,人民出版社 2011 年版,第 359—360 页。
[②] 《邓小平文选》第 3 卷,人民出版社 1993 年版,第 370—383 页。

对于计划和市场的关系问题,邓小平指出,计划多一点还是市场多一点,不是社会主义与资本主义的本质区别。计划和市场都是经济手段。社会主义的本质是解放生产力,发展生产力,消灭剥削,消除两极分化,最终达到共同富裕。社会主义要赢得与资本主义相比较的优势,就必须大胆吸收和借鉴人类社会创造的一切文明成果,吸收和借鉴当今世界包括资本主义发达国家的一切反映现代社会化生产规律的先进经营方式、管理方法。走社会主义道路就是要逐步实现共同富裕。

对于理想信念问题,邓小平指出,马克思主义是科学,社会主义代替资本主义是社会历史发展不可逆转的总趋势,但道路是曲折的。一些国家出现严重曲折,社会主义好像被削弱了,但人民经受锻炼,从中吸取教训,将促使社会主义向着更加健康的方向发展。巩固和发展社会主义制度,还需要一个很长的历史阶段,需要我们几代人、十几代人,甚至几十代人坚持不懈地努力奋斗,绝不能掉以轻心。

对于国际局势问题,邓小平指出,世界和平与发展这两大问题,至今一个也没有解决。社会主义中国应该用实践向世界表明,中国反对霸权主义、强权政治,永不称霸。中国是维护世界和平的坚定力量。我们要在建设有中国特色的社会主义道路上继续前进。

对于组织路线问题,邓小平指出,正确的政治路线要靠正确的组织路线来保证。中国的事情能不能办好,社会主义和改革开放能不能坚持,经济能不能快一点发展起来,国家能不能长治久安,从一定意义上说,关键在人。中国出问题,还是出在共产党内部。要注意培养人,要按照"革命化、年轻化、知识化、专业化"的标准,选拔德才兼备的人才班子。

邓小平南方谈话,深刻回答了长期困扰和束缚人们思想的许多重大问题,大大深化了对"什么是社会主义、怎样建设社会主义"的认识,是全面改革进程中思想解放的科学总结,是开创我国改革开放和现代化建设新阶段的宣言书。

(二)社会主义市场经济体制改革目标的确立

在邓小平南方谈话精神推动下,一场关于建立什么样的经济体制更适合我国发展的讨论,在理论界展开,这是关系到整个社会主义现代化建设全局的一个重大问题,引起人们广泛关注。1992年6月,江泽民在中央党校省部级干部进修班上的讲话中,明确主张把社会主义市场经济体制作为我们要建立的社会主义新经济体制①。党的十四大明确我国经济体制改革的目标是建立社会主义市场经济体制。

党的十四大指出,社会主义市场经济体制要使经济活动遵循价值规律的要求,适应供求关系的变化;通过价格杠杆和竞争机制的功能,把资源配置到效益较好的环节中去,并给企业以压力和动力,实现优胜劣汰;利用市场对各种经济信号反应比较灵敏的优点,促进生产和需求的及时协调。同时必须看到,市场有其自身的弱点和消极方面,所以必须加强和改善国家对经济的宏观调控。

社会主义市场经济体制改革目标的确立,使中国经济体制改革和社会主义现代化建设的方向更加明确,对中国的经济体制改革具有重大的指导意义。在邓小平南方谈话和党的十四大精神推动下,新一轮改革开放的高潮兴起,我国经济体制改革向纵深领域拓展,进入整体推进、重点突破的新阶段。

第三节 锐意进取:中国特色社会主义理论体系的形成

"文化大革命"结束以后,在党和国家面临何去何从的重大历史关头,中国共产党人把马克思主义基本原理和中国具体国情相结合,科学回答了建设中国特色社会主义的一系列基本问题,形成了中国特色社会主义理论体系,实现了马克思主义中国化新的飞跃。

一、邓小平理论

邓小平理论是在和平与发展成为时代主题的历史条件下,在总结我国社

---

① 《江泽民文选》第3卷,人民出版社2006年版,第198—205页。

会主义胜利和挫折的历史经验并借鉴其他社会主义国家兴衰成败历史经验的基础上,在我国改革开放和社会主义现代化建设的伟大实践中,逐步形成和发展起来的。

(一) 邓小平理论回答的基本问题

什么是社会主义、怎样建设社会主义,是建设中国特色社会主义首要的基本的理论问题。种种原因使我们对社会主义本质的认识存在着认识上的偏差,影响了社会主义事业的全面发展。邓小平指出:"我们总结了几十年搞社会主义的经验,社会主义是什么,马克思主义是什么,过去我们并没有完全搞清楚。"[1]"什么是社会主义,如何建设社会主义,我们的经验教训有许多条,最重要的一条,就是要搞清楚这个问题。"[2]邓小平把马克思主义基本原理和中国社会主义建设的具体实践相结合,做出了科学的回答。1992年初,他在南方谈话中指出:"社会主义的本质,是解放生产力,发展生产力,消灭剥削,消除两极分化,最终达到共同富裕。"

(二) 邓小平理论的主要内容

解放思想、实事求是,是我们党的思想路线,是邓小平理论的精髓。邓小平指出:"一个党,一个国家,一个民族,如果一切从本本出发,思想僵化,迷信盛行,那它就不能前进,它的生机就停止了,就要亡党亡国。"[3]他旗帜鲜明地提出毛泽东思想的精髓是实事求是,领导和支持开展真理标准问题大讨论,十一届三中全会果断做出把党和国家工作重点转移到社会主义现代化建设上来的战略决策等,标志着我党重新确立了马克思主义的思想路线。

我国处在并将长期处在社会主义初级阶段,是邓小平和我们党对当代中国基本国情的科学判断。对于中国这样一个脱胎于半殖民地半封建社会、经济文化十分落后的大国如何建设社会主义,首先必须弄清其基本国情。邓小平指出:"中国社会主义是处在一个什么阶段,就是处在初级阶段,是初级阶段

---

[1] 《邓小平文选》第3卷,人民出版社1993年版,第137页。
[2] 《邓小平文选》第3卷,人民出版社1993年版,第115—116页。
[3] 《邓小平文选》第2卷,人民出版社1994年版,第143页。

的社会主义。……一切都要从这个实际出发,根据这个实际来制订规划。"①

社会主义初级阶段党的基本路线。党的十三大报告提出了党在社会主义初级阶段的基本路线:领导和团结全国各族人民,以经济建设为中心,坚持四项基本原则,坚持改革开放,自力更生、艰苦创业,为把我国建设成为富强、民主、文明的社会主义现代化国家而奋斗。坚持党的基本路线,必须紧紧围绕经济建设这一中心。必须把坚持四项基本原则同坚持改革开放结合起来,正确处理改革开放和四项基本原则的关系。

社会主义的根本任务是发展生产力。邓小平指出:"社会主义的第一个任务是发展生产力。……哪有什么贫困的社会主义、贫困的共产主义。"②所以,发展是硬道理,解决中国所有问题的关键是要靠自己的发展。他说:"我就担心丧失机会。不抓呀,看到的机会就丢掉了,时间一晃就过去了。"③

"三步走"发展战略。1987年4月,邓小平第一次提出了分"三步走"基本实现现代化的战略构想。1987年10月,党的十三大明确提出:第一步,从1981年到1990年实现国民生产总值比1980年翻一番,解决人民的温饱问题;第二步,从1991年到20世纪末,使国民生产总值再翻一番,人民生活达到小康水平;第三步,到21世纪中叶,人均国民生产总值达到中等发达国家水平,人民生活比较富裕,基本实现现代化。然后在这个基础上继续前进。

新时期最鲜明的特点是改革开放。邓小平明确指出:"改革是中国的第二次革命。"④改革不是一个阶级推翻另一个阶级的革命,也不是原有经济体制细枝末节的修修补补,而是对原有经济体制的根本性变革,是社会主义制度的自我完善和发展。其中,改革是社会主义社会发展的直接动力,对外开放是建设中国特色社会主义的一项基本国策。

社会主义市场经济理论。经济体制改革的核心问题是如何正确认识和处理计划与市场的关系。邓小平指出:"说市场经济只存在于资本主义社会,只

---

① 《邓小平文选》第3卷,人民出版社1993年版,第252页。
② 《邓小平文选》第3卷,人民出版社1993年版,第227页。
③ 《邓小平文选》第3卷,人民出版社1993年版,第375页。
④ 《邓小平文选》第3卷,人民出版社1993年版,第113页。

有资本主义的市场经济,这肯定是不正确的。"①在南方谈话中,邓小平进一步提出:"计划经济不等于社会主义,资本主义也有计划;市场经济不等于资本主义,社会主义也有市场。"②邓小平社会主义市场经济理论为我国确立社会主义市场经济体制的改革目标提供了理论依据。

"两手抓,两手都要硬。"邓小平指出:"我们要在大幅度提高社会生产力的同时,改革和完善社会主义的经济制度和政治制度,发展高度的社会主义民主和完备的社会主义法制。我们要在建设高度物质文明的同时,提高全民族的科学文化水平,发展高尚的丰富多彩的文化生活,建设高度的社会主义精神文明。"③除了物质文明和精神文明两手抓,他还提出了其他"两手抓"思想,"一手抓建设,一手抓法制""一手抓改革开放,一手抓惩治腐败"等。

完成祖国统一大业,是中华民族的根本利益所在,是全中国人民包括台湾同胞、港澳同胞和海外侨胞的共同愿望。邓小平指出:"怎么解决这个问题,我看只有实行'一个国家,两种制度'。"④

办好中国的事情,关键在党。他说:"没有中国共产党,就没有社会主义的新中国。"⑤为了坚持和加强党的领导,必须努力改善党的领导。除了改善党的组织状况以外,还要改善党的领导工作状况,改善党的领导制度,等等。

此外,邓小平理论还有许多丰富和深刻的思想。如社会主义的依靠力量;新时期国防和军队建设;在和平共处五项原则的基础上,建立和平、稳定、公正、合理的国际新秩序;以独立自主、完全平等、互相尊重、互不干涉内部事务的四项原则,处理同各国共产党和其他政党的关系等。

二、"三个代表"重要思想

20世纪80年代末90年代初,国内外形势十分复杂,世界社会主义出现严

---

① 《邓小平文选》第2卷,人民出版社1994年版,第236页。
② 《邓小平文选》第3卷,人民出版社1993年版,第373页。
③ 《邓小平文选》第2卷,人民出版社1994年版,第208页。
④ 《邓小平文选》第3卷,人民出版社1993年版,第59页。
⑤ 《邓小平文选》第2卷,人民出版社1994年版,第170页。

重曲折,我国社会主义事业的发展面临巨大的困难和压力。在这一极为严峻的考验面前,以江泽民同志为主要代表的中国共产党人,团结带领全国各族人民,坚持党的基本理论和基本路线,加深了对什么是社会主义、怎样建设社会主义和建设什么样的党、怎样建设党的认识,形成了"三个代表"重要思想,成功把中国特色社会主义推向21世纪。

(一)"三个代表"重要思想的核心观点

"我们党必须始终代表中国先进生产力的发展要求,代表中国先进文化的前进方向,代表中国最广大人民的根本利益。"①这是对"三个代表"重要思想的集中概括。

首先,中国共产党必须始终代表中国先进生产力的发展要求。马克思主义基本原理告诉我们,生产力是全部社会历史的基础,是社会发展的根本动力,是判断社会进步的根本标准。马克思主义执政党必须高度重视解放和发展生产力,社会主义的根本任务也就必然是大力发展社会生产力。因此,中国共产党能不能大力促进先进生产力的发展,能不能始终代表先进生产力的发展要求,是我们党始终站在时代前列、保持先进性的根本体现和根本要求。

广大工人、农民和知识分子始终是推动我国先进生产力发展和社会全面进步的根本力量。伴随着中国特色社会主义现代化建设的迅猛发展而出现的新的社会阶层,他们都是中国特色社会主义事业的建设者。

科学技术是第一生产力,是先进生产力的集中体现和主要标志。在生产力系统中,科学技术不但直接体现为生产力,同时作用于所有其他的生产要素,成为发展生产力的决定因素。因此,大力推动科技进步和创新,不断用先进科技改造和发展国民经济,努力实现我国生产力发展的跨越,是我们党代表中国先进生产力发展要求必须履行的重要职责。江泽民指出:"我们要牢记一条道理,这就是没有强大的科技实力,就没有社会主义现代化。"②

其次,中国共产党必须始终代表中国先进文化的前进方向。文化是民族之魂,是一个国家和民族脉之所维、根之所系。江泽民指出:"坚持什么样的文

---

① 《江泽民文选》第3卷,人民出版社2006年版,第536页。
② 江泽民:《论科学技术》,中央文献出版社2001年版,第64页。

化方向,推动建设什么样的文化,是一个政党在思想上精神上的一面旗帜。"①

什么是当代中国的先进文化?江泽民指出,在当代中国,就是发展中国特色社会主义的文化,就是建设社会主义精神文明。精神文明建设搞好了,社会主义现代化建设各项事业才能全面进步。

发展社会主义先进文化,就是发展面向现代化、面向世界、面向未来的,民族的、科学的、大众的社会主义文化。发展社会主义先进文化,必须弘扬民族精神,必须加强社会主义思想道德建设,必须做好思想政治工作。

最后,中国共产党必须始终代表中国最广大人民的根本利益。江泽民指出,全心全意为人民服务,立党为公,执政为民,是我们党同一切剥削阶级政党的根本区别。任何时候我们都必须坚持尊重社会发展规律与尊重人民主体地位的一致性,坚持为崇高理想奋斗与为最广大人民谋利益的一致性,坚持完成党的各项工作与实现人民利益的一致性。

唯物史观认为,人民群众是社会物质生产活动的主体,是社会物质财富和精神财富的创造者,是社会变革的决定性力量。人民是我们国家的主人,是历史的真正创造者。我们党全部工作的出发点和落脚点,就是不断实现好、维护好、发展好最广大人民的根本利益。江泽民指出,"人心向背,是决定一个政党、一个政权兴亡的根本性因素"②。中国共产党除了最广大人民的利益,没有自己特殊的利益,我们党进行的一切奋斗,归根到底都是为了最广大人民的根本利益。党的一切工作,必须以最广大人民的根本利益为最高标准。

(二)"三个代表"重要思想的主要内容

"三个代表"重要思想是一个完整的科学体系,它的主要内容包括:大力弘扬与时俱进的精神;坚持社会主义初级阶段的基本纲领;必须始终紧紧抓住发展这个执政兴国的第一要务;中国特色社会主义改革开放的理论;建立社会主义市场经济体制;全面建设小康社会;建设社会主义政治文明;建立巩固的国防,加强军队的革命化、现代化、正规化建设;坚持和发展爱国统一战线理论;

---

① 江泽民:《论"三个代表"》,中央文献出版社 2001 年版,第 158 页。
② 《江泽民文选》第 3 卷,人民出版社 2006 年版,第 185 页。

中国特色社会主义外交和国际战略;推进祖国完全统一、发展两岸关系的八项主张;大力推进党的建设新的伟大工程等。这些思想极大地丰富和发展了中国特色社会主义理论体系,为加强和改进党的建设,推进中国特色社会主义伟大事业提供了强大的思想理论武器。

三、科学发展观

党的十六大以后,以胡锦涛同志为主要代表的中国共产党人,团结和带领全党和全国各族人民,以马克思列宁主义、毛泽东思想、邓小平理论和"三个代表"重要思想为指导,准确把握世界发展趋势、认真总结我国发展经验、深入分析我国发展的阶段性特征,在全面建设小康社会的历史进程中不断推进实践创新、理论创新、制度创新,深刻认识和回答了新形势下实现什么样的发展、怎样发展等重大问题,形成了科学发展观,成功地在新形势下坚持和发展了中国特色社会主义。

(一) 科学发展观的科学内涵

科学发展观,第一要义是发展,核心是以人为本,基本要求是全面协调可持续,根本方法是统筹兼顾,这是对科学发展观的集中概括。

首先,推动经济社会发展是科学发展观的第一要义。发展观的第一要义是发展,离开了发展,就无所谓发展观。发展是解决中国一切问题的关键。改革开放以来,党的路线、方针、政策之所以得到广大人民群众的拥护,我们之所以经得起国际、国内各种风浪的考验,我国社会主义现代化建设之所以取得如此巨大的成就,就是因为我们始终坚持发展是硬道理。胡锦涛指出:发展是解决中国一切问题的"总钥匙",发展对于全面建设小康社会、加快推进社会主义现代化,对于开创中国特色社会主义事业新局面、实现中华民族伟大复兴,具有决定性意义。

其次,以人为本是科学发展观的核心。以人为本,就是要把最广大人民的根本利益作为一切工作的出发点和落脚点,不断满足人民群众多方面的需求和实现人的全面发展。胡锦涛指出:"我们提出以人为本的根本含义,就是坚持全心全意为人民服务,立党为公、执政为民,始终把最广大人民的根本利益作为党和国家工作的根本出发点和落脚点……坚持发展为了人民、发展依靠人民、发展成果由人民共享。"[1]以人为本这一核心立场,集中体现了马克思主义的基本原理,体现了我们党全心全意为人民服务的根本宗旨和推动经济社会发展的根本目的。

坚持以人为本,就要坚持发展为了人民,始终把最广大人民的根本利益放在第一位。坚持以人为本,就要坚持发展依靠人民,从人民群众的伟大创造中汲取智慧和力量。坚持以人为本,就要坚持发展成果由人民共享,着力提高人民物质文化生活水平。坚持以人为本,最终是为了实现人的全面发展。

再次,全面协调可持续是科学发展观的基本要求。原因在于一方面,经过长期发展,我们积累了较为雄厚的物质技术条件,可以在推进全面协调可持续发展上有更大作为;另一方面,城乡区域发展不平衡、经济社会发展不协调、经济发展与人口资源环境不适应等问题更加突出地摆在了我们面前。只有更加自觉地推进全面协调可持续发展,才能更好地化解我国发展的各种制约因素,更好地推动我国发展进程,确保实现我国发展的战略目标。

全面发展,就是要按照中国特色社会主义事业总体布局,正确认识和把握经济建设、政治建设、文化建设、社会建设、生态文明建设是相互联系、相互促进的有机统一体。协调发展,就是保证中国特色社会主义各个领域协调推进。可持续发展,就是走生产发展、生活富裕、生态良好的文明发展道路。

最后,统筹兼顾是科学发展观的根本方法。统就是统揽、总揽,就是宏观调控,适时适当干预;筹就是筹划、协调;兼顾就是照顾到方方面面,平衡各种关系。统筹兼顾,就是总揽全局、科学筹划、协调发展、兼顾各方。胡锦涛强调,要善于在推进经济发展的同时兼顾各个方面的发展要求,把经济建设、政治建设、文化建设、社会建设及其各个环节统筹好、协调好,使之相互促进、相互支撑,实现良性互动。

统筹兼顾是科学发展观的根本方法,深刻体现了唯物辩证法在发展问题上的科学运用,深刻揭示了实现科学发展、促进社会和谐的基本途径,是正确

---

[1] 《胡锦涛文选》第3卷,人民出版社2016年版,第4页。

处理经济社会发展中重大关系的方针原则。

(二) 科学发展观的主要内容

科学发展观紧紧围绕什么是发展、怎样发展等重大问题,极大地丰富和发展了中国特色社会主义理论体系,其主要内容包括:加快转变经济发展方式;发展社会主义民主政治;推进社会主义文化强国建设;构建社会主义和谐社会;推进生态文明建设;全面提高党的建设科学化水平;推动国防和军队建设科学发展;坚持"一国两制",推进祖国统一;推动建设持久和平、共同繁荣的和谐世界等。这一系列新思想、新观点、新论断,极大地丰富和发展了中国特色社会主义理论体系。

第三章
马克思主义中国化的第三次伟大飞跃

中国特色社会主义是改革开放以来党的全部理论和实践的主题。党的十八大以来,以习近平同志为核心的党中央,直面中国发展面临的新问题、新局面、新挑战,把马克思主义基本原理同中国具体实际相结合、同中华优秀传统文化相结合,继承和发展了毛泽东思想、邓小平理论、"三个代表"重要思想、科学发展观的精髓,系统回答了新时代坚持和发展什么样的中国特色社会主义、怎样坚持和发展中国特色社会主义,建设什么样的社会主义现代化强国、怎样建设社会主义现代化强国,建设什么样的长期执政的马克思主义政党、怎样建设长期执政的马克思主义政党等重大时代课题,创立了习近平新时代中国特色社会主义思想,实现了马克思主义中国化新的飞跃。

第一节 自信自强:中国特色社会主义进入新时代

党的十八大以来,以习近平同志为核心的党中央团结带领中国人民,自信自强、守正创新,党和国家事业取得历史性成就、发生历史性变革,为实现中华民族伟大复兴提供了更为完善的制度保证、更为坚实的物质基础、更为主动的精神力量。如今,我国经济实力、科技实力、综合国力跃上新的大台阶,续写了成绩斐然的发展奇迹,中华民族朝着伟大复兴目标迈出了新的一大步。在中国特色社会主义事业伟大接力中,中国共产党团结带领中国人民如期实现全面建成小康社会的战略目标,踏上了实现第二个百年奋斗目标新的赶考之路。

一、新的历史方位

《中共中央关于党的百年奋斗重大成就和历史经验的决议》指出："党的十八大以来，中国特色社会主义进入新时代。"[①]中国特色社会主义进入新时代，是以习近平同志为核心的党中央立足于中国特色社会主义发展实际做出的重大科学判断。

中国特色社会主义进入新时代的政治判断，是我们党坚持辩证唯物主义和历史唯物主义，深刻分析我国发展的历史方位得出的正确结论。其科学依据在于我国发展的实际状况和客观形势发生了重大变化。党的十八大以来，我国发展站到了新的历史起点上，经济实力、科技实力、国防实力、综合国力进入世界前列，党的面貌、国家的面貌、人民的面貌、军队的面貌、中华民族的面貌发生了前所未有的变化。我国社会主要矛盾已经转化为人民日益增长的美好生活需要和不平衡不充分的发展之间的矛盾。这一重大历史性变化，对发展全局产生了广泛而深刻的影响。明确中国特色社会主义进入新时代，这是我们党在科学把握世情、国情、党情深刻变化的基础上，做出的一项关系全局的重大战略考量，有着充分的理论、实践和历史依据。

习近平总书记指出，这个新时代，是承前启后、继往开来、在新的历史条件下继续夺取中国特色社会主义伟大胜利的时代，是决胜全面建成小康社会进而全面建设社会主义现代化强国的时代，是全国各族人民团结奋斗、不断创造美好生活、逐步实现全体人民共同富裕的时代，是全体中华儿女勠力同心、奋力实现中华民族伟大复兴中国梦的时代，是我国日益走近世界舞台中央、不断为人类做出更大贡献的时代。这一论断科学揭示了新时代的历史内涵，昭示了新时代所特有的质的规定性：一是明确了新时代是中国特色社会主义新时代，而不是别的什么新时代，新时代与我们党开创的中国特色社会主义事业一脉相承，具有承前启后、继往开来的历史特点；二是明确了新时代中国特色社会主义发展的战略安排，彰显了新时代区别于其他历史时期所特有的历史任

[①]《中共中央关于党的百年奋斗重大成就和历史经验的决议》，人民出版社 2021 年版，第 23 页。

务、时代要求;三是明确了新时代践行社会主义本质要求的目标任务,体现了我国社会主要矛盾的变化对党和国家工作提出的新要求,体现了以人民为中心的发展思想和价值;四是明确了新时代是实现中华民族伟大复兴中国梦的时代,展示了新时代的发展愿景,昭示出"一个时代有一个时代的主题,一代人有一代人的使命";五是明确了新时代的中国日益走近世界舞台中央,构建人类命运共同体成为引领时代潮流和人类前进方向的鲜明旗帜,中华民族伟大复兴不仅极大地改变中国,还将深刻地影响世界。

二、统筹两个大局

"统筹两个大局"就是要统筹中华民族伟大复兴战略全局和世界百年未有之大变局,深刻认识我国社会主要矛盾变化带来的新特征、新要求,深刻认识错综复杂的国际环境带来的新矛盾、新挑战。这就要求我们用全面、辩证、长远的眼光判明我国发展环境的"变"与"不变",正确把握各方面重大关系。

从国际环境看,当今世界正经历百年未有之大变局。其中既有机遇,也有挑战。习近平总书记强调:"和平与发展的时代主题没有改变,世界多极化和经济全球化的时代潮流也不可能逆转。"①但同时,他也指出:"当前,百年变局和世纪疫情交织叠加,世界进入动荡变革期。"②一是国际环境不稳定性、不确定性明显增加。如今,国际经济、科技、文化、安全、政治等格局都在发生深刻变化。治理赤字、信任赤字、发展赤字、和平赤字有增无减,单边主义、保护主义、霸凌行径愈演愈烈。美国为维护其世界霸权,极力遏制发展中国家崛起,特别是公开宣称把中国作为主要竞争对手,从科技、贸易等领域进行极限施压。多种因素叠加交织、共同作用,加剧了国际环境的不稳定性、不确定性,对世界和平与发展构成威胁。二是经济全球化出现波折和遭遇逆流。人类正在遭受第二次世界大战结束以来最严重的经济衰退。在这样一个低迷期,各种

---

① 习近平:《守望相助共克疫情 携手同心推进合作——在金砖国家领导人第十二次会晤上的讲话》,人民出版社2020年版,第2页。
② 习近平:《同舟共济克时艰 命运与共创未来——在博鳌亚洲论坛2021年年会开幕式上的视频主旨演讲》,人民出版社2021年版,第2页。

矛盾凸显甚至激化,公平和效率、增长和分配、技术和就业等积累的矛盾更加突出,贫富鸿沟拉大。部分国家出现内顾倾向,国际贸易和投资急剧萎缩,人员、货物流动严重受阻,全球产业链、供应链遭到冲击。过去,西方政治力量是经济全球化的主要推手,今天,少数欧美国家却成为逆经济全球化的策源地,给全球经济治理造成混乱。三是国际力量对比消长发生重大变化。随着国际力量加快分化组合,世界格局深度调整,"东升西降"趋势日益凸显。中国持续快速发展,成为推动世界格局演变的主要力量。但也要看到,霸权主义和强权政治仍然存在,损害国际公平正义,不仅不利于从根本上解决各类矛盾冲突,还会侵蚀世界和平的根基。在可以预见的未来,全球治理和国际规则制定主导权的争夺将日趋激烈。

从国内环境看,我国进入新发展阶段。我们要深刻认识新发展阶段的内涵和特点,以便更好地贯彻新发展理念,构建新发展格局,实现高质量发展。国内环境中的不变因素主要有两个:一方面,我国仍处于并将长期处于社会主义初级阶段。党的十八大以来,习近平总书记经常强调,社会主义初级阶段是当代中国的最大国情、最大实际。我国仍然是世界上最大的发展中国家,发展仍然是我们党执政兴国的第一要务。另一方面,我国发展长期向好的基本面保持基本稳定。我国拥有独特的政治优势、制度优势、发展优势和机遇优势,经济社会发展依然有诸多有利条件,发展韧性强劲。然而,我们不能忽视在新发展阶段面临的更复杂问题和更严峻挑战。

新发展阶段国内环境错综复杂,发展中诸多矛盾凸显、风险挑战增多,面临不少困难和阻力。总体来讲,我国发展不平衡、不充分问题仍然突出,这已成为满足人民日益增长的美好生活需要的主要制约因素。相对显著的问题有:重点领域、关键环节改革任务仍然艰巨,创新能力不适应高质量发展要求,农业基础还不稳固,城乡区域发展和收入分配差距较大,生态环保任重道远,民生保障存在短板,社会治理还有弱项。此外,在发挥基础性作用的经济层面,也存在较为持久的中长期问题。国家统一开放、竞争有序的市场体系还未完全形成,经济面临着周期性因素和结构性因素叠加、短期问题和长期问题交织、外部冲击和新冠肺炎疫情冲击等多重影响,畅通"双循环"还面临着突出障碍,如国民经济循环各环节中都存在不同程度的梗阻,产业链、供应链循环面临阻滞风险,生产要素高效流动尚不够顺畅,等等。换言之,我国构建新发展格局、催生新发展动能、激发新发展活力、打造国际竞争新优势、拓展发展新空间的任务艰巨繁重。

以上这些都属于社会主要矛盾转变带来的阶段性考验。同时要清醒地认识到,我国仍处于并将长期处于社会主义初级阶段的基本国情没有变,我国仍是世界上最大的发展中国家的国际地位没有变。因此,要解决新时代我国社会主要矛盾,依然要靠发展,只是发展的内容更加丰富,发展的要求更新更高。我们要更加着力解决各种发展不平衡、不充分的问题,更加注重满足人们更高层次的需求,激发全社会创造力和发展活力,全面落实创新、协调、绿色、开放、共享的新发展理念,更好地推动人的全面发展和社会全面进步。因此,抓住了主要矛盾,也就抓住了解决主要问题的"牛鼻子"。只要牢牢把握这一主要矛盾,坚定不移地贯彻党的路线、方针、政策,建成社会主义现代化强国、实现中华民族伟大复兴的宏伟目标就一定能够实现。

三、中国社会主要矛盾

正确分析和判断我国社会不同发展阶段的主要矛盾,根据主要矛盾来确定党在新的历史时期的目标任务和战略措施,是我们党的优良传统。改革开放以来,尤其是党的十八大以来,我国无论是经济建设、政治建设、社会建设、文化建设,还是党的建设,都取得巨大成就,党和国家事业全面开创新局面,社会发展已经到了一个新的历史阶段。旧的矛盾解决了,新的矛盾产生了,我国社会的主要矛盾由此发生了转化。以习近平同志为核心的党中央敏锐地洞察到这一新的全局性、历史性变化,及时做出准确判断:我国社会主要矛盾已经转化为人民日益增长的美好生活需要和不平衡不充分的发展之间的矛盾。

社会主要矛盾变化带来了许多新特征、新要求。当前和今后一个时期,我国发展仍然处于重要战略机遇期,但机遇和挑战都有新的发展变化。机遇更具有战略性、可塑性,挑战更具有复杂性、全局性。越是逆风逆水、风高浪急,越要系统谋划、协同推进,加快实现更高质量的发展。

其一,坚持党的全面领导。新中国成立后,面对历次重大挑战,我党都坚持战略上进取和战术上稳扎稳打相统一,成功带领全国人民趋利避害、走出困境。历史不断证明,形势越是严峻复杂,矛盾、风险、挑战越是增多,越是要有坚强的领导核心来保证我国经济行稳致远、社会安定和谐。坚持党对一切工作的领导,是新时代坚持和发展中国特色社会主义基本方略的第一条。其二,强化创新驱动发展。大疫当前,百业艰难,但危中有机,唯创新者胜。实现高质量发展,必须实现依靠创新驱动的内涵型增长,让创新引领新技术、新产业、新业态,带来源源不断的内生动力。自主创新能力的提升,是关系我国发展全局的重大问题,也是形成以国内大循环为主体的关键。其三,加快构建新发展格局。近年来,全球政治、经济环境复杂多变,促使我们进一步减少对国际大循环的依赖,不断释放经济增长的内需潜力。随着我国在世界经济中的地位持续上升,我们同世界经济的联系会更加紧密,为其他国家提供的市场也将更加广阔。其四,推进国防和军队现代化。由大向强、将强未强之际往往是国家安全的高风险期,这是历史规律。中国模式越是展现出强大韧性与生命力,少数国家就越要加大战略遏制和围堵力度。虽然维护国家安全的手段和选择增多了,但军事手段始终是保底的手段。为此,要着重提高国防和军队现代化质量效益,加快军事理论现代化、军队组织形态现代化、军事人员现代化、武器装备现代化。

第二节　两个结合:不断推进马克思主义中国化

习近平总书记在庆祝中国共产党成立一百周年大会上的讲话指出:"必须继续推进马克思主义中国化,坚持把马克思主义基本原理同中国具体实际相结合、同中华优秀传统文化相结合。"这一重要论断,深化了对马克思主义中国化的认识,体现了对"两个结合"及二者关系的深刻认知,表达了对中国具体实际和中华优秀传统文化及二者关系的深入理解。

一、同中国具体实际相结合

把马克思主义基本原理同中国具体实际相结合,就是要坚持一切从实际出发,坚持以问题为导向,在解决实际问题中推动理论创新与实践发展。马克思主义基本原理必须同中国具体实际相结合,既是马克思主义发展的内在要求,也是由特殊的中国国情决定的。首先,从实践和认识的辩证关系维度来看,从实践中来、到实践中去,是马克思主义的本质属性。马克思主义基本原理同各国具体实际相结合,在这个结合过程中获得最新鲜、最直接、最深刻的实践源泉和实践检验,实现真理的创新性发展。马克思主义传入中国,必须与中国的实践紧密结合,为中国的实践服务,在中国的实践中检验和完善理论,并在正确的实践基础上实现理论的创新与发展,只有这样才是对马克思主义真理的尊重,也只有这样才能释放真理的伟力,不断推进社会主义事业的发展。其次,从矛盾的普遍性和特殊性辩证关系维度来看,马克思主义揭示了人类社会的发展规律,是具有普遍意义的科学真理。但这个真理揭示的是普遍性和特殊性相统一的规律,普遍性不能脱离特殊性,必须通过特殊性来实现和证明。无论是革命、建设还是改革等时期,中国都有着独一无二的国情,面临着西欧及俄国等其他国家前所未有的特殊矛盾和现实难题。因此,不能直接照搬经典作家的论述,而是要以马克思主义基本原理为指导,从中国的具体国情出发,研究中国政治、经济、文化、社会等方面的实际情况,从而回答和解决中国在不同时期面临的不同时代问题。

早在1930年,毛泽东就明确指出:"马克思主义的'本本'是要学习的,但是必须同我国的实际情况相结合。"[①]一路走来,放眼纵观我们党的一百年奋斗历程,从革命、建设、改革再到新时代,一项又一项的举世成就,一个又一个的伟大奇迹,一次又一次的震撼飞跃,无不展现着中国共产党指导思想的伟力。这个伟力来源于马克思主义的普遍真理,更离不开马克思主义基本原理与中国实际的紧密结合。一百年来,在实现中华民族伟大复兴的历程中,一代代中

---

① 《毛泽东选集》第1卷,人民出版社1991年版,第111页。

国共产党人坚持马克思主义指导地位不动摇,从每一时期的具体实践出发,准确把握特定的历史条件、时代课题、当下任务、工作要求等,从而制定出正确的路线、方针、政策,在此基础上不断创新和丰富党的思想理论,持续推进马克思主义中国化,是党的事业成功和胜利的根本保证。所以说,马克思主义基本原理与中国实际的结合是一个不断延续的历史过程。党领导的伟大社会革命没有止境,这个结合就没有止境,每一历史时期新的实践都赋予结合新的内涵和要求,都促进了结合的进展、事业的发展。

以习近平同志为核心的党中央,以把握历史规律和历史趋势的高度自觉自信,深刻认识新形势下世情、国情、党情,开辟了马克思主义基本原理同中国具体实际相结合的新境界,不断推进实现中华民族伟大复兴的新征程。党的十八大以来,中国共产党人创造性地把马克思主义基本原理同新时代中国特色社会主义具体实际结合起来,引领中国特色社会主义进入新时代,党和国家事业取得历史性成就、发生历史性变革,为实现中华民族伟大复兴提供了更为完善的制度保证、更为坚实的物质基础、更为磅礴的精神力量,中华民族迎来了从站起来、富起来到强起来的伟大飞跃。

以习近平同志为核心的党中央把马克思主义基本原理成功运用于新时代中国特色社会主义具体实际,深入探索新时代坚持和发展什么样的中国特色社会主义、怎样坚持和发展中国特色社会主义的重大时代课题,正确解决了新时代中国特色社会主义的奋斗目标、主要矛盾、根本原则、基本方略、战略安排、路径选择等问题。比如,将历史唯物主义中的社会基本矛盾运动规律与中国特色社会主义的发展实际相结合,深刻阐明了新时代的历史方位,揭示了我国社会主要矛盾的转化,提出了新发展阶段、新发展理念、新发展格局,为中国特色社会主义的社会发展理论注入了新的时代内涵;将马克思主义国家学说与中国共产党的治国理政经验相结合,提出统筹推进"五位一体"总体布局、协调推进"四个全面"战略布局,推进国家治理体系和治理能力现代化,创造了中国式现代化新道路和人类文明新形态;将马克思主义关于党的建设理论与我们党执政实践经验相结合,提出坚持党的全面领导、全面从严治党、推进党的自我革命的思想,为新时代强化党的长期执政能力建设,保持党的先进性、纯洁性提供了重要遵循；将马克思主义世界历史理论与人类社会发展的现实相结合，深刻洞悉世界百年未有之大变局，提出构建人类命运共同体、建设新型国际关系、共建"一带一路"等新理念、新思想、新倡议，为全球治理提供中国智慧、中国方案；将马克思主义政治经济学原理与国内、国际经济形势的分析研判相结合，提出构建国内、国际"双循环"相互促进的新发展格局；等等。习近平新时代中国特色社会主义思想做出的一系列原创性理论贡献，彰显了马克思主义的真理力量和时代价值。

可以说，坚持和发展中国特色社会主义，推动物质文明、政治文明、精神文明、社会文明、生态文明协调发展，开辟中国式现代化新道路，创造人类文明新形态，正是马克思主义基本原理同中国具体实际相结合的重大理论创造和实践创新。习近平新时代中国特色社会主义思想，是马克思主义基本原理同新时代中国特色社会主义具体实际结合起来的理论结晶，也是创造新时代中国特色社会主义伟大成就、全面建设社会主义现代化国家的根本指导。

二、同中华优秀传统文化相结合

中国共产党人对马克思主义中国化的探索经历了一个艰辛的历史过程，体现了"从不成熟到成熟、从不自觉到自觉"的百年发展脉络。可以说，主导其早期探索历程的理论逻辑是"马克思主义基本原理同中国具体实际相结合"，但未明确提出"马克思主义基本原理同中华优秀传统文化相结合"。马克思主义中国化由"一个结合"拓展到"两个结合"，是新时代以习近平同志为核心的党中央的原创性理论贡献，实现了马克思主义中国化的新飞跃。

马克思主义和中华优秀传统文化之间是指导思想与文化根脉的关系。马克思主义是党的旗帜和方向，是我们立党立国的根本指导思想；中华优秀传统文化则是中华民族的"根"和"魂"，"根"表达的是中华民族立足于世界民族之林的文化基础和精神基因，"魂"表达的是支配中国人言行举止的价值观和精气神。马克思主义和中华优秀传统文化共同为实现中华民族伟大复兴提供源源不断的信仰支撑和精神动力。马克思主义基本原理同中华优秀传统文化相结合是马克思主义中国化在新时代的新焦点，其根本使命在于使马克思主义更好地立足于中国大地,根植于中华优秀传统文化的沃土,更好地彰显"中国风格、中国气派、中国作风",从而获得人民群众更为广泛的认同与接受,转化为人民群众的坚定信仰和忠实情感,进而激发磅礴的精神伟力。同时,在马克思主义的指导下,实现优秀传统文化的创造性转化、创新性发展,使中华民族最基本的文化基因与当代文化相适应、与现代社会相协调,把跨越时空、超越国度、富有永恒魅力、具有当代价值的民族文化和民族精神弘扬起来。

中国共产党人既是马克思主义中国化的推动者,也始终是中华优秀传统文化的忠实继承者和弘扬者。早在1938年10月,毛泽东在六届六中全会上做政治报告时指出:"我们这个民族有数千年的历史,有它的特点,有它的许多珍贵品。对于这些,我们还是小学生。今天的中国是历史的中国的一个发展;我们是马克思主义的历史主义者,我们不应当割断历史。从孔夫子到孙中山,我们应当给以总结,承继这一份珍贵的遗产。"[①]历史充分证明,马克思主义只有与中华优秀传统文化相结合,才能深深根植于中华文化沃土,彰显出强大的真理力量和实践伟力,让中华文化展现新的时代风采。换句话说,如果不把中华优秀传统文化与马克思主义相结合,就有可能导致文化复古主义,也就很难焕发出中华优秀传统文化在新时代的生机和活力;而如果马克思主义不与中华优秀传统文化相结合,就有可能出现历史虚无主义、文化虚无主义等倾向,也就导致马克思主义难以融入中华文明,难以在中国大地上枝繁叶茂。

党的十八大以来,习近平总书记把对中华优秀传统文化的重视提升到了空前的高度,不仅多次强调中华优秀传统文化是中华民族的根和魂,积淀着中华民族最深沉的精神追求,代表着中华民族独特的精神标识,也是我们在激荡的世界文化中站稳脚跟的坚实根基,而且创造性提出"马克思主义基本原理同中华优秀传统文化相结合"的重大论断。2017年,中共中央办公厅、国务院办公厅联合印发了《关于实施中华优秀传统文化传承发展工程的意见》,第一次以党中央文件形式全面部署中华优秀传统文化传承发展工作,并明确提出"中华优秀传统文化是发展当代中国马克思主义的丰厚滋养"。习近平在党的十

---

① 《毛泽东选集》第2卷,人民出版社1991年版,第534页。

九届四中全会第二次全体会议上指出:"马克思主义传入中国后,科学社会主义的主张受到中国人民热烈欢迎,并最终扎根中国大地、开花结果,决不是偶然的,而是同我国传承了几千年的优秀历史文化和广大人民日用而不觉的价值观念融通的。"①党的十九届六中全会进一步明确提出:"习近平新时代中国特色社会主义思想是当代中国马克思主义、二十一世纪马克思主义,是中华文化和中国精神的时代精华,实现了马克思主义中国化新的飞跃。"②可以说,习近平新时代中国特色社会主义思想是马克思主义基本原理同中华优秀传统文化相结合的光辉典范。

党的十八大以来,以习近平同志为核心的党中央,继承和弘扬中华优秀传统文化精华,形成了一系列治国理政新理念、新思想、新战略,开辟了马克思主义同中华优秀传统文化相结合的新境界。例如,将群众史观与传统文化中的民本思想相结合,提出了"人民就是江山,江山就是人民",系统阐述了以人民为中心的发展思想;将辩证唯物主义方法与中国古代哲学相结合,深刻阐明了中国特色社会主义历史发展的辩证法,强调树立战略思维、底线思维、辩证思维等思维方法;将马克思主义伦理观与中华传统美德相结合,深入挖掘和阐发"讲仁爱、重民本、守诚信、崇正义、尚和合、求大同"等传统文化资源,倡导社会主义核心价值观;将马克思主义自然观与中国哲学的天人合一观相结合,深刻阐明生态文明理念,提出人与自然生命共同体的重大论断;等等。这都体现了习近平新时代中国特色社会主义思想对中华优秀传统文化的创造性转化和创新性发展,彰显了高度的文化自觉和坚定的文化自信,展现了治国理政的深厚历史文化底蕴。这些中华优秀传统文化的因子成为滋养马克思主义中国化的丰厚土壤,从而使马克思主义的真理推动中华文明迸发出强大精神力量。

可以说,进入新时代,在习近平总书记的带领下,中国共产党人在毫不动摇坚持马克思主义中国化的同时,更加重视中华优秀传统文化内在价值的挖掘阐发与传承弘扬,将中华优秀传统文化表述为"中华民族的根和魂""民族文

---

① 习近平:《坚持和完善中国特色社会主义制度推进国家治理体系和治理能力现代化》,《求是》2020年第1期,第4—13页。
② 《中共中央关于党的百年奋斗重大成就和历史经验的决议》,人民出版社2021年版,第26页。

化血脉""中华民族的精神命脉",多次强调要推动中华优秀传统文化的创造性转化、创新性发展,成功开辟了"马克思主义基本原理同中华优秀传统文化相结合"的新境界,并以高超的中国智慧将马克思主义基本原理、中国特色社会主义与中华优秀传统文化相互贯通、相互提升、相互融合。

三、"两个结合"是实现马克思主义创新的根本路径

中国共产党的理论创新,从根本上说是把马克思主义创造性地运用于中国的实际,使之得到发展并形成中国化的马克思主义的过程。从现实维度讲,马克思主义基本原理同中国具体实际相结合,其实质就是使马克思主义在中国开花、结果,既寻求正确的中国道路,以解决中国社会主要矛盾和根本问题,推进中国发展进步,也创新发展马克思主义;从历史维度讲,马克思主义基本原理同中华优秀传统文化相结合,其实质就是既使马克思主义在中国落地、扎根,又运用马克思主义立场、观点、方法,对中华传统文化进行创造性转化和创新性发展;从理论维度讲,"两个结合"作为创新发展马克思主义的根本路径,形成了中国化的马克思主义。

(一)"两个结合"的理论和现实基础

马克思主义中国化之所以具有必然性,是因为它既是近代中国社会和中国革命发展的必然结果,也是马克思主义的内在要求,还是中国具体实际的客观需要。马克思主义本质上是一种源于实践又回到实践以指导实践、改变现实的理论,是注重事物自身之内在联系、矛盾运动、发展过程且从中生长出的理论,本质上是发展着的马克思主义。马克思、恩格斯实现哲学变革,确立唯物主义辩证法,本质上就是摆脱"主观臆想"进而通达"事物自身",力求呈现、确证事物自身存在之内在的普遍联系、矛盾运动和发展过程。现代唯物主义世界观,就是运用唯物主义辩证法揭示、解释人的感性生活世界,它认为认识世界和分析事物,首要应立足于现实生活世界,从客观实际出发。

中国革命、建设、改革实践的经验教训启示我们必须注重"结合"。中国共产党人在实践上自觉地强调马克思主义基本原理必须同中国具体实际相结合,认为只有这种结合才能既克服教条主义、避免狭隘经验主义,又解决中国

问题。新民主主义革命时期，以毛泽东同志为主要代表的中国共产党人坚持把马克思主义基本原理同中国革命具体实际相结合，根据当时中国农民最多、农民最穷、农民的革命性最坚决的具体实际，强调中国革命要走"农村包围城市、武装夺取政权"的道路。毛泽东发表的《实践论》《矛盾论》，强调理论与实践相结合、普遍与特殊相结合，为马克思主义基本原理同中国具体实际相结合奠定了坚实的哲学基础。社会主义革命和建设时期，毛泽东根据当时中国具体实际，发表了《论十大关系》，确定了中国建设社会主义必须处理好的十大关系。改革开放和社会主义现代化建设新时期，我们党重新确立解放思想、实事求是的思想路线，把马克思主义基本原理同中国具体实际相结合。

（二）"两个结合"是实现马克思主义创新的根本路径

在运用马克思主义解决中国社会主要矛盾和根本问题的过程中，需要解决的一个重要课题，就是防止把马克思主义教条化。教条主义是马克思主义基本原理同中国具体实际相结合、同中华优秀传统文化相结合的障碍，曾经给中国革命、建设带来了严重危害。中国共产党人认识到，运用马克思主义立场、观点、方法解决中国社会主要矛盾和根本问题的进程中，必须反对把马克思主义教条化的倾向，不断推进马克思主义中国化。

中国的社会主义脱胎于政治、经济相对落后的半殖民地半封建社会，既不同于马克思、恩格斯所构想的在社会生产力高度发达基础上的社会主义，也不同于"苏联模式"的社会主义。在这样的国情下怎样建设社会主义，在马克思主义发展史上确实未曾遇到过，也不可能从马克思主义的"本本"中找到现成答案。中国共产党人坚持把马克思主义基本原理同中国具体实际、同中华优秀传统文化相结合，创造性地回答了什么是马克思主义、怎样对待马克思主义，什么是社会主义、怎样建设社会主义，建设什么样的党、怎样建设党，实现什么样的发展、怎样发展，什么是新时代中国特色社会主义、怎样建设新时代中国特色社会主义等重大时代课题，探索了在经济文化相对落后的国家如何建设和发展社会主义的问题，从而推进马克思主义的创新发展，形成并发展了中国化马克思主义。当今世界正处于动荡变革期，中国特色社会主义进入新时代，新情况、新问题层出不穷。如何解决好中国式现代化进程中出现的各种矛盾和问题,为实现中华民族伟大复兴铺平道路,当代中国马克思主义、21世纪马克思主义需要做出积极回应。

(三) 推进"两个结合"是推进马克思主义中国化的基本规律

推进"两个结合"实际上是推进马克思主义中国化的一条基本规律,它揭示了马克思主义中国化的历史、现实、理论三个根本环节,建立起了历史、现实、理论之间的本质联系,实现三者有机统一。马克思主义基本原理"两个结合"的经验可概括为四个"着眼于":着眼于从历史发展阶段与社会主要矛盾来把握中国国情;着眼于从正确的政治方向,正确的思想路线,正确的价值标准,正确处理中国革命、建设和改革进程中出现的矛盾关系来把握中国历史经验;着眼于从符合历史规律且有利于社会进步和人的发展来把握中华优秀传统文化;着眼于从时间、空间和条件来把握中国实践发展要求。[1]

从目的看,推进马克思主义基本原理"两个结合"的过程,实质上就是以解决中国问题为中心的过程。为了解决中国革命、改革、建设中的重大问题,确有推进"两个结合"的必要。从总体看,推进"两个结合"首先要把握中国国情,中国国情在根本上可从历史发展阶段与社会主要矛盾来理解。不同历史发展阶段及其社会主要矛盾蕴涵着不同的中国问题。从历史看,推进"两个结合"需要做到"三个必须":必须把握好正确的政治方向,必须坚持解放思想、实事求是的思想路线,必须确立并坚持判断推进"两个结合"成效的根本标准。从推进"两个结合"的历史进程看,必须正确处理中国革命、建设和改革进程中出现的系列矛盾关系,推动理论和实践不断发展。从传统看,在推进"两个结合"进程中,必须考虑结合的"血脉"问题,即如何汲取中华优秀传统文化的积极因素,进行创造性转化、创新性发展。从实践发展进程看,中国共产党人着眼于从不同历史方位、社会主要矛盾、所解决的根本问题、首要任务出发,来把握中国实践发展新要求,进而推进"两个结合"。

(四) 实现马克思主义创新的结合点和结合方式

实现马克思主义创新,既需要系统深入总结并坚持推进"两个结合"的基

---

[1] 韩庆祥:《全面深入理解"两个结合"的核心要义和思想精髓》,《马克思主义研究》2021年第10期,第102页。

本经验，也需要把握中国具体实际的根本内涵，把历史方位、社会主要矛盾、根本问题、中国道路作为结合点，还需要提炼中华优秀传统文化精髓，把双方优势结合和双方功能互补作为结合方式。

历史方位是中国具体实际的时空维度。中国的具体实际与其他国家的具体实际有很大差异，新民主主义革命时期的具体实际同改革开放和社会主义现代化建设时期、中国特色社会主义新时代的具体实际也有诸多不同。社会主要矛盾是中国具体实际的本质维度。社会主要矛盾，表达的是一个社会的总体需求状况和供给状况及供给满足需求的状况，是判断一个社会基本国情和社会整体发展状况，制定路线、方针、政策的主要依据。根本问题是中国具体实际的时代维度。科学解答时代问题是马克思主义出场的基本路径，创造性地回答时代课题是马克思主义发展的动力。自中国共产党诞生那一天起，我们党就运用马克思主义立场、观点、方法，来解决我们党所面临的根本问题或现实问题。中国道路是中国具体实际的实践维度。中国道路的核心，既包括奋斗目标，也包括实现奋斗目标的实践方略。作为奋斗目标，它是所解决的社会主要矛盾和根本问题的一种方向性表达；作为实践方略，它是解决社会主要矛盾和根本问题的根本方式。

马克思主义基本原理和中华优秀传统文化是体用关系，可以从中华优秀传统文化中找到马克思主义创新发展和发挥作用的生长点，既对其精华实行创造性转化和创新性发展，又运用马克思主义立场、观点、方法克服其历史局限，以丰富发展马克思主义。这种结合方式可概括为双方优势结合和双方功能互补。习近平总书记就是在充分吸收中华优秀传统文化中关于世界大同、协和万邦、兼济天下等积极有益的思想的基础上，提出积极携手共建人类命运共同体，从而创新发展了21世纪马克思主义。

坚持并推进"两个结合"，既是为了寻求破解中国社会主要矛盾和根本问题的正确道路，也是为了使中国道路具有中华文化基因，使其有助于解决中国社会主要矛盾和根本问题。所以，坚持并推进"两个结合"与中国式现代化新道路，本质上是同一问题的两个侧面，即在创造中国式现代化新道路进程中不断推进马克思主义中国化及其"两个结合"，而不断推进马克思主义中国化及其"两个结合",也要紧紧围绕创造中国式现代化新道路来进行。

第三节　守正创新:习近平新时代中国特色社会主义思想的创立

中国特色社会主义是我国改革开放以来党的全部理论与实践的主题。中国特色社会主义既坚持了科学社会主义基本原则,又根据时代条件带有鲜明的中国特色。从本质上讲,中国特色社会主义的性质是社会主义而不是别的什么主义;从历史发展角度讲,中国特色社会主义是科学社会主义理论逻辑与中国社会发展历史逻辑的辩证统一;从时代特点角度讲,中国特色社会主义体现了符合时代发展趋势的鲜明中国特色而不是别国特色;从未来发展角度讲,中国特色社会主义是引领我们踏上全面建设社会主义现代化国家新征程、实现中华民族伟大复兴的一面旗帜。

一、中国特色社会主义篇章的精彩续写

党的十八大以来,以习近平同志为核心的党中央紧密结合世情、国情、党情的新变化,着力推进实践基础上的理论创新,形成一系列治国理政新理念、新思想、新战略,不断丰富中国特色社会主义内涵、夯实中国特色社会主义基础,在新的历史起点上续写中国特色社会主义新篇章。

(一) 坚持和发展中国特色社会主义

中国特色社会主义是引领中国走向国家富强、民族振兴、人民幸福的必由之路,是党和人民历尽千辛万苦、付出巨大代价探索出来的一条通向民族复兴的光明大道,也是"改革开放以来党的全部理论和实践的主题"①。习近平总书记明确指出:"坚持和发展中国特色社会主义是一篇大文章,邓小平同志为它确定了基本思路和基本原则,以江泽民同志为核心的党的第三代中央领导集

---

① 《习近平谈治国理政》(第三卷),外文出版社 2020 年版,第 13 页。

体、以胡锦涛同志为总书记的党中央在这篇大文章上都写下了精彩的篇章。现在,我们这一代共产党人的任务,就是继续把这篇大文章写下去。"①这是新时代中国共产党人对改革开放以来党的理论与实践发展逻辑的科学总结和高度概括,体现了当代中国共产党人适应时代发展要求和人民共同意愿,继续谱写新时代中国特色社会主义新篇章的坚定决心和必胜信心。

在中国特色社会主义新时代,以习近平同志为核心的党中央高举中国特色社会主义伟大旗帜,紧紧围绕"新时代坚持和发展什么样的中国特色社会主义、怎样坚持和发展中国特色社会主义"这一重大时代课题,在总结前人经验的基础上继续探索新问题、揭示新规律、提出新思路、找出新办法,以全新的视野深化了对共产党执政规律、社会主义建设规律、人类社会发展规律的认识,在实践上推进了新时代中国特色社会主义伟大事业,拓展了中国特色社会主义道路,完善了中国特色社会主义制度,在理论上丰富和发展了中国特色社会主义理论体系,创立了习近平新时代中国特色社会主义思想,为坚持和发展新时代中国特色社会主义、实现中华民族伟大复兴中国梦提供了指导思想和行动指南。

(二)坚持和发展中国特色社会主义的时代要求

中国特色社会主义道路、理论、制度、文化构成了中国特色社会主义的基本内容。面对中华民族伟大复兴战略全局和世界百年未有之大变局的历史交会,我们也必须从道路、理论、制度、文化四个层面继续开辟新时代中国特色社会主义新局面,谱写新时代中国特色社会主义新篇章。

1. 新时代要继续坚持和发展中国特色社会主义道路

历史和现实已经证明,中国特色社会主义道路是使中华民族实现国家富强、民族振兴、人民幸福的必由之路;并且将继续证明,中国特色社会主义道路必将继续引领我们把我国建成富强、民主、文明、和谐、美丽的社会主义现代化强国,实现中华民族伟大复兴。继续拓展和发展中国特色社会主义道路,是时代赋予当代中国共产党人的职责和使命。为了实现这一光荣使命和职责,

---

① 《习近平谈治国理政》(第一卷),外文出版社2018年版,第3页。

一是要始终坚持中国共产党的领导。坚持党的领导是推进和拓展新时代中国特色社会主义道路的重要前提和根本保障,十九大通过的《中国共产党章程(修正案)》明确规定,中国共产党"是中国特色社会主义事业的领导核心","中国共产党的领导是中国特色社会主义最本质的特征,是中国特色社会主义制度的最大优势",[①]始终坚持党的领导是确保中国特色社会主义道路性质不变、方向不偏的根本保障。二是要始终坚持党在社会主义初级阶段的基本路线。党的基本路线是拓展新时代中国特色社会主义道路的"定盘星"和"方向盘",在推进新时代中国特色社会主义伟大事业过程中,必须把它贯穿于社会主义初级阶段的始终,绝不能因为这样或那样的"理由"脱离甚至背离党的基本路线。三是要统筹推进"五位一体"总体布局和协调推进"四个全面"战略布局。"五位一体"总体布局是推进中国特色社会主义道路的基本路径,"四个全面"战略布局是推进中国特色社会主义道路的战略重点。在致力建设富强、民主、文明、和谐、美丽的社会主义现代化强国过程中,只有把推进"五位一体"总体布局和"四个全面"战略布局有机结合起来,才能使中国特色社会主义道路越走越宽广、越走越顺畅。四是要继续不断解放和发展生产力,不断满足人民日益增长的美好生活需要,逐步实现全体人民共同富裕,促进人的全面发展。只有不断解放和发展生产力,才能为推进中国特色社会主义事业提供内在动力;只有把实现全体人民共同富裕、促进人的全面发展作为奋斗目标,才能牢牢把握中国特色社会主义道路的前进方向。

2. 新时代要继续坚持和发展中国特色社会主义理论

理论是行动的指南,离开科学理论的指导,中国特色社会主义实践就会迷失方向。中国特色社会主义理论来源于中国特色社会主义伟大实践,它又反过来指导中国特色社会主义实践。从其本质特征来说,中国特色社会主义理论是当代中国共产党人把科学社会主义的基本原则同当代中国实际及时代特征有机结合而形成的科学理论,是科学社会主义理论在当代中国的具体体现。新时代要继续坚持和发展中国特色社会主义理论,一是要坚持用习近平新时

---

① 《中国共产党章程》,法律出版社 2020 年版,第 1 页。

代中国特色社会主义思想武装全党、教育人民,确保习近平新时代中国特色社会主义思想这一马克思主义中国化最新成果入脑入心,成为指导我们推进新时代中国特色社会主义事业的行动指南;二是要继续推进马克思主义中国化发展历程,开辟马克思主义发展新境界,在不断推进新时代中国特色社会主义伟大实践中实现新的理论创新;三是要坚持问题导向,不断用马克思主义中国化最新理论成果解决新时代中国特色社会主义实践中遇到的重大理论和实践问题,并在解决问题过程中不断概括新经验,找出新方法,形成新理论。

3. 新时代要继续坚持和完善中国特色社会主义制度

制度与道路是并行不悖的,制度是对道路的升华,道路探索到一定程度必然要求用相应的制度将其规范化。中国特色社会主义制度是党和人民在长期实践探索中形成的具有鲜明中国特色、明显制度优势和强大自我完善能力的科学制度体系,是在中国特色社会主义道路探索基础上逐步形成和完善的。习近平总书记指出:"一个国家选择什么样的国家治理体系,是由这个国家的历史传承、文化传统、社会性质、经济发展水平决定的,是由这个国家的人民决定的。"中国特色社会主义制度和国家治理体系根植于中国历史文化,取决于中国的经济发展水平和社会性质,是中国共产党带领全体人民历经千辛万苦、付出巨大代价而得来的。中国特色社会主义制度体系内容丰富,它既包括那些在中国特色社会主义制度体系中起顶层决定性、全域覆盖性、全局指导性作用的根本制度,如民主集中制这一根本领导制度、人民代表大会制度这一根本政治制度、马克思主义在意识形态领域指导地位这一根本制度等;也包括那些对国家经济社会发展起重大作用的基本制度,如体现在经济领域的公有制为主体、多种所有制经济共同发展,按劳分配为主体、多种分配方式并存,社会主义市场经济体制等社会主义基本经济制度,体现在政治领域的中国共产党领导的多党合作和政治协商制度、民族区域自治制度、基层群众自治制度等社会主义基本政治制度;还包括那些由根本制度和基本制度派生而来的、国家治理各领域、各方面、各环节的具体的重要制度。正是这些根本制度、基本制度、重要制度及其各方面体制机制,构成了中国特色社会主义制度体系。中国特色社会主义制度是当代中国共产党人的伟大创造。我们党把马克思主义关于科学社会主义的基本原则同中国实际和时代特征相结合,把普遍的社会规律、先进的制度成果、成功的实践经验升华为制度体系,使我国国家制度和国家治理体系既体现了科学社会主义基本原则和人类社会发展进步的一般规律,又具有鲜明的中国特色、民族特色和时代特色。中国特色社会主义制度既不是其他国家社会主义实践的"模仿版",也不是中国传统国家制度的"再造版",更不是西方资本主义国家制度的"拿来版",而是符合中国国情、反映人民意愿、体现发展规律、彰显国家性质的"中国特色版",其本质属性是社会主义而不是其他什么主义。新时代继续坚持和完善中国特色社会主义制度,一是要牢牢把握好社会主义根本方向,既不走"传统"老路,更不走"西化"邪路,而要不断拓展中国特色社会主义新路;二是要继续深化对中国特色社会主义建设规律的研究,不断强化制度优势,克服体制弊端,不断推进国家治理体系和治理能力现代化;三是要继续深入探索中国特色社会主义建设规律,及时总结中国特色社会主义发展的新鲜经验,不断健全和完善中国特色社会主义制度体系。

4. 新时代要继续建设和发展中国特色社会主义文化

文化是一个国家和民族的精神标识,代表着这个国家和民族的软实力。在当今世界,只有物质实力和精神实力都过硬的民族,才能真正跻身世界先进民族行列;只有硬实力和软实力都强大的国家,才能真正跻身世界先进国家行列。中国特色社会主义文化是坚持以马克思主义为指导,在继承中华优秀传统文化、传承中国革命文化基础上形成的以社会主义先进文化为核心内容的思想文化体系,这一文化体系体现着中国特色社会主义道路的发展要求,蕴含着中国特色社会主义制度的根本属性,彰显着中国特色社会主义理论精华,昭示着中国特色社会主义的前进方向。新时代继续建设和发展中国特色社会主义文化,一是要始终坚持马克思主义在意识形态领域的指导地位,不断巩固主阵地,弘扬主旋律,坚决抵制各种违背历史潮流和时代发展趋势的错误思潮;二是要始终坚定中国特色社会主义文化自信,坚持走中国特色社会主义文化发展道路,不断激发全民族文化创新、创造活力,推动社会主义文化大发展、大繁荣,建设社会主义文化强国;三是要继续推动中华优秀传统文化创造性转化、创新性发展,不断加大中华文化的国际传播力度,推进中国文化不断走向世界。

坚持和发展新时代中国特色社会主义,建设富强、民主、文明、和谐、美丽的社会主义现代化强国,是历史和时代赋予当代中国共产党人的总任务和总目标。为了实现这个总任务和总目标,我们必须高举中国特色社会主义伟大旗帜,继续解放思想、实事求是、团结一心、开拓进取,不断深化和拓展中国特色社会主义道路,丰富和发展中国特色社会主义理论,健全和完善中国特色社会主义制度,推进和建设中国特色社会主义文化,为实现中华民族伟大复兴提供强大动力支持。

(三) 开辟新时代中国特色社会主义新境界

与时俱进是马克思主义的理论品质,也是中国特色社会主义发展的鲜明特征。

1. 坚持以自我革命推动伟大社会革命

中国共产党进行自我革命和领导人民进行的伟大社会革命是辩证统一的。进行自我革命是推进伟大社会革命的必要条件,离开通过不断进行自我革命而深得人民拥护的马克思主义政党,就不可能完成伟大社会革命的历史任务;同样,推进伟大社会革命又不断为进行党的自我革命提供目标动力。我们党正是在不断进行自我革命、自我建设的过程中,始终走在时代前列,领导人民不断取得一次又一次伟大社会革命的胜利和成功的。中国特色社会主义进入新时代,通过不断进行党的自我革命,进一步推进伟大社会革命,是历史赋予新时代中国共产党人的重大职责和任务。习近平总书记说:"昨天的成功并不代表着今后能够永远成功,过去的辉煌并不意味着未来可以永远辉煌。"要推进新时代中国特色社会主义这场伟大社会革命,实现党和国家事业兴旺发达、长治久安,就必须勇于进行自我革命,不断推进社会革命。自我革命为社会革命提供强大基础动力,社会革命又为自我革命注入新的生机活力。通过不断进行自我革命推进伟大社会革命,把党建设成为"始终走在时代前列、人民衷心拥护、勇于自我革命、经得起各种风浪考验、朝气蓬勃的马克思主义执政党",这既是我们党作为马克思主义政党建设和发展的内在需要,也是在新的历史条件下继续领导人民进行伟大社会革命的客观要求。

2. 进行具有许多新的历史特点的伟大斗争

开辟新时代中国特色社会主义新境界,谱写新时代中国特色社会主义新篇章,是一项艰巨而复杂的历史任务。要完成这一历史赋予我们的艰巨任务,就必须准备进行具有许多新的历史特点的伟大斗争。当前我们正面临世界百年未有之大变局,实现中华民族伟大复兴也面临前所未有的风险挑战,改革发展稳定任务之重、矛盾风险挑战之多、解决难度之大可谓前所未有。党要团结带领人民有效应对这些重大挑战,解决这些重大矛盾,抵御这些重大风险,就必须进行新的伟大斗争。开展新时代伟大斗争,一是要不断增强斗争意识。切实在思想上、认识上高度重视新时代伟大斗争,不断提高进行伟大斗争的自觉性和主动性。二是要不断发扬斗争精神。推进新时代中国特色社会主义发展、实现中华民族伟大复兴是一项艰巨复杂的伟大事业,需要通过开展艰苦卓绝的伟大斗争才能实现,只有自觉保持不畏艰难、知难而进、迎难而上、锐意进取的精神状态,不断发扬"明知征途有艰险,越是艰险越向前"的斗争精神,才能克服一切艰难困苦,战胜一切风险挑战,最终达到理想目标。三是要不断提高斗争本领。进行伟大斗争不仅要敢于斗争、勇于斗争,而且更要善于斗争。要学会科学预见斗争形势发展的未来走势,科学把握斗争形势蕴藏的机遇挑战,科学分析斗争形势发展的利害因素,不断增强斗争艺术,把握斗争策略,牢牢掌握新时代开展伟大斗争的主动权。

3. 继续推进新时代党的建设新的伟大工程

中国共产党是中国特色社会主义事业的领导核心,也是开辟新时代中国特色社会主义新境界、谱写新时代中国特色社会主义新篇章的领导力量。推进新时代中国特色社会主义伟大事业与推进新时代党的建设伟大工程是相辅相成、内在统一、相互制约、相互促进的。党要成为新时代中国特色社会主义事业的坚强领导核心,就必须始终做到自身过硬。在中国特色社会主义新时代,坚持和发展中国特色社会主义、开辟中国特色社会主义新境界对推进新时代党的建设伟大工程提出了新的更高要求。一是要把党的政治建设作为根本性建设,以政治建设统领其他建设,通过严格规范党内政治生活,不断营造风清气正的良好政治生态;二是要不断强化党的思想建设,用习近平新时代中国特色社会主义思想武装全党、教育人民,真正解决好世界观、人生观、价值观这个总开关问题,始终把坚定理想信念作为党的思想建设的首要任务;三是要不断加强党的组织建设,切实贯彻落实新时代党的组织路线,加强党的组织体系和组织制度建设,不断提高党的组织建设的制度化、规范化、科学化水平;四是要进一步加强党的作风建设,进一步密切党群关系,正风肃纪,坚持不懈整治"四风"问题;五是要加强党的纪律建设,切实把严守政治纪律和政治规矩放在首位,不断完善党内纪律的法规体系,健全纪律建设体制机制,用严格的纪律法规确保各级党组织和全体党员特别是党员领导干部,始终不折不扣执行党中央决策部署,始终在思想上、政治上、行动上同党中央保持高度一致。

4. 坚定不移推进新时代中国特色社会主义伟大事业

开辟新时代中国特色社会主义新境界是在不断推进中国特色社会主义伟大事业过程中逐步实现的,坚定不移推进新时代中国特色社会主义伟大事业是开辟中国特色社会主义新境界、谱写中国特色社会主义新篇章的重要前提和必要条件。在新的历史条件下,坚定不移推进新时代中国特色社会主义伟大事业,必须以开辟新境界、谱写新篇章为重要导向。一是要继续深化对重大时代课题的探索。党的十九大报告明确指出:"十八大以来,国内外形势变化和我国各项事业发展都给我们提出了一个重大时代课题,这就是必须从理论和实践结合上系统回答新时代坚持和发展什么样的中国特色社会主义、怎样坚持和发展中国特色社会主义。"[1]习近平新时代中国特色社会主义思想就是在揭示和回答上述重大时代课题基础上形成和发展的。面对新形势、新任务,我们要继续结合新时代中国特色社会主义新发展,不断总结和概括新经验,形成新思路,提出新理论。二是要继续深化对"三大规律"的认识。要遵循辩证唯物主义和历史唯物主义世界观和方法论,以更深更广的视野继续深化对共产党执政规律、社会主义建设规律、人类社会发展规律的认识,在实践中不断推进新时代中国特色社会主义伟大事业。

---

[1] 习近平:《决胜全面建成小康社会 夺取新时代中国特色社会主义伟大胜利——在中国共产党第十九次全国代表大会上的报告》,人民出版社 2017 年版,第 18 页。

5. 奋力实现中华民族伟大复兴的中国梦

梦想引领事业,梦想成就未来。中国共产党人把实现中华民族伟大复兴中国梦作为自己的历史使命,带领全体人民为实现这一崇高历史使命不懈奋斗,终于迎来了实现民族复兴新的光辉前景。中国特色社会主义进入新时代,党的十九大把全面建成小康社会后实现中华民族伟大复兴中国梦的过程分为两个阶段:第一阶段是到 2035 年基本实现社会主义现代化,第二阶段是到本世纪中叶把我国建设成为富强、民主、文明、和谐、美丽的社会主义现代化强国。这两个阶段循序渐进、相互衔接,构成了实现第二个百年奋斗目标和中华民族伟大复兴的新征程。踏上新征程,实现中国梦,必须坚定不移高举中国特色社会主义伟大旗帜,不断探索中国特色社会主义建设新规律,拓展中国特色社会主义新视野,开辟中国特色社会主义新境界,谱写中国特色社会主义新篇章!

二、马克思主义中国化的鲜明特征

习近平新时代中国特色社会主义思想聆听时代声音,回应时代呼唤,在指导实践中展现出了强大真理力量和独特思想魅力,推动党和国家事业取得历史性成就、发生历史性变革,是立足时代之基、回答时代之问的科学理论。

(一)不断推进马克思主义中国化时代化并用以指导实践

马克思主义不是教条,而是科学的行动指南。理论联系实际是马克思主义的优良学风,与时俱进是马克思主义的鲜明理论品格。中国共产党是勇于理论创新的党,也是善于理论创新的党。在革命、建设、改革的历史进程中,我们党坚持马克思主义基本原理,坚持实事求是,从中国实际出发,洞察时代大势,把握历史主动,进行艰辛探索,不断推进马克思主义中国化时代化,指导中国人民不断推进伟大社会革命。马克思主义的科学性和真理性在中国得到充分检验,马克思主义的人民性和实践性在中国得到充分贯彻,马克思主义的开放性和时代性在中国得到充分彰显,马克思主义在中国大地上焕发出强大生命力。

在革命斗争中,以毛泽东同志为主要代表的中国共产党人,把马克思列宁主义基本原理同中国具体实际相结合,对经过艰苦探索、付出巨大牺牲而积累的一系列独创性经验做了理论概括,开辟了农村包围城市、武装夺取政权的正确革命道路,创立了毛泽东思想,为夺取新民主主义革命胜利指明了正确方向。在社会主义革命和建设时期,以毛泽东同志为主要代表的中国共产党人,结合新的实际丰富和发展毛泽东思想,提出关于社会主义建设的一系列重要思想。毛泽东思想是马克思列宁主义在中国的创造性运用和发展,是被实践证明了的关于中国革命和建设的正确的理论原则和经验总结,是马克思主义中国化的第一次历史性飞跃。

改革开放和社会主义现代化建设时期,以邓小平同志为主要代表的中国共产党人,团结带领全党全国各族人民,围绕什么是社会主义、怎样建设社会主义这一根本问题,创立了邓小平理论。以江泽民同志为主要代表的中国共产党人,坚持党的基本理论、基本路线,加深了对什么是社会主义、怎样建设社会主义和建设什么样的党、怎样建设党的认识,形成了"三个代表"重要思想。以胡锦涛同志为主要代表的中国共产党人,在全面建设小康社会进程中推进实践创新、理论创新、制度创新,深刻认识和回答了新形势下实现什么样的发展、怎样发展等重大问题,形成了科学发展观。在这个时期,党从新的实践和时代特征出发,坚持和发展马克思主义,形成中国特色社会主义理论体系,实现了马克思主义中国化新的飞跃。

党的十八大以来,中国特色社会主义进入新时代。以习近平同志为主要代表的中国共产党人,坚持把马克思主义基本原理同中国具体实际相结合、同中华优秀传统文化相结合,坚持毛泽东思想、邓小平理论、"三个代表"重要思想、科学发展观,深刻总结并充分运用党成立以来的历史经验,从新的实际出发,创立了习近平新时代中国特色社会主义思想。习近平总书记对关系新时代党和国家事业发展的一系列重大理论和实践问题进行了深刻思考和科学判断,就新时代坚持和发展什么样的中国特色社会主义、怎样坚持和发展中国特色社会主义,建设什么样的社会主义现代化强国、怎样建设社会主义现代化强国,建设什么样的长期执政的马克思主义政党、怎样建设长期执政的马克思主义政党等重大时代课题,提出一系列原创性的治国理政新理念、新思想、新战略,是习近平新时代中国特色社会主义思想的主要创立者。习近平新时代中国特色社会主义思想是当代中国马克思主义、21世纪马克思主义,是中华文化和中国精神的时代精华,实现了马克思主义中国化新的飞跃。

我们党不断推进马克思主义中国化时代化,不断开辟马克思主义新境界,为党和人民事业发展提供了科学理论指导,为丰富和发展马克思主义做出重大原创性贡献。在马克思主义及其中国化成果的科学指导下,中华民族迎来了从站起来、富起来到强起来的伟大飞跃,实现中华民族伟大复兴进入了不可逆转的历史进程。

(二)把坚持马克思主义和发展马克思主义统一起来

百年来,我们党把坚持马克思主义和发展马克思主义统一起来,始终坚持马克思主义基本原理不动摇,把马克思主义作为认识世界、把握规律、追求真理、改造世界的强大思想武器;同时根据中国革命、建设、改革实际,创造性地解决自己的问题,不断推进马克思主义中国化时代化,让马克思主义始终闪耀真理光芒、彰显真理力量。

坚持马克思主义基本原理。习近平总书记指出:"马克思主义尽管诞生在一个半多世纪之前,但历史和现实都证明它是科学的理论,迄今依然有着强大生命力。"发展马克思主义必须坚持马克思主义。我国革命、建设、改革的历史证明,我们党之所以能够在非常困难的情况下团结带领人民战胜千难万险取得胜利,之所以能够把这么一个多民族的发展中大国团结和组织起来,之所以能够取得中国特色社会主义事业的伟大成就,之所以能够保持强大的凝聚力和战斗力,一个根本原因就在于我们党始终坚持以马克思主义为指导。马克思主义使我们党拥有科学的世界观和方法论,拥有认识世界、改造世界的强大思想武器,使中国这个古老的东方大国创造了人类历史上前所未有的发展奇迹。在马克思主义指导下,我们党团结带领人民开辟了伟大道路、创造了伟大事业、取得了伟大成就,彰显了马克思主义的真理力量和实践力量,深刻诠释了马克思主义为什么行。

坚持与时俱进丰富和发展马克思主义。同实际结合,同群众结合,是中国共产党人运用马克思主义解决中国问题具有的特点和优点。我们党的历史,就是一部不断推进马克思主义中国化的历史,就是一部不断推进理论创新、进行理论创造的历史。马克思主义能不能在实践中发挥作用,关键在于能否把马克思主义基本原理同中国具体实际和时代特征结合起来。百年来,我们党把马克思主义的科学原理、科学精神、科学方法运用于解决各个历史时期的实际问题,不断总结新经验,及时回答中国之问、世界之问、人民之问、时代之问,不断推进马克思主义中国化时代化,用马克思主义中国化的科学理论引领伟大实践,使马克思主义在中国焕发出耀眼的真理光芒。

(三)开辟当代中国马克思主义、21世纪马克思主义新境界

当代中国正在经历人类历史上最为宏大而独特的实践创新,改革发展稳定任务之重、矛盾风险挑战之多、治国理政考验之大前所未有,世界百年未有之大变局深刻变化前所未有,提出了大量亟待回答的理论和实践课题。

习近平新时代中国特色社会主义思想包括新时代坚持和发展中国特色社会主义的总目标、总任务、总体布局、战略布局和发展方向、发展方式、发展动力、战略步骤、外部条件、政治保证等基本问题,并根据新的实践对经济、政治、法治、科技、文化、教育、民生、民族、宗教、社会、生态文明、国家安全、国防和军队、"一国两制"和祖国统一、统一战线、外交、党的建设等各方面做出新的理论概括和战略指引。这一思想统揽改革、发展、稳定,内政、外交、国防,治党、治国、治军,对马克思主义哲学、政治经济学、科学社会主义各个领域都提出了许多标志性、引领性的新观点。比如,在马克思主义哲学方面,提出新时代我国社会主要矛盾变化的思想,是对马克思主义矛盾学说的新发展。在马克思主义政治经济学方面,提出新发展理念,是对马克思主义生产力理论的新发展;提出市场在资源配置中起决定性作用和更好发挥政府作用等思想,是马克思主义经济学说的新发展。在科学社会主义方面,提出坚持和加强党的全面领导、推进党的自我革命的思想,是对马克思主义建党学说的新发展,等等。我们要坚持用马克思主义的立场、观点、方法观察时代、把握时代、引领时代,不断深化对共产党执政规律、社会主义建设规律、人类社会发展规律的认识,不断开辟当代中国马克思主义、21世纪马克思主义新境界。这一思想,实现了对中国特色社会主义建设规律认识的新跃升,指明了中国式现代化道路的新图

景，开辟了管党治党、兴党强党的新境界。

在当代中国，坚持和发展习近平新时代中国特色社会主义思想，就是真正坚持和发展马克思主义。习近平新时代中国特色社会主义思想，是党的十八大以来历史性成就和历史性变革的重要理论结晶，实现了马克思主义中国化的历史性飞跃和创造性升华。习近平新时代中国特色社会主义思想始终坚持马克思主义，坚持马克思主义基本原理，坚持科学社会主义基本原则，坚持运用辩证唯物主义和历史唯物主义世界观方法论。习近平新时代中国特色社会主义思想与时俱进发展马克思主义，结合新的实践不断做出新的理论创造，对马克思主义哲学、政治经济学、科学社会主义做出了许多重大原理性创新，是全党全国各族人民为实现中华民族伟大复兴而不懈奋斗的思想基础，是新时代中国特色社会主义事业发展的理论指导和方向引领，必须牢牢坚持、全面贯彻。

当前，我们已经踏上全面建设社会主义现代化国家、向第二个百年奋斗目标进军的新征程。我们要坚持以习近平新时代中国特色社会主义思想为指导，深刻把握当代中国的实际问题，以我们正在做的事情为中心，以辩证思维看待新发展阶段的新机遇、新挑战，深刻认识我国社会主要矛盾变化带来的新特征、新要求，坚持问题意识、突出问题导向，立足新发展阶段、贯彻新发展理念、构建新发展格局、推动高质量发展，不断研究新情况、解决新问题，在新征程上坚持不懈推进马克思主义中国化时代化。继续挖掘中华五千年文明中的精华，大力弘扬中华优秀传统文化，把其中的精华同马克思主义立场、观点、方法结合起来，丰富和发展更加具有中国特色、中国风格、中国气派的马克思主义，让马克思主义的真理光芒继续照耀我们的前行之路。

习近平新时代中国特色社会主义思想是在研究和解决新时代党和国家发展面临的一系列重大理论和现实问题中丰富发展的。它不仅是一个系统的理论体系，而且是一个指导世界上最大的发展中国家、最大的社会主义国家阔步前进的战略体系，在指引我们认识世界、改造世界的过程中，展现出巨大的现实解释力和实践引领力，成为全党全国各族人民的思想之旗、精神之魂。

第二编　21世纪的马克思主义

党的十八大以来，以习近平同志为核心的党中央，以伟大的历史主动精神、巨大的政治勇气、强烈的责任担当，统筹国内、国际两个大局，贯彻党的基本理论、基本路线、基本方略，统筹伟大斗争、伟大工程、伟大事业、伟大梦想，推出一系列重大举措，推进一系列重大工作，战胜一系列重大风险挑战，推动党和国家事业取得历史性成就、发生历史性变革，提出一系列原创性的治国理政新理念、新思想、新战略，创立了习近平新时代中国特色社会主义思想。习近平新时代中国特色社会主义思想是当代中国的马克思主义、21世纪的马克思主义，是中华文化和中国精神的时代精华。

第四章
时代之问：习近平新时代中国特色社会主义思想的逻辑起点

在中国特色社会主义进入新时代这个历史方位上，坚持和发展什么样的中国特色社会主义、怎样坚持和发展中国特色社会主义，建设什么样的社会主义现代化强国、怎样建设社会主义现代化强国，建设什么样的长期执政的马克思主义政党、怎样建设长期执政的马克思主义政党，成为这个时代的重大课题。以习近平同志为核心的党中央对此进行了深刻思考和科学判断，这也成为习近平新时代中国特色社会主义思想的逻辑起点。

第一节 坚持和发展中国特色社会主义

十八大以来，国内外形势变化和我国各项事业发展都给我们提出了一个重大时代课题，这就是必须从理论和实践结合上系统回答新时代坚持和发展什么样的中国特色社会主义、怎样坚持和发展中国特色社会主义。

一、坚持和发展什么样的中国特色社会主义

党的十八大以来，以习近平同志为主要代表的中国共产党人，坚持把马克思主义基本原理同中国具体实际相结合、同中华优秀传统文化相结合，坚持毛泽东思想、邓小平理论、"三个代表"重要思想、科学发展观，在不断回答和解决时代发展问题中，加深了对中国特色社会主义的认识。

2017年10月，习近平在中国共产党第十九次全国代表大会上用"八个明确"旗帜鲜明地回答了新时代坚持和发展什么样的中国特色社会主义。明确坚持和发展中国特色社会主义，总任务是实现社会主义现代化和中华民族伟大复兴，在全面建成小康社会的基础上，分两步走在本世纪中叶建成富强、民主、文明、和谐、美丽的社会主义现代化强国；明确新时代我国社会主要矛盾是人民日益增长的美好生活需要和不平衡不充分的发展之间的矛盾，必须坚持以人民为中心的发展思想，不断促进人的全面发展、全体人民共同富裕；明确中国特色社会主义事业总体布局是"五位一体"、战略布局是"四个全面"，强调坚定道路自信、理论自信、制度自信、文化自信；明确全面深化改革总目标是完善和发展中国特色社会主义制度，推进国家治理体系和治理能力现代化；明确全面推进依法治国总目标是建设中国特色社会主义法治体系，建设社会主义法治国家；明确党在新时代的强军目标是建设一支听党指挥、能打胜仗、作风优良的人民军队，把人民军队建设成为世界一流军队；明确中国特色大国外交要推动构建新型国际关系，推动构建人类命运共同体；明确中国特色社会主义最本质的特征是中国共产党领导，中国特色社会主义制度的最大优势是中国共产党领导，党是最高政治领导力量，提出新时代党的建设总要求，突出政治建设在党的建设中的重要地位。

"八个明确"是对新时代坚持和发展什么样的中国特色社会主义的回答，但任何一种伟大的思想形成过程并不是一蹴而就，而是随着实践的发展而不断发展完善的。2021年11月，中国共产党第十九届中央委员会第六次全体会议通过的《中共中央关于党的百年奋斗重大成就和历史经验的决议》中，把"八个明确"发展为"十个明确"：明确中国特色社会主义最本质的特征是中国共产党领导，中国特色社会主义制度的最大优势是中国共产党领导，中国共产党是最高政治领导力量，全党必须增强"四个意识"、坚定"四个自信"、做到"两个维护"；明确坚持和发展中国特色社会主义，总任务是实现社会主义现代化和中华民族伟大复兴，在全面建成小康社会的基础上，分两步走在本世纪中叶建成富强、民主、文明、和谐、美丽的社会主义现代化强国，以中国式现代化推进中华民族伟大复兴；明确新时代我国社会主要矛盾是人民日益增长的美好生活需要和不平衡不充分的发展之间的矛盾,必须坚持以人民为中心的发展思想,发展全过程人民民主,推动人的全面发展、全体人民共同富裕取得更为明显的实质性进展;明确中国特色社会主义事业总体布局是经济建设、政治建设、文化建设、社会建设、生态文明建设"五位一体",战略布局是全面建设社会主义现代化国家、全面深化改革、全面依法治国、全面从严治党"四个全面";明确全面深化改革总目标是完善和发展中国特色社会主义制度,推进国家治理体系和治理能力现代化;明确全面推进依法治国总目标是建设中国特色社会主义法治体系,建设社会主义法治国家;明确必须坚持和完善社会主义基本经济制度,使市场在资源配置中起决定性作用,更好发挥政府作用,把握新发展阶段,贯彻创新、协调、绿色、开放、共享的新发展理念,加快构建以国内大循环为主体、国内国际双循环相互促进的新发展格局,推动高质量发展,统筹发展和安全;明确党在新时代的强军目标是建设一支听党指挥、能打胜仗、作风优良的人民军队,把人民军队建设成为世界一流军队;明确中国特色大国外交要服务民族复兴、促进人类进步,推动建设新型国际关系,推动构建人类命运共同体;明确全面从严治党的战略方针,提出新时代党的建设总要求,全面推进党的政治建设、思想建设、组织建设、作风建设、纪律建设,把制度建设贯穿其中,深入推进反腐败斗争,落实管党治党政治责任,以伟大自我革命引领伟大社会革命。

  最新提出的"十个明确"与"八个明确"相比,进一步深化了对坚持和发展什么样的中国特色社会主义的认识。必须坚持和完善社会主义基本经济制度,使市场在资源配置中起决定性作用,更好发挥政府作用,把握新发展阶段,贯彻创新、协调、绿色、开放、共享的新发展理念,加快构建以国内大循环为主体、国内国际双循环相互促进的新发展格局,推动高质量发展,统筹发展和安全。这就从经济制度的角度对新时代坚持和发展什么样的中国特色社会主义进行了阐释。明确全面从严治党的战略方针,体现了党对中国特色社会主义的认识的进一步深化,即要坚持和发展好中国特色社会主义,必须全面从严治党,把全面从严治党贯穿于新时代坚持和发展中国特色社会主义中,要以伟大自我革命引领伟大社会革命。

"十个明确"充分体现了习近平新时代中国特色社会主义思想作为一个开放的理论体系在党的十九大以来的新发展,从总体上回答了新时代坚持和发展什么样的中国特色社会主义、怎样坚持和发展中国特色社会主义,建设什么样的社会主义现代化强国、怎样建设社会主义现代化强国,建设什么样的长期执政的马克思主义政党、怎样建设长期执政的马克思主义政党这三个重大时代课题。

二、怎样坚持和发展中国特色社会主义

党的十八大以来,以习近平同志为核心的党中央在不断回答国内外形势变化和我国各项事业发展提出的重大时代问题中,形成了新时代坚持和发展中国特色社会主义的基本方略。党的十九大将其概括为"十四个坚持"。

第一,坚持党对一切工作的领导。中国特色社会主义最本质的特征是中国共产党的领导,中国特色社会主义最大的优势是中国共产党的领导。因此,必须坚持和加强党对一切工作的领导。中国共产党是中国特色社会主义事业的领导核心。党政军民学,东西南北中,党是领导一切的,而且党的领导只能加强不能削弱。

第二,坚持以人民为中心。人民是马克思主义始终高扬的旗帜。中国共产党就是在马克思主义的指导下成立的,中国共产党的初心和使命就是为人民谋幸福、为民族谋复兴。坚持和发展中国特色社会主义就要以人民为中心,做到发展为了人民,发展依靠人民,发展成果由人民共享。中国特色社会主义要坚持促进全体人民的共同富裕,让人民过上幸福生活,最终促进人的全面发展。

第三,坚持全面深化改革。对马克思主义最好的坚持是创新发展。坚持和发展中国特色社会主义就要坚持全面深化改革,全面深化改革是在党的领导下,在坚持中国特色社会主义制度的前提下,排除不适应生产力发展的具体体制机制障碍,其目的是完善和发展中国特色社会主义,推进国家治理体系和治理能力现代化。全面深化改革是坚持和发展中国特色社会主义的重要方面。"改革开放是决定当代中国命运的关键抉择,是当代中国发展进步的活力

之源,是党和人民事业大踏步赶上时代的重要法宝,是坚持和发展中国特色社会主义、实现中华民族伟大复兴的必由之路。"①

第四,坚持新发展理念。发展是解决我国一切问题的基础和关键,发展必须是科学发展,必须坚定不移贯彻创新、协调、绿色、开放、共享的新发展理念。必须坚持和完善我国社会主义基本经济制度和分配制度,毫不动摇巩固和发展公有制经济,毫不动摇鼓励、支持、引导非公有制经济发展,使市场在资源配置中起决定性作用,更好发挥政府作用,推动新型工业化、信息化、城镇化、农业现代化同步发展,主动参与和推动经济全球化进程,发展更高层次的开放型经济,不断壮大我国经济实力和综合国力。

第五,坚持人民当家作主。坚持党的领导、人民当家作主、依法治国有机统一是社会主义政治发展的必然要求。必须坚持中国特色社会主义政治发展道路,坚持和完善人民代表大会制度、中国共产党领导的多党合作和政治协商制度、民族区域自治制度、基层群众自治制度,巩固和发展最广泛的爱国统一战线,发展社会主义协商民主,健全民主制度,丰富民主形式,拓宽民主渠道,保证人民当家作主落实到国家政治生活和社会生活之中。

第六,坚持全面依法治国。全面依法治国是中国特色社会主义的本质要求和重要保障。必须把党的领导贯彻落实到依法治国全过程和各方面,坚定不移走中国特色社会主义法治道路,完善以宪法为核心的中国特色社会主义法律体系,建设中国特色社会主义法治体系,建设社会主义法治国家,发展中国特色社会主义法治理论,坚持依法治国、依法执政、依法行政共同推进,坚持法治国家、法治政府、法治社会一体建设,坚持依法治国和以德治国相结合,依法治国和依规治党有机统一,深化司法体制改革,提高全民族法治素养和道德素质。

第七,坚持社会主义核心价值体系。文化自信是一个国家、一个民族发展中更基本、更深沉、更持久的力量。必须坚持马克思主义,牢固树立共产主义远大理想和中国特色社会主义共同理想,培育和践行社会主义核心价值观,不

---

① 《习近平谈治国理政》(第三卷),外文出版社2020年版,第294页。

断增强意识形态领域主导权和话语权,推动中华优秀传统文化创造性转化、创新性发展,继承革命文化,发展社会主义先进文化,不忘本来、吸收外来、面向未来,更好构筑中国精神、中国价值、中国力量,为人民提供精神指引。

第八,坚持在发展中保障和改善民生。马克思主义的共产主义理想最终指向的是人的自由全面的发展,中国特色社会主义说到底就是为人民谋幸福。增进民生福祉是发展的根本目的。必须多谋民生之利、多解民生之忧,在发展中补齐民生短板、促进社会公平正义,在幼有所育、学有所教、劳有所得、病有所医、老有所养、住有所居、弱有所扶上不断取得新进展,深入开展脱贫攻坚,保证全体人民在共建共享发展中有更多获得感,不断促进人的全面发展、全体人民共同富裕。建设平安中国,加强和创新社会治理,维护社会和谐稳定,确保国家长治久安、人民安居乐业。

第九,坚持人与自然和谐共生。建设生态文明是中华民族永续发展的千年大计。必须树立和践行绿水青山就是金山银山的理念,坚持节约资源和保护环境的基本国策,像对待生命一样对待生态环境,统筹山水林田湖草沙系统治理,实行最严格的生态环境保护制度,形成绿色发展方式和生活方式,坚定走生产发展、生活富裕、生态良好的文明发展道路,建设美丽中国,为人民创造良好生产生活环境,为全球生态安全做出贡献。

第十,坚持总体国家安全观。统筹发展和安全,增强忧患意识,做到居安思危,是我们党治国理政的一个重大原则。必须坚持国家利益至上,以人民安全为宗旨,以政治安全为根本,统筹外部安全和内部安全、国土安全和国民安全、传统安全和非传统安全、自身安全和共同安全,完善国家安全制度体系,加强国家安全能力建设,坚决维护国家主权、安全、发展利益。

第十一,坚持党对人民军队的绝对领导。建设一支听党指挥、能打胜仗、作风优良的人民军队,是实现"两个一百年"奋斗目标、实现中华民族伟大复兴的战略支撑。必须全面贯彻党领导人民军队的一系列根本原则和制度,确立新时代党的强军思想在国防和军队建设中的指导地位,坚持政治建军、改革强军、科技强军、依法治军,更加注重聚焦实战,更加注重创新驱动,更加注重体系建设,更加注重集约高效,更加注重军民融合,实现党在新时代的强军目标。

第十二，坚持"一国两制"和推进祖国统一。保持香港、澳门长期繁荣稳定，实现祖国完全统一，是实现中华民族伟大复兴的必然要求。必须把维护中央对香港、澳门特别行政区全面管治权和保障特别行政区高度自治权有机结合起来，确保"一国两制"方针不会变、不动摇，确保"一国两制"实践不变形、不走样。必须坚持一个中国原则，坚持"九二共识"，推动两岸关系和平发展，深化两岸经济合作和文化往来，推动两岸同胞共同反对一切分裂国家的活动，共同为实现中华民族伟大复兴而奋斗。

第十三，坚持推动构建人类命运共同体。中国人民的梦想同各国人民的梦想息息相通，实现中国梦离不开和平的国际环境和稳定的国际秩序。必须统筹国内、国际两个大局，始终走和平发展道路，奉行互利共赢的开放战略，坚持正确义利观，树立共同、综合、合作、可持续的新安全观，谋求开放创新、包容互惠的发展前景，促进和而不同、兼收并蓄的文明交流，构筑尊崇自然、绿色发展的生态体系，始终做世界和平的建设者、全球发展的贡献者、国际秩序的维护者。

第十四，坚持全面从严治党。中国共产党作为中国特色社会主义事业的领导核心，拥有9 500多万名党员，领导着14亿多人口大国，首先要把自身管好。正所谓，打铁必须自身硬。勇于自我革命，从严管党治党，是我们党最鲜明的品格。

上述十四条基本方略是对新时代怎样坚持和发展中国特色社会主义的具体回答。十四条基本方略可以从三个层面理解，第一层面是总的要求，第二层面是具体要求，第三层面是战略依托。坚持党对一切工作的领导、坚持以人民为中心、坚持全面深化改革，这是对新时代坚持和发展中国特色社会主义提出的总体要求，处于统领全局的地位，以确保"十四个坚持"正确的政治方向。坚持新发展理念、坚持人民当家作主、坚持社会主义核心价值体系、坚持在发展中保障和改善民生、坚持人与自然和谐共生，这是在"五位一体"总体布局方面对新时代坚持和发展中国特色社会主义提出的具体要求，是"十四个坚持"的主要举措。坚持全面依法治国、坚持总体国家安全观、坚持党对人民军队的绝对领导、坚持"一国两制"和推进祖国统一、坚持推动构建人类命运共同体、坚持全面从严治党,这是新时代坚持和发展中国特色社会主义的保障条件,是"十四个坚持"的战略依托。

第二节　全面建设社会主义现代化强国

2021年7月1日,习近平总书记在天安门城楼上庄严宣告,经过全党全国各族人民持续奋斗,我们实现了第一个百年奋斗目标,在中华大地上全面建成了小康社会,历史性地解决了绝对贫困问题,正在意气风发向着全面建成社会主义现代化强国的第二个百年奋斗目标迈进。

一、建设什么样的社会主义现代化强国

开启全面建设社会主义现代化国家新征程,是中国共产党走向第二个百年新的伟大革命,是坚持和发展中国特色社会主义新的伟大创举,是科学社会主义基本原理同新时代中国具体实际相结合新的伟大实践。

(一) 建设社会主义现代化强国的历史逻辑

中国共产党成立百年来,团结带领中国人民进行的一切奋斗,就是为了把我国建设成为现代化强国,实现中华民族伟大复兴。纵观中国社会主义现代化强国建设的过程理路,可见其深刻的历史意蕴。

新中国成立初期,社会主义现代化主要表现为以工业现代化为基础的"四个现代化"。党的八大二次会议《关于中央委员会的工作报告的决议》指出,要尽快"把我国建成为一个具有现代工业、现代农业和现代科学文化的伟大社会主义国家",初步提出了"三个现代化"的要求。在此基础上,毛泽东对中国探索社会主义建设道路的经验教训进行了总结,增加了"国防现代化"的要求。总体来看,立足于国内主要矛盾,工业现代化在这一时期成为社会主义现代化建设的首要任务,其他领域的现代化建设均从属和服务于该任务,主要目标是建设一个现代化的社会主义工业强国。

改革开放后,社会主义现代化主要表现为解放和发展社会生产力,全面建

设小康社会。党的十一届三中全会重新确立了以经济建设为中心的工作方针,开启了社会主义现代化建设的新时期。1987年,党的十三大确立了党在社会主义初级阶段的基本路线,并提出"把我国建设成为富强、民主、文明的社会主义现代化国家"这一目标。2007年,党的十七大增加了全面建设小康社会的新要求,主要包括促进经济协调发展、扩大社会主义民主、增强文化建设、加快发展社会事业和建设生态文明等内容。总体而言,这一时期对社会主义现代化的认识建立在对社会主义初级阶段基本国情的把握上,并将"富民"与"强国"紧密结合。

党的十八大以来,社会主义现代化主要表现为全面建成小康社会和建设社会主义现代化强国。2012年,党的十八大明确指出,"建设中国特色社会主义,总依据是社会主义初级阶段,总布局是五位一体,总任务是实现社会主义现代化和中华民族伟大复兴"。党的十九届五中全会做出"全面建成小康社会胜利在望"的重要判断,将"全面建成小康社会"目标提升为"全面建设社会主义现代化国家",提出了到2035年基本实现社会主义现代化远景目标,为开启全面建设社会主义现代化国家绘制了宏伟蓝图。这一时期,社会主义现代化与实现中华民族伟大复兴的中国梦密切相关,其实现路径包括"五位一体"总体布局和"四个全面"战略布局。

(二)建设社会主义现代化强国的理论之维

现代化是一个客观的历史进程,反映了人类社会向更高文明层次发生的转变。不同的国家选择了不同的现代化道路,其对现代化的认识也存在差异。基于对社会现代化现象的观察与反思,不少学者总结归纳出现代化的基本规律和特征,从而形成了多种流派的现代化理论。中国的社会主义现代化建设主要受马克思主义的影响,并在实践中将其逐步与具体国情相结合,推动了马克思主义中国化,形成了中国特色社会主义理论体系。这些理论思想建立在深刻剖析社会发展规律的基础上,成为中国建设社会主义现代化强国的理论依据和指导思想。

首先,马克思和恩格斯的现代化思想为建设社会主义现代化强国提供了方向指引。马克思和恩格斯通过对人类社会发展现象的深入观察与剖析,总结出人类社会发展的基本规律。人类社会总是存在生产力与生产关系、经济基础与上层建筑两对基本矛盾,社会进步要求正确处理这些矛盾。随着人类社会由低级向高级层次演化,共产主义社会必将替代资本主义社会。马克思和恩格斯认为,生产力的发展是现代化的决定性力量,大工业生产、现代科技的运用、社会的高度分化与有机整合、市场的全球化等构成了现代化的重要特征。因此,解放和发展生产力成为实现现代化的首要任务,持续不断的社会变革是现代化过程中必然存在的现象。根据上述思想,可以总结出现代化强国建设的主要要求:促进生产力变革,运用新的生产方式;摆脱强权干预,建立现代民族国家;利用市场规律,推动社会分工与协作;提高人的素质,广泛运用新的科学技术;开展国际交流合作,积极参与世界市场。

其次,毛泽东的现代化思想为建设社会主义现代化强国提供了参考借鉴。实现工业化是中国近代以来历史发展的必然要求,也是民族独立和国家富强的必要条件。中国共产党早在新民主主义革命时期就开始重视国家的工业化,提出保护民族工商业的政策。但在半殖民地半封建社会,我国民族工业受帝国主义和封建主义的双重压迫,难以获得大的发展。新中国刚刚成立的时候,我国的工业基础非常薄弱,在很多工业领域甚至还是空白。鉴于中国社会生产力落后、经济基础薄弱的情况,毛泽东在《论十大关系》中论述的第一大关系,便是重工业和轻工业、农业的关系。在《关于正确处理人民内部矛盾的问题》中,毛泽东明确提出了中国工业化道路的问题,主要是指重工业和轻工业、农业的发展关系问题,要走一条有别于苏联的中国工业化道路。毛泽东指出,以工业为主导,把重工业作为我国经济建设的重点,以逐步建立独立的、比较完整的基础工业体系和国防工业体系,这是维护国家独立、统一和安全,实现国家富强所必需的,是毫无疑义、必须肯定的,但同时必须充分注意发展农业和轻工业。走中国工业化道路的思想,是党探索我国社会主义建设道路的一个重要思想,也给全面建设社会主义现代化强国提供借鉴意义:坚持一切从实际出发,建设速度和规模要与生产力相适应;坚持走工业化道路,建立独立完整的工业体系;利用市场价值规律发展商品生产;重视科学技术现代化,推动科技进步与运用;重视文化教育现代化,提高人口素质等。

最后，中国特色社会主义理论体系为建设社会主义现代化强国提供了实践范式。在吸收借鉴改革开放前社会主义建设经验教训的基础上，以邓小平同志为代表的历届党中央领导集体探索出符合中国国情的现代化道路，形成了中国特色社会主义理论体系，实现了马克思主义中国化的第二次飞跃。该理论体系科学揭示出社会主义本质和建设中国特色社会主义的总任务，明确了建设中国特色社会主义的总依据和总布局。习近平新时代中国特色社会主义思想作为马克思主义中国化的最新成果，成为新时代全党的重要指导思想。总体来看，建设社会主义现代化强国就必须坚持和发展中国特色社会主义，以改革开放为突破口，以人民群众为依靠，系统推进各领域的现代化建设，不断增强我国的综合国力，积极参与构建人类命运共同体，促进经济社会发展与人的全面发展的统一。

(三) 中国社会主义现代化国家的基本特征

新时代，围绕如何全面建设社会主义现代化这一重大问题，习近平提出了一系列新思想、新观点、新要求，在党的十九届五中全会上阐明我国现代化的五个特征：

第一，中国的现代化是人口规模巨大的现代化。迄今为止，世界上实现现代化的国家和地区人口大约有 10 亿，占世界人口 13% 左右；我国 14 亿多人口，约占世界人口的 18%。我国要整体迈入现代化社会，其规模超过现有发达国家的总和，将彻底改写现代化的世界版图，这在人类历史上是一件有深远影响的大事。

第二，中国的现代化是全体人民共同富裕的现代化。与西方国家的现代化有根本不同，我国的现代化是社会主义现代化，共同富裕是本质要求。必须坚持以人民为中心的发展思想，自觉主动解决地区差距、城乡差距、收入分配差距问题，防止两极分化，促进社会公平正义，逐步实现全体人民共同富裕。

第三，中国的现代化是物质文明和精神文明相协调的现代化。唯物史观阐明人类社会发展是物质文明和精神文明共同进步，我国现代化包括物质文明建设和精神文明建设、国家物质力量和精神力量、全国各族人民物质生活和精神生活。必须坚持社会主义核心价值观，加强理想信念教育，弘扬中华优秀传统文化,增强人民精神力量,促进物的全面丰富和人的全面发展。

第四,中国的现代化是人与自然和谐共生的现代化。我国现代化注重同步推进物质文明建设和生态文明建设,走生产发展、生活富裕、生态良好的文明发展道路,既创造更多物质财富和精神财富以满足人民日益增长的美好生活需要,也提供更多优质生态产品以满足人民日益增长的优美生态环境需要。

第五,中国的现代化是走和平发展道路的现代化。一些老牌资本主义国家走的是暴力掠夺殖民地的道路,是以造成其他国家落后为代价的现代化。我国现代化强调同世界各国互利共赢,推动构建人类命运共同体,努力为人类和平与发展做出贡献。

全面建设社会主义现代化国家,不仅开辟出一条不同于资本主义现代化道路的新型社会主义现代化道路,也不同于苏联和部分东欧国家的高度集权化道路,而是具有中国特色的、符合中国国情的道路,更重要的是在人类社会建成有着独特本质、内涵、优势、特色的社会主义现代化国家,是中国共产党对科学社会主义的重要贡献。

二、怎样建设社会主义现代化强国

全面建设社会主义现代化国家的进程分两个阶段来安排。第一阶段从2020年到2035年,在全面建成小康社会的基础上,再奋斗15年,基本实现社会主义现代化。第二阶段从2035年到本世纪中叶,在基本实现现代化的基础上,再奋斗15年,把我国建成富强、民主、文明、和谐、美丽的社会主义现代化强国。

(一) 全面建成社会主义现代化强国的远景目标

在全面建成小康社会的基础上,提出全面建成社会主义现代化强国,是中国共产党对新时代中国特色社会主义发展做出的战略安排。这一战略安排,既是中国共产党推进民族复兴的重大决策,也是适应我国发展实际做出的必然选择,对动员全党全国各族人民万众一心实现中华民族伟大复兴的中国梦具有重大意义。《中华人民共和国国民经济和社会发展第十四个五年规划和2035年远景目标纲要》规划了我国于2035年基本实现社会主义现代化远景目标:经济实力、科技实力、综合国力将大幅跃升,经济总量和城乡居民人均收入将再迈上新的大台阶,关键核心技术实现重大突破,进入创新型国家前列。基本实现新型工业化、信息化、城镇化、农业现代化,建成现代化经济体系。基本实现国家治理体系和治理能力现代化,人民平等参与、平等发展权利得到充分保障,基本建成法治国家、法治政府、法治社会。建成文化强国、教育强国、人才强国、体育强国、健康中国,国民素质和社会文明程度达到新高度,国家文化软实力显著增强。广泛形成绿色生产生活方式,碳排放达峰后稳中有降,生态环境根本好转,美丽中国建设目标基本实现。形成对外开放新格局,参与国际经济合作和竞争新优势明显增强。人均国内生产总值达到中等发达国家水平,中等收入群体显著扩大,基本公共服务实现均等化,城乡区域发展差距和居民生活水平差距显著缩小。平安中国建设达到更高水平,基本实现国防和军队现代化。人民生活更加美好,人的全面发展、全体人民共同富裕取得更为明显的实质性进展。

在此基础上,全面提升我国社会主义物质文明、政治文明、精神文明、社会文明、生态文明,到本世纪中叶建成富强、民主、文明、和谐、美丽的社会主义现代化强国。这是拥有高度的物质文明,社会生产力水平大幅提高,核心竞争力名列世界前茅,经济总量和市场规模超越其他国家,富强的社会主义现代化强国;是拥有高度的政治文明,形成又有集中又有民主、又有纪律又有自由、又有统一意志又有个人心情舒畅生动活泼的政治局面,依法治国和以德治国有机结合,民主的社会主义现代化强国;是拥有高度的精神文明,践行社会主义核心价值观成为全社会自觉行动,国民素质显著提高,中国精神、中国价值、中国力量成为中国发展的重要影响力和推动力,文明的社会主义现代化强国;是拥有高度的社会文明,城乡居民将普遍拥有较高的收入、富裕的生活、健全的基本公共服务,享有更加幸福安康的生活,全体人民共同富裕基本实现,公平正义普遍彰显,社会充满活力而又规范有序,和谐的社会主义现代化强国;是拥有高度的生态文明,天蓝、地绿、水清的优美生态环境成为普遍常态,开创人与自然和谐共生新境界,美丽的社会主义现代化强国。

到那时,我国作为具有五千年文明历史的古国,将焕发出前所未有的生机活力,实现国家治理体系和治理能力现代化,成为综合国力和国际影响力领先的国家,对构建人类命运共同体、推动世界和平与发展做出更大贡献,中华民族将以更加昂扬的姿态屹立于世界民族之林,实现中华民族伟大复兴的中国梦。

(二) 全面建设社会主义现代化强国的实践遵循

第一,建设社会主义现代化强国必须坚持党的领导。中国共产党是中国特色社会主义事业的领导核心,中国特色社会主义最本质的特征是中国共产党领导,中国特色社会主义制度的最大优势是中国共产党领导。党的性质和宗旨决定了其在社会主义现代化强国建设中的核心地位,新时代全面建设社会主义现代化强国的伟大征程离不开党的领导。为此,应当切实加强党对一切工作的领导,为社会主义现代化强国建设注入强大动力。一方面,要坚决维护党中央权威和集中统一领导,充分发挥党中央总揽全局、协调各方的作用,加强建设社会主义现代化强国的顶层设计与规划部署,做到提前部署、科学规划,确保各项工作协同推进。另一方面,要继续坚持全面从严治党,持续优化和巩固党的领导,推进党的先进性与纯洁性建设,加强建设社会主义现代化强国的任务分工与责任考核,做到分工明确、权责明晰,确保各项工作严格落实。

第二,建设社会主义现代化强国必须坚持以人民为中心。人民群众是历史的创造者,更是中国特色社会主义事业的建设者。中国共产党人的初心和使命,就是为中国人民谋幸福,为中华民族谋复兴。因此必须坚持立党为公、执政为民,将人民对美好生活的向往作为建设社会主义现代化强国的奋斗目标,确保发展为了人民、发展依靠人民、发展成果由人民共享。在全面建成小康社会的基础上,构建缓解相对贫困的长效机制,重视老人、残疾人、妇女、儿童等特殊群体的权益保护,切实增进社会福利。强化就业优先政策,通过劳动力市场供需调控,实现高质量就业匹配,实现经济增长与就业容量扩张协调发展。全面贯彻党的教育方针,坚持立德树人总任务,深化教育体系和人才发展体制机制改革,建设高水平教育强国和人才强国。坚持人民至上、生命至上,深化公共卫生体系改革,构建现代化的应急管理体制机制。

第三,建设社会主义现代化强国必须把握新发展阶段、贯彻新发展理念、构建新发展格局。把握新发展阶段、贯彻新发展理念、构建新发展格局,是由我国经济社会发展的理论逻辑、历史逻辑、现实逻辑决定的,三者紧密关联。把握新发展阶段明确了我国发展的历史方位,贯彻新发展理念明确了我国现代化建设的指导原则,构建新发展格局明确了我国经济现代化的路径选择。把握新发展阶段是贯彻新发展理念、构建新发展格局的现实依据,贯彻新发展理念为把握新发展阶段、构建新发展格局提供了行动指南,构建新发展格局则是应对新发展阶段机遇和挑战、贯彻新发展理念的战略选择。

综上所述,建设社会主义现代化强国应当遵循其历史逻辑与理论指引,准确把握现实要求,稳步推进各领域相关工作的开展。一方面,充分尊重现代化建设规律,认识到开启全面建设社会主义现代化国家新征程、向第二个百年奋斗目标进军标志着我国进入了一个新发展阶段;另一方面,科学认识当前形势与基本国情,把握新发展阶段,坚定不移贯彻创新、协调、绿色、开放、共享的新发展理念,致力构建以国内大循环为主体、国内国际双循环相互促进的新发展格局。

第三节 建设长期执政的马克思主义政党

中国共产党是世界上最大的马克思主义执政党,但党也面临诸多挑战。党的十九大报告指出:我们党面临的执政环境是复杂的,影响党的先进性、弱化党的纯洁性的因素也是复杂的,党内存在的思想不纯、组织不纯、作风不纯等突出问题尚未得到根本解决。要深刻认识党面临的执政考验、改革开放考验、市场经济考验、外部环境考验的长期性和复杂性,深刻认识党面临的精神懈怠危险、能力不足危险、脱离群众危险、消极腐败危险的尖锐性和严峻性,坚持问题导向,保持战略定力,推动全面从严治党向纵深发展。如何建设长期执政的马克思主义政党,是新时代党的建设必须解决的问题。

一、建设什么样的长期执政的马克思主义政党

党的十九大报告指出,新时代党的建设总要求是:坚持和加强党的全面领导,坚持党要管党、全面从严治党,以加强党的长期执政能力建设、先进性和纯洁性建设为主线,以党的政治建设为统领,以坚定理想信念宗旨为根基,以调动全党积极性、主动性、创造性为着力点,全面推进党的政治建设、思想建设、组织建设、作风建设、纪律建设,把制度建设贯穿其中,深入推进反腐败斗争,不断提高党的建设质量,把党建设成为始终走在时代前列、人民衷心拥护、勇于自我革命、经得起各种风浪考验、朝气蓬勃的马克思主义执政党。这为推进新时代党的建设新的伟大工程提供了根本遵循,回答了建设什么样的长期执政的马克思主义政党这个时代问题。

(一) 确定一项原则

原则是坚持和加强党的全面领导。党政军民学,东西南北中,党是领导一切的。这是中国特色社会主义最大的政治命题,是最根本的政治原则,也是推进党的建设新的伟大工程的根本原则和重要保证。党的领导与党的建设存在着相辅相成的关系。一方面,党的建设各项工作的出发点和落脚点都应为坚持和加强党的全面领导。在党建工作中,要以是否有利于坚持和加强党的全面领导,是否有利于巩固党的执政地位,是否有利于赢得党心、民心为判断工作成效的基本标准。要从坚持和加强党的全面领导出发,把我们党建设得更加坚强有力。另一方面,党的领导为党建工作提供了强有力的支撑。党的领导是战胜一切困难和风险的"定海神针",党的领导必须是全面的、整体的,哪个领域、哪个方面、哪个环节缺失了、弱化了,都会削弱党的力量,损害党和人民事业。党的十九大报告把"坚持党对一切工作的领导"纳入基本方略,是在新时代对马克思主义政党建设理论的继承和发展。我们在各项工作中,都要从坚持和加强党的全面领导出发,这是做好新时代党建工作的根本原则。

(二) 坚持一个方针

方针是坚持党要管党、全面从严治党。党要管党既是我们党的优良传统,也是我们党显著的政治优势。如果管党不力、治党不严,党就不可避免被历史

淘汰,党所肩负的历史使命就无法实现。党要在新的历史方位实现新的历史使命,必须毫不动摇把党建设得更加坚强有力。这个指导方针,体现了党的十八大以来党的建设的鲜明主题。

(三)强化一条主线

主线是加强党的长期执政能力建设、先进性和纯洁性建设。这是贯穿党的建设各方面和全过程的根本建设,是党的建设中的纲和魂。党的十九大突出强调"长期"二字,凸显了对执政能力和执政本领的强调,蕴含着党对实现执政使命长期性的深远考量,目的在于提醒全党对党长期执政面临的风险和挑战始终保持高度警觉。

中国共产党是担负着崇高政治使命的党,是立志于中华民族千秋伟业的党,这要求我们始终保持党的先进性和纯洁性,不断加强党的长期执政能力建设。长期执政,意味着在各个方面要经受长期的考验,意味着在党情、国情、世情不断变化的条件下始终能应对各种风险挑战,意味着要始终不忘初心、牢记使命,意味着要始终具有先进性和纯洁性。加强长期执政能力建设,对党的建设提出了更高的标准。我们要认真分析和应对各种风险挑战,要深刻理解和把握"江山就是人民,人民就是江山"的重要论断,坚持以人民为中心的发展思想,切实解决人民群众反映强烈的突出问题,夯实党长期执政的群众基础和社会基础。就加强党的先进性建设而言,中国共产党是中国工人阶级的先锋队,同时是中国人民和中华民族的先锋队,要始终做到思想理论上先进、政治和组织上先进、社会实践上先进,要始终能够引领国家和民族的发展,这要求我们慎始慎终,能够始终保持革命的锐志,能够理论联系实际,根据变化了的国情做好自我革新。就加强党的纯洁性建设而言,我们要不断提高党的自我净化能力,以壮士断腕的决心,坚持祛病疗伤、激浊扬清,持之以恒,狠抓党的作风建设,以"零容忍"的态度深入推进反腐败斗争,要坚决清除一切侵蚀党的健康肌体的病毒,坚决把一切害群之马和不合格分子清除出我们的队伍,从而保证我们党思想上、政治上、组织上、作风上的纯洁。

(四)规划总体布局

布局是以党的政治建设为统领,全面推进党的政治建设、思想建设、组织建设、作风建设、纪律建设，把制度建设贯穿其中，深入推进反腐败斗争。在新时代党的建设总要求中，党的建设总体布局是关键。新时代党的建设总体布局，强调党的政治建设的统领作用，更加注重党的建设的整体性和系统性，体现了党的建设理论逻辑、历史逻辑和实践逻辑的有机统一。党的十八大以来，随着全面从严治党的深入推进，我们党明确了新时代党的建设新的伟大工程的总体布局，包括党的政治建设、思想建设、组织建设、作风建设、纪律建设、制度建设和反腐败斗争等各项内容。当然，这些方面并不是平行或并列的关系。其中，党的政治建设是统领性的，是党的根本性建设；思想建设是党的基础性建设；制度建设是贯穿党的建设各个方面、全过程的；深入推进反腐败斗争是党的建设的一项非常重要的任务；组织建设、作风建设、纪律建设也都具有非常丰富的内容。我们要准确理解党的建设新的伟大工程的总体布局，认真落实党建工作各项要求，全面推进党的政治建设、思想建设、组织建设、作风建设、纪律建设、制度建设，不断严密党的组织体系，着力建设德才兼备的高素质干部队伍，坚定不移推进党风廉政建设和反腐败斗争。

（五）设立总目标

目标是建设始终走在时代前列、人民衷心拥护、勇于自我革命、经得起各种风浪考验、朝气蓬勃的马克思主义执政党。这五个方面对于要建设一个什么样的长期执政的马克思主义政党做出了宏伟、科学、清晰的目标界定。始终走在时代前列，反映了党的先进性基因和时代性特质。人民衷心拥护，是党的最大政治优势。勇于自我革命，是党的鲜明品格和重要优势。经得起各种风浪考验，是党必须具备的政治智慧和执政能力。朝气蓬勃，是党应当保持的进取状态和精神风貌。这五个方面环环相扣、相辅相成。只有勇于自我革命，我们党才能始终走在时代前列，呈现朝气活力；只有人民衷心拥护，我们党才能经得起各种风浪考验，实现长期执政。

新时代党的建设原则、方针、主线、总体布局和目标，紧密联系、相互作用、相互促进，共同构成了新时代党的建设科学有机的整体。新时代党的建设总要求，对推进党的建设新的伟大工程做出顶层设计、战略部署，丰富和发展了马克思主义建党学说，标志着对执政党建设规律的认识达到新的高度。

二、怎样建设长期执政的马克思主义政党

关于怎样建设长期执政的马克思主义政党，习近平总书记强调"一以贯之、坚定不移全面从严治党"。全面从严治党是一场伟大的自我革命。在进行社会革命的同时不断进行自我革命，是我们党区别于其他政党最显著的标志。中国共产党之所以有自我革命的勇气，是因为党始终代表最广大人民的根本利益，与人民休戚与共、生死相依，没有任何自己特殊的利益，从来不代表任何利益集团、任何权势团体、任何特权阶层的利益。

（一）建设长期执政的马克思主义政党的历史经验

先进的马克思主义政党不是天生的，而是在不断自我革命中淬炼而成的。勇于自我革命是我们党最鲜明的品格，也是我们党最大的优势，自我革命精神是党永葆青春活力的强大支撑。回望党的百年奋斗历程，在新民主主义革命时期，党提出着重从思想上建党的原则，坚持民主集中制，坚持理论联系实际、密切联系群众、批评和自我批评三大优良作风，形成统一战线、武装斗争、党的建设三大法宝，努力建设全国范围的，广大群众性的，思想上、政治上、组织上完全巩固的马克思主义政党；在社会主义革命和建设时期，党着重提出执政条件下党的建设的重大课题，从思想上、组织上、作风上加强党的建设、巩固党的领导，坚持"两个务必"，高度警惕并着力防范党员干部腐化变质，坚决惩治腐败；在改革开放和社会主义现代化建设新时期，党坚持治国必先治党，治党务必从严，开创和推进党的建设新的伟大工程，着力解决党内思想不纯、作风不纯、组织不纯问题，着力提高党的领导水平和执政水平、提高拒腐防变和抵御风险能力，推进党的执政能力建设和先进性建设；在中国特色社会主义新时代，党明确全面从严治党的战略方针，提出新时代党的建设总要求，全面推进党的政治建设、思想建设、组织建设、作风建设、纪律建设，把制度建设贯穿其中，深入推进反腐败斗争，落实管党治党政治责任，以伟大自我革命引领伟大社会革命。党的百年奋斗历程充分表明，党的伟大不在于不犯错误，而在于从不讳疾忌医，积极开展批评和自我批评，敢于直面问题，勇于自我革命。

(二) 建设长期执政的马克思主义政党的战略路径

党的建设是一项系统工程,新时代推进党的建设新的伟大工程,就必须注重党的各方面建设的系统性、整体性、协同性,以党的政治建设为统领,持续抓好党的思想建设、组织建设、作风建设、纪律建设,强化制度的根本保障作用,巩固发展反腐败斗争压倒性胜利,在全面从严治党和党的自我革命中加强党的长期执政能力建设。其核心是加强党的领导,基础在全面,关键在严,要害在治。

第一,把党的政治建设摆在首位。党的十九大首次把党的政治建设纳入党的建设总体布局,并强调"以党的政治建设为统领""把党的政治建设摆在首位",凸显党的政治建设的极端重要性,这是党的建设理论和实践的重大创新。党的政治建设的基本内容是:保证全党服从中央,坚持党中央权威和集中统一领导,是党的政治建设的首要任务。全党要坚定执行党的政治路线,严格遵守政治纪律和政治规矩,在政治立场、政治方向、政治原则、政治道路上同党中央保持高度一致。要尊崇党章,严格执行新形势下党内政治生活若干准则,增强党内政治生活的政治性、时代性、原则性、战斗性,自觉抵制商品交换原则对党内生活的侵蚀。完善和落实民主集中制的各项制度,坚持民主基础上的集中和集中指导下的民主相结合,既充分发扬民主,又善于集中统一。弘扬忠诚老实、公道正派、实事求是、清正廉洁等价值观,坚决防止和反对个人主义、分散主义、自由主义、本位主义、好人主义,坚决防止和反对宗派主义、圈子文化、码头文化,坚决反对搞两面派、做两面人。全党同志要加强党性锻炼,不断提高政治觉悟和政治能力,把对党忠诚、为党分忧、为党尽职、为民造福作为根本政治担当,永葆共产党人政治本色。

第二,加强党的思想建设。思想建设是党的基础性建设。坚持以科学理论引领、用科学理论武装,是我们党永葆先进性、纯洁性的根本保证。深入学习领会习近平新时代中国特色社会主义思想,用党的创新理论武装全党、指导实践、推动工作,是全党的重大政治任务。理想指引人生方向,信念决定事业成败。习近平把理想信念比喻为共产党人精神上的"钙",精神上"缺钙",就可能导致政治上变质、经济上贪婪、道德上堕落、生活上腐化。所以,共产党人要牢记党的宗旨,挺起精神脊梁,解决好世界观、人生观、价值观这个"总开关"问题。

第三,加强党的组织建设。党的组织建设主要包括民主集中制建设、党的基层组织建设、干部队伍建设和党员队伍建设等内容。新时代党的组织路线是:全面贯彻习近平新时代中国特色社会主义思想,以组织体系建设为重点,着力培养忠诚、干净、担当的高素质干部,着力集聚爱国奉献的各方面优秀人才,坚持德才兼备、以德为先、任人唯贤,为坚持和加强党的全面领导、坚持和发展中国特色社会主义提供坚强组织保证。

第四,加强党的作风建设。作风建设的核心是保持党同人民群众的血肉联系。我们党的最大政治优势是密切联系群众。党风问题、党同人民群众联系问题是关系党生死存亡的问题。习近平指出:"工作作风上的问题绝对不是小事,如果不坚决纠正不良风气,任其发展下去,就会像一座无形的墙把我们党和人民群众隔开,我们党就会失去根基、失去血脉、失去力量。"①作风建设就要发扬钉钉子精神,一锤接着一锤敲,打赢作风建设持久战,不能让享乐主义和奢靡之风卷土重来,要以更大力度整治形式主义和官僚主义,督促党员干部求真务实、埋头苦干,不浮躁、不浮夸,追求实实在在的工作业绩,以艰苦奋斗、崇尚实干的工作作风,以勤俭节约、崇尚清廉的家风,带动民风、社风向善向上。

第五,加强党的纪律建设。正风必先肃纪。中国共产党是靠铁的纪律组织起来的马克思主义政党,纪律严明是党的光荣传统和独特优势。如果没有铁的纪律,就没有党的团结统一,党的凝聚力和战斗力就会大大削弱,党的领导能力和执政能力就会大大削弱。习近平指出:"党面临的形势越复杂、肩负的任务越艰巨,就越要加强纪律建设,越要维护党的团结统一,确保全党统一意志、统一行动、步调一致前进。"②严明党的纪律,首要的是严明政治纪律,如果党的政治纪律成了摆设,就会形成"破窗效应",使党的章程、原则、制度、部

---

① 中共中央文献研究室编:《习近平关于全面从严治党论述摘编》,中央文献出版社2016年版,第148页。
② 中共中央纪律检查委员会、中共中央文献研究室编:《习近平关于严明党的纪律和规矩论述摘编》,中央文献出版社2016年版,第4页。

署丧失严肃性和权威性,党就会沦为各取所需、自行其是的"私人俱乐部"。在重点强化政治纪律和组织纪律的同时,带动廉洁纪律、群众纪律、工作纪律、生活纪律严起来。

第六,将制度建设贯穿于党的各项建设之中。制度问题带有根本性、全局性、稳定性、长期性,加强制度建设是全面从严治党的长远之策、根本之策。将制度建设贯穿于党的各项建设之中,就是指抓政治建设、思想建设、组织建设、作风建设、纪律建设。深入推进反腐败斗争,都需要制度保障,而且要贯穿始终。党内制度建设要把握正确方向,以党章为根本依据,切实体现党的意志主张,体现全面从严治党要求;要突出工作重点,抓紧建立和完善主干性、支撑性党内法规制度,健全相关配套法规制度,统筹推进立改废释工作,形成内容科学、程序严密、配套完备、运行有效的党内法规制度体系;要以改革创新精神解决突出问题,补齐法规制度短板,提高党内法规制度质量;要抓好党内法规制度的落实,要让铁规发力,让禁令生威,确保各项法规制度落地生根。

第七,巩固发展反腐败斗争压倒性胜利。党的十八大以来,以习近平同志为核心的党中央坚持无禁区、全覆盖、零容忍,重拳"打虎""拍蝇""猎狐",掀起了力度、广度、深度空前的反腐败斗争,不敢腐的目标初步实现,不能腐的笼子越扎越牢,不想腐的堤坝正在构筑,反腐败斗争已经取得压倒性胜利。当前,对反腐败斗争形势的严峻性和复杂性一点也不能低估。反腐败斗争不能退,也无处可退,必须以永远在路上的坚韧和执着,持续保持高压态势,坚定不移将反腐败斗争向纵深推进,构建一体推进不敢腐、不能腐、不想腐体制机制,确保党和人民赋予的权力始终用来为人民谋幸福。

习近平总书记深刻指出:"我们只有勇于自我革命才能赢得历史主动。"在新的伟大征程上,继续发扬彻底的革命精神,以新时代党的自我革命引领新的伟大社会革命,不断推进党的建设新的伟大工程,不断增强党的政治领导力、思想引领力、群众组织力、社会号召力,承载着中国人民伟大梦想的航船就一定能乘风破浪、一往无前,胜利驶向光辉的彼岸!

第五章
历史成就：习近平新时代中国特色社会主义思想的实践基点

党的十八大以来，以习近平同志为核心的党中央领导全党、全军、全国各族人民砥砺前行，全面建成小康社会目标如期实现，党和国家事业取得历史性成就、发生历史性变革，彰显了中国特色社会主义的强大生机、活力，党心、军心、民心空前凝聚振奋，为实现中华民族伟大复兴提供了更为完善的制度保证、更为坚实的物质基础、更为主动的精神力量。党的十八大以来的历史成就，是习近平新时代中国特色社会主义思想的实践基点。

第一节 统筹推进"五位一体"总体布局

"五位一体"总体布局是中国特色社会主义事业的总体布局，主要是统筹推进"经济建设、政治建设、文化建设、社会建设、生态文明建设"五个方面。"五位一体"总布局是一个有机整体，其中经济建设是根本，政治建设是保证，文化建设是灵魂，社会建设是条件，生态文明建设是基础。

一、经济建设是根本

党的十八大以来，我们党紧密结合时代和实践的要求，围绕中国特色社会主义经济，观大势、谋全局，提出了一系列新的重大战略思想和重要理论观点，形成了习近平新时代中国特色社会主义经济思想，制定了当前和今后一段时间经济发展和经济工作的主线。

(一)以习近平经济思想为指导

习近平经济思想系统回答了新时代中国特色社会主义经济发展的时代背景、根本立场、政治保障、制度基础、主题主线、发展阶段、发展理念、发展格局、发展路径、内外关系和工作方法等一系列重大问题,是我国经济发展实践的理论结晶,是中国特色社会主义政治经济学的最新成果,开拓了马克思主义政治经济学新境界,为推动中国经济持续健康发展提供了科学指南。这一思想的主要内容体现在以下几个方面:

坚持加强党对经济工作的集中统一领导。经济工作是党治国理政的中心工作,党中央对经济工作负总责,实施全面领导,坚持和完善党中央领导经济工作的体制机制,加强党中央对发展大局大势的分析和把握,及时制定重大方针、重大战略,做出重大决策,部署重大工作,确保党对经济工作的领导落到实处,保证我国经济沿着正确方向发展。

坚持以人民为中心的发展思想。把人民对美好生活的向往明确为党的奋斗目标,发挥人民群众推动发展的主体作用,促进社会公平正义,逐步实现全体人民共同富裕。持续抓保障和改善民生工作,从解决人民群众普遍关心的突出问题入手,推进社会主义现代化建设,把坚持以人民为中心的发展思想贯穿到"五位一体"总体布局和"四个全面"战略布局之中。提出精准扶贫、精准脱贫基本方略,全面部署、坚决打赢脱贫攻坚战,让贫困人口同全国人民一道进入全面小康社会。

坚持适应、把握、引领经济发展新常态。我国经济发展处于增长速度换挡期、结构调整阵痛期、前期刺激政策消化期"三期叠加"阶段,我国经济发展进入新常态,要推动经济高质量发展,建设现代化经济体系;研判经济形势要立足大局,看清长期趋势,把握经济规律。进入新发展阶段,要贯彻新发展理念,构建新发展格局;要坚持正确政绩观,不简单以生产总值增长率论英雄,不被短期经济指标的波动所左右。

坚持使市场在资源配置中起决定性作用,更好发挥政府作用,推动有效市场和有为政府更好结合。把处理好政府和市场关系作为经济体制改革的关键、健全市场机制、破除垄断,发挥价格机制作用,增强市场主体活力,发挥政府在宏观调控、公共服务、市场监管、社会管理、环境保护中的作用,增强国有经济活力、控制力、影响力,激发非公有制经济活力和创造力,构建"亲""清""新"型政商关系,激发企业家精神。

坚持适应我国经济发展主要矛盾变化,完善宏观调控。宏观调控必须适应发展阶段性特征和经济形势变化,相机抉择,开准药方。现阶段我国经济发展主要矛盾已转化成结构性问题,矛盾的主要方面在供给侧,主要表现在供给结构不能适应需求结构的变化。要抓住主要矛盾和矛盾的主要方面,及时调整宏观调控思路,把推进供给侧结构性改革作为经济工作的主线,为保持我国经济持续健康发展开出治本良药。

坚持问题导向,部署经济发展新战略。保持我国经济发展良好势头必须抓大事、谋长远。针对关系全局、事关长远的问题,提出以疏解北京非首都功能为重点的京津冀协同发展战略,以共抓大保护、不搞大开发为原则的长江经济带发展战略,以促进合作共赢为落脚点的"一带一路"建设,以促进人的城镇化为核心、提高质量为导向的新型城镇化战略,等等。

坚持正确工作策略和方法。坚持稳中求进工作总基调,正确处理经济发展中稳和进的关系,把握宏观调控的度,提高宏观调控的针对性和精准度。统筹发展和安全,保持战略定力,坚持久久为功、坚持底线思维,充分考虑困难和问题,做好应对最坏情况的准备,坚决防范各种风险特别是系统性风险。

(二)坚持供给侧结构性改革

实现经济高质量发展,必须坚持供给侧结构性改革。要把推进供给侧结构性改革作为经济发展的主线,坚持"巩固、增强、提升、畅通"八字方针,坚持质量第一、效益优先,推动经济发展质量变革、效率变革、动力变革,提高全要素生产率。

供给侧结构性改革是化解我国经济发展面临困难和矛盾的重大举措,也是培育增长新动力、形成先发新优势、实现创新引领发展的必然要求和选择。供给和需求是市场经济内在关系的两个基本方面,是既对立又统一的辩证关系。新需求催生新供给,新供给创造新需求。供给侧管理和需求侧管理是调控宏观经济的两个基本手段。需求侧管理,重在解决总量性问题,注重短期调控,主要是通过调节税收、财政支出、货币信贷等来刺激或抑制需求,进而推动经济增长。供给侧管理,重在解决结构性问题,注重激发经济增长动力,主要通过优化要素配置和调整生产结构来提高供给体系质量和效率,进而推动经济增长。当前和今后一个时期,我国经济发展面临的问题,供给侧和需求侧都有,但矛盾的主要方面在供给侧。

推进供给侧结构性改革,关键在于理解"结构性"。我国经济运行面临的突出矛盾和问题,虽然有周期性、总量性因素,但根源是重大结构性失衡,即实体经济结构性供需失衡、金融和实体经济失衡、房地产和实体经济失衡。推动供给侧结构性改革,重点是解放和发展社会生产力,用改革的办法推进结构调整,减少无效和低端供给,扩大有效和中高端供给,提升供给体系对国内需求的适配性,实现由低水平供需平衡向高水平供需平衡跃升。

经济建设上,我国发展的战略目标是建设现代化经济体系,只有形成现代化经济体系,才能更好顺应现代化发展潮流和赢得国际竞争主动,为其他领域现代化提供有力支撑;才能不断增强我国经济实力、科技实力、综合国力,让社会主义市场经济的活力更加充分地展示出来,实现更高质量、更有效率、更加公平、更可持续、更为安全的发展。

二、政治建设是保证

人民民主是社会主义的生命。中国特色社会主义政治建设必须与中国的国情相适应,发展社会主义民主政治,必须坚持人民主体地位,坚定不移走中国特色社会主义政治发展道路,确保人民依法通过各种途径和形式管理国家事务,管理经济文化事业,管理社会事务。

(一)发展社会主义民主政治,坚持走中国特色社会主义政治发展道路

新中国成立以来,我们党团结带领人民在发展社会主义民主政治方面取得了重大进展,成功开辟和坚持了中国特色社会主义政治发展道路,为实现最广泛的人民民主确立了正确方向。中国特色社会主义政治发展道路是近代以来中国人民长期奋斗历史逻辑、理论逻辑、实践逻辑的必然结果,是坚持党的

本质属性、践行党的根本宗旨的必然要求。在中国特色社会主义新时代,我们要以更大的力度、更实的措施发展社会主义民主,坚持党的领导、人民当家作主、依法治国有机统一,建设社会主义法治国家,推进国家治理体系和治理能力现代化,巩固和发展最广泛的爱国统一战线,确保人民享有更加广泛、更加充分、更加真实的民主权利,让社会主义民主的优越性更加充分地展示出来。

走中国特色社会主义政治发展道路,必须坚持党的领导、人民当家作主、依法治国有机统一。党的领导是人民当家作主和依法治国的根本保证,人民当家作主是社会主义民主政治的本质特征,依法治国是党领导人民治理国家的基本方式,三者统一于我国社会主义民主政治伟大实践。坚持党的领导,就要发挥党总揽全局、协调各方的领导核心作用。改进党的领导方式和执政方式,保证党领导人民有效治理国家。坚持人民当家作主,就要扩大人民有序政治参与,保证人民依法实行民主选举、民主协商、民主决策、民主管理、民主监督。巩固基层政权,完善基层民主制度,保障人民知情权、参与权、表达权、监督权。坚持依法治国,就要维护国家法制统一、尊严、权威,加强人权法治保障,保证人民依法享有广泛权利和自由。健全依法决策机制,构建决策科学、执行坚决、监督有力的权力运行机制。

走中国特色社会主义政治发展道路,必须坚持正确政治方向。我们需要借鉴国外政治文明有益成果,但绝不能放弃中国政治制度的根本。照抄照搬他国的政治制度行不通,会水土不服,会画虎不成反类犬,甚至会把国家前途命运葬送掉。要保持政治定力,坚持从国情出发、从实际出发,既要把握长期形成的历史传承,又要把握走过的发展道路、积累的政治经验、形成的政治原则,还要把握现实要求,着眼解决现实问题,不能割断历史,不能光凭想象,就突然搬来一座政治制度上的"飞来峰"。我们要坚定对中国特色社会主义政治制度的自信,增强走中国特色社会主义政治发展道路的信心和决心。

走中国特色社会主义政治发展道路,必须积极稳妥推进政治体制改革。改革开放以来,我们在坚持根本政治制度、基本政治制度的基础上,不断深化政治体制改革,推进制度体系完善和发展。党中央部门集中进行了五次机构改革,国务院部门集中进行了八次机构改革,为坚持和发展中国特色社会主义提供了重要体制机制保障。要持续推进政治体制改革,构建系统完备、科学规范、运行高效的党和国家机构职能体系,形成总揽全局、协调各方的党的领导体系,职责明确、依法行政的政府治理体系,中国特色、世界一流的武装力量体系,联系广泛、服务群众的群团工作体系,推动人大、政府、政协、监察机关、审判机关、检察机关、人民团体、企事业单位、社会组织等在党的统一领导下协调行动、增强合力,全面提高国家治理能力和治理水平。

(二)发展社会主义民主政治,健全人民当家作主制度体系

我国是工人阶级领导的、以工农联盟为基础的人民民主专政的社会主义国家,国家一切权力属于人民。我国社会主义民主是维护人民根本利益的最广泛、最真实、最管用的民主。发展社会主义民主政治就是要体现人民意志、保障人民权益、激发人民创造活力,用制度体系保证人民当家作主。

人民代表大会制度是我国根本政治制度,是符合中国国情、体现中国社会主义国家性质、能够保证人民当家作主的根本政治制度和最高实现形式,也是党在国家政权中充分发扬民主、贯彻群众路线的最好实现形式。人民代表大会制度是坚持党的领导、人民当家作主、依法治国有机统一的根本政治制度安排,必须长期坚持、不断完善。要支持和保证人民通过人民代表大会行使国家权力。发挥人大及其常委会在立法工作中的主导作用,健全人大组织制度和工作制度,支持和保证人大依法行使立法权、监督权、决定权、任免权,更好发挥人大代表作用,使各级人大及其常委会成为全面担负起宪法法律赋予的各项职责的工作机关,成为同人民群众保持密切联系的代表机关。

中国共产党领导的多党合作和政治协商制度是我国的一项基本政治制度,是从中国土壤中生长出来的新型政党制度。这一制度能够真实、广泛、持久代表和实现最广大人民根本利益、全国各族各界根本利益,有效避免了旧式政党制度代表少数人、少数利益集团的弊端;它把各个政党和无党派人士紧密团结起来、为着共同目标而奋斗,有效避免了一党缺乏监督或者多党轮流坐庄、恶性竞争的弊端;它通过制度化、程序化、规范化的安排,集中各种意见和建议,推动决策科学化、民主化,有效避免了旧式政党制度囿于党派利益、阶级利益、区域和集团利益决策施政而导致社会撕裂的弊端。人民政协是社会主

义协商民主的重要渠道和专门协商机构,是中国共产党把马克思列宁主义统一战线理论、政党理论、民主政治理论同中国实际相结合的伟大成果,是中国共产党领导各民主党派、无党派人士、人民团体和各族各界人士在政治制度上进行的伟大创造。人民政协要坚持人民政协为人民,聚焦党和国家中心任务,围绕团结和民主两大主题,把协商民主贯穿于政治协商、民主监督、参政议政全过程,完善协商议政内容和形式,广泛凝聚人心和力量,着力增进共识、促进团结。加强人民政协民主监督,重点监督党和国家重大方针政策和重要决策部署的贯彻落实。要以改革创新精神推进履职能力建设,着力增强政治把握能力、调查研究能力、联系群众能力、合作共事能力。

民族区域自治制度是我国的一项基本政治制度,是以中国特色解决民族问题正确道路的重要内容和制度保障。民族区域自治制度符合我国国情。要坚定不移走以中国特色解决民族问题的正确道路,坚持各民族一律平等,坚持各民族共同团结奋斗、共同繁荣发展,保证民族自治地方依法行使自治权,保障少数民族合法权益,巩固和发展平等、团结、互助、和谐的社会主义民族关系。坚持不懈开展马克思主义祖国观、民族观、文化观、历史观宣传教育,打牢中华民族共同体思想基础。全面、深入、持久开展民族团结进步创建工作,加强各民族交往、交流、交融。支持和帮助民族地区加快发展,不断提高各族群众生活水平。进一步发挥其维护祖国统一、领土完整,在加强民族平等团结、促进民族地区发展、增强中华民族凝聚力等方面的重要作用。

基层群众自治制度是我国的一项基本政治制度,是社会主义民主政治建设的基础和重要组成部分。基层群众自治制度是党领导人民群众在城乡社区治理、基层公共事务和公益事业中依法自我管理、自我服务、自我教育、自我监督,推动基层直接民主的新创造、新实践。城市的居民委员会协调会制度、听证会制度、评议会制度、居民来访制度、居委会报告制度等,农村的村民委员会选举、村民会议和代表会议、村民民主管理和民主监督等方式方法,充分保障基层群众享有更多、更切实的民主权利。实践证明,基层群众自治制度是充满活力、独具特色、符合国情的好制度。

人民民主是一种全过程民主。社会主义民主不是装饰品,不是摆设,而是具体地、生动地体现在人民当家作主的全过程、各环节。我国人民依法实行民主选举、民主协商、民主决策、民主管理、民主监督,这些环节扩大了人民有序政治参与,集中反映了全过程民主的具体形式。社会主义民主有效防止了西方民主选举时漫天许诺、选举后无人过问的现象,既保证了人民进行民主选举的权利,也保证了人民在民主协商、决策、管理、监督等方面的权利,是全过程的民主。

(三) 发展社会主义民主政治,巩固和发展爱国统一战线

社会主义的建设事业必须依靠工人、农民和知识分子,团结一切可以团结的力量。在长期的革命、建设和改革过程中,已经结成了由中国共产党领导的,各民主党派和各人民团体参加的,包括全体社会主义劳动者、社会主义事业的建设者、拥护社会主义的爱国者、拥护祖国统一和致力于中华民族伟大复兴的爱国者的广泛的爱国统一战线。统一战线是中国共产党凝聚人心、汇聚力量的政治优势和战略方针,是增强党的阶级基础、扩大党的群众基础、巩固党的执政地位的重要法宝,是全面建设社会主义现代化国家、实现中华民族伟大复兴的重要法宝。

三、文化建设是灵魂

文化是一个国家、一个民族的灵魂。没有高度的文化自信,就没有文化的繁荣昌盛,就没有中华民族伟大复兴。坚持中国特色社会主义文化建设,就是要坚定文化自信,坚持走中国特色社会主义文化发展道路,坚持和完善发展社会主义先进文化的制度,巩固全体人民团结奋斗的共同思想基础。

(一) 坚持马克思主义在意识形态领域的指导地位

意识形态关乎旗帜、关乎道路、关乎国家安全,决定文化前进方向和道路。党的十九届四中全会着眼新时代党和国家事业全局,明确把坚持马克思主义在意识形态领域的指导地位确立为根本制度,集中体现了我们党在领导文化建设长期实践中积累的成功经验和形成的方针原则,充分反映了我们党对社会主义文化建设规律的新认识。

坚持马克思主义在意识形态领域指导地位的根本制度,是坚持和加强党

对宣传文化事业全面领导的本质要求;是恪守党的本质属性、巩固党的团结统一的必然要求;是坚持正确发展道路、实现国家长治久安的必然要求;是筑牢全体人民共同思想基础、凝聚团结奋进强大精神力量的必然要求;是保证我国文化建设正确方向、更好担负起新时代使命任务的必然要求。要增强政治自觉和思想自觉,强化制度意识、抓好制度执行,牢牢掌握意识形态工作领导权,努力在守正创新中推动社会主义文化繁荣昌盛。

把马克思主义指导地位贯穿到文化建设各方面。坚持马克思主义在意识形态领域指导地位的根本制度,理论武装、新闻宣传、文艺创作生产、文化体制改革、精神文明创建、网络建设管理等文化领域的一切工作和活动都要紧紧围绕这一根本制度来展开、来推进,都要高扬马克思主义旗帜,确保我国文化建设始终沿着正确方向前进。努力推动建设具有强大凝聚力和引领力的社会主义意识形态,建设具有强大生命力和创造力的社会主义精神文明,建设具有强大感召力和影响力的中华文化软实力。

(二) 培育和践行社会主义核心价值观

核心价值观承载着一个民族、一个国家的精神追求,体现着一个社会评判是非曲直的价值标准,是一个民族赖以维系的精神纽带,是一个国家共同的思想道德基础。如果没有共同的核心价值观,一个民族、一个国家就会魂无定所、行无依归。核心价值观是一个国家的重要稳定器,能否构建具有强大感召力的核心价值观,关系社会和谐稳定,关系国家长治久安。

社会主义核心价值观是在社会主义核心价值体系基础上提炼出来的。富强、民主、文明、和谐、自由、平等、公正、法治、爱国、敬业、诚信、友善,既体现了社会主义本质要求,继承了中华优秀传统文化,也吸收了世界文明有益成果,体现了时代精神,回答了我们要建设什么样的国家、建设什么样的社会、培育什么样的公民的重大问题,是当代中国精神的集中体现,凝结着全体人民共同的价值追求,是社会主义核心价值观的基本内容。

培育和践行社会主义核心价值观,要把社会主义核心价值观融入社会生活各个方面。一种价值观要真正发挥作用,必须通过强化教育引导、舆论宣传、文化熏陶、实践养成、制度保障等,将其融入社会生活,让人们在实践中感知它、领悟它,达到"百姓日用而不知"的程度。培育和践行社会主义核心价值观要注意把我们所提倡的与人们日常生活联系起来,在落细、落小、落实上下功夫。要把社会主义核心价值观的要求融入各种精神文明创建活动之中,吸引群众广泛参与,培育文明新风尚。要利用各种时机和场合,形成有利于培育和践行社会主义核心价值观的生活情景和社会氛围,使社会主义核心价值观的影响像空气一样无所不在、无时不有。

(三)坚定文化自信,建设社会主义文化强国

文化是一个国家、一个民族的灵魂,是人民的精神家园。当今时代,文化在综合国力竞争中的地位日益重要,谁占据了文化发展的制高点,谁就能够更好地在激烈的国际竞争中掌握主动权。实现中华民族伟大复兴,迫切要求我国由一个文化大国转变成为一个文化强国,这是中华民族几千年文化积淀赋予我们的历史使命。新时代,坚持以社会主义核心价值观引领文化建设,围绕举旗帜、聚民心、育新人、兴文化、展形象的使命任务,促进满足人民文化需求和增强人民精神力量相统一,推进社会主义文化强国建设。

培养高度的文化自信。文化自信是更基础、更广泛、更深厚的自信,是一个国家、一个民族发展中更基本、更深沉、更持久的力量。坚定文化自信,事关国运兴衰,事关文化安全,事关民族精神的独立性。我国有着悠久的历史传统和深厚的文化资源,在漫长的实践中形成了坚持共同的理想信念、价值理念、道德观念,弘扬中华优秀传统文化、革命文化、社会主义先进文化,促进全体人民在思想上、精神上紧紧团结在一起的显著优势。新时代,人民群众对文化的需求快速增长,我国的文化发展面临着难得的机遇。同时,要清醒认识我国文化发展的历史和现状,增强文化自觉,更好地把握文化发展的规律,以主动担当的精神加快文化发展步伐,弘扬伟大建党精神,弘扬党和人民在各个历史时期奋斗中形成的井冈山精神、延安精神、"两弹一星"精神、特区精神、抗疫精神等伟大精神,大力发展社会主义先进文化。

提升公共文化服务水平。全面繁荣新闻出版、广播影视、文学艺术、哲学社会科学事业。实施文艺作品质量提升工程,不断推出反映时代新气象、讴歌人民新创造的文艺精品。推进媒体深度融合,实施全媒体传播工程,做强新型

主流媒体。推进城乡公共文化服务体系一体建设，创新实施文化惠民工程，广泛开展群众性文化活动，推动公共文化数字化建设。加强国家重大文化设施和文化项目建设，传承弘扬中华优秀传统文化，加强各民族优秀传统手工艺保护和传承。

健全现代文化产业体系。坚持把社会效益放在首位、社会效益和经济效益相统一，深化文化体制改革，完善文化产业规划和政策，加强文化市场体系建设，扩大优质文化产品供给。实施文化产业数字化战略，加快发展新型文化企业、文化业态、文化消费模式。推动文化和旅游融合发展，规范发展文化产业园区，推动区域文化产业带建设。

提高国家文化软实力。文化软实力集中体现了一个国家基于文化而具有的凝聚力和生命力，以及由此产生的吸引力和影响力。努力弘扬中华文化，推进中华优秀传统文化传承发展工程，展示中华文化魅力，夯实国家文化软实力的根基；讲好中国故事，传播好中国声音，阐释好中国特色，注重国家形象塑造，加强对外文化交流和多层次文明对话，构建具有鲜明中国特色的战略传播体系，着力提高国际传播影响力、中华文化感召力、中国形象亲和力、中国话语说服力、国际舆论引导力。

文化兴国运兴，文化强国运强。没有高度的文化自信，没有文化的繁荣兴盛，就没有中华民族伟大复兴。要坚守中华文化立场，走中国特色社会主义文化发展道路，打造中华民族共有精神家园，建设中国特色社会主义文化强国。

四、社会建设是条件

民生是人民幸福之基、社会和谐之本。增进民生是我们党坚持立党为公、执政为民的本质要求。坚持和完善统筹城乡的民生保障制度，共建、共治、共享的社会治理制度，是实现国家治理现代化的重要任务。

（一）在发展中保障和改善民生

民生是人民幸福之基、社会和谐之本。在发展经济的基础上不断提高人民生活水平，实现人民群众对美好生活的向往，是党和国家一切工作的根本目的。我们的发展是以人民为中心的发展,始终坚持发展为了人民、发展依靠人民、发展成果由人民共享,在推动经济持续健康发展的基础上,保证全体人民在现实生活中有更多、更直接、更实在的获得感、幸福感、安全感。

要把握好发展经济与改善民生的关系。经济发展是改善民生的前提,离开了经济发展,改善民生就会成为无源之水、无本之木。要紧紧抓住经济建设这个中心,在推动经济高质量发展中进一步把"蛋糕"做大,为改善民生奠定更加坚实的物质基础。同时,抓民生就是在抓发展。持续不断增进民生福祉,能够有效解决广大人民群众后顾之忧,这样既能调动人民发展生产的积极性,又可以提升社会消费预期,扩大内需,催生新的经济增长点,实现民生与发展的有效对接、良性循环。

改善民生要坚持尽力而为与量力而行的统一。要根据经济发展和财力状况逐步提高人民生活水平,让群众得到看得见、摸得着的实惠。改善民生不能脱离国情,要从解决好人民群众普遍关心的突出问题入手,想群众之所想、急群众之所急、解群众之所困,做好普惠性、基础性、兜底性民生建设,一件事情接着一件事情办,一年接着一年干,锲而不舍向前走,在事关基本民生的关键领域持续取得新进展。

在发展中保障和改善民生,就是要多谋民生之利、多解民生之忧,在发展中补齐民生短板、促进社会公平正义,抓住人民最关心、最直接、最现实的利益问题,在幼有所育、学有所教、劳有所得、病有所医、老有所养、住有所居、弱有所扶等方面不断取得新进展,不断满足人民日益增长的美好生活需要。

(二)加强和创新社会治理

社会治理是国家治理的重要领域,是社会建设的重要方面。加强和创新社会治理,逐步实现社会治理结构的合理化、治理方式的科学化、治理过程的民主化,有力推进国家治理现代化。党的十八大以来,我国社会治理体系不断完善,社会安全稳定形势持续向好,人民生命财产安全得到有效维护,广大人民群众的安全感和满意度不断增强。但是,在社会大局总体稳定的同时,社会利益关系日趋复杂,社会阶层结构分化,社会矛盾和问题交织叠加,人民群众对社会公共事务参与意愿更加强烈,社会共识凝聚难度不断加大,社会治理面临的风险和挑战更加严峻复杂,我国的社会治理工作在很多方面需进一步加强和创新。

第一,创新社会治理体制。加强和创新社会治理,关键在体制创新。加强社会治理制度建设,要完善党委领导、政府负责、民主协商、社会协同、公众参与、法治保障、科技支撑的社会治理体系,充分调动各方面积极性,建设人人有责、人人尽责、人人享有的社会治理共同体。注重发挥群团组织和社会组织在社会治理中的作用,畅通和规范市场主体、新社会阶层、社会工作者和志愿者等参与社会治理的途径,真正实现社会共建、共治、共享。

第二,完善正确处理新形势下人民内部矛盾有效机制。坚持和发展新时代"枫桥经验",畅通和规范群众诉求表达、利益协调、权益保障通道,完善信访制度,完善人民调解、行政调解、司法调解联动工作体系,完善社会矛盾纠纷多元预防、调处、化解机制,努力将矛盾化解在基层。

第三,完善社会治安防控体系。坚持专群结合、群防群治,提高社会治安立体化、法治化、专业化、智能化水平,形成问题联治、工作联动、平安联创的工作机制,提高预测、预警、预防各类风险能力,增强社会治安防控的整体性、协同性、精准性。

第四,加强社会心理服务体系建设。加强和创新社会治理,核心是人,只有人与人和谐相处,社会才会安定有序。健全加强社会心理服务体系和疏导机制、危机干预机制,重视疏导化解、柔性维稳,塑造自尊自信、理性平和、亲善友爱的社会心态。加强和改进思想政治工作,注重人文关怀和心理疏导;推进诚信建设和志愿服务制度化,强化社会责任意识、规则意识、奉献意识。

第五,构建基层社会治理新格局。城乡社区是党和政府联系群众的"最后一公里"。社会治理的重心向基层下移,落实到城乡社区。健全党组织领导的自治、法治、德治相结合的城乡基层治理体系,完善基层民主协商制度,把更多资源、服务、管理下沉到基层,更好提供精准化、精细化服务;健全党组织领导、村(居)委会主导、以人民群众为主体的基层社会治理框架,夯实基层社会治理基础;注重发挥家庭、家教、家风在基层社会治理中的重要作用。

五、生态文明建设是基础

自然是生命之母,人与自然是生命共同体,人与自然的和谐共存是人类生存与发展的基础。我们党在坚持和发展中国特色社会主义、实现中华民族伟大复兴的过程中,把生态文明建设纳入中国特色社会主义事业总布局,提出了一系列新理念、新思路、新战略,形成了习近平生态文明思想,对中华民族及人类文明永续发展具有十分重大的意义。

(一)以习近平生态文明思想为指导

"生态兴则文明兴,生态衰则文明衰。"[1]生态环境是人类生存和发展的根基,生态环境变化直接影响文明兴衰演替。党的十八大把生态文明建设纳入中国特色社会主义"五位一体"总体布局,以习近平同志为核心的党中央站在坚持和发展中国特色社会主义、实现中华民族伟大复兴的中国梦的战略高度,提出了一系列新理念、新思想、新战略,形成了习近平生态文明思想。习近平生态文明思想内涵丰富、逻辑严密,主要包括六个方面的重要内容。

第一,坚持人与自然和谐共生。人与自然是生命共同体。生态环境没有替代品,用之不觉,失之难存。当人类合理利用、友好保护自然时,自然的回报常常是慷慨的;当人类无序开发、粗暴掠夺自然时,自然的惩罚必然是无情的。人类对大自然的伤害最终会伤及人类自身,这是无法抗拒的规律。在整个发展过程中,我们都要坚持节约优先、保护优先、以自然恢复为主的方针,要像保护眼睛一样保护生态环境,像对待生命一样对待生态环境,让群众望得见山、看得见水、记得住乡愁,让自然生态美景永驻人间,还自然以宁静、和谐、美丽。

第二,绿水青山就是金山银山。绿水青山就是金山银山,阐述了经济发展和生态环境保护的关系,揭示了保护生态环境就是保护生产力、改善生态环境就是发展生产力的道理。绿水青山既是自然财富、生态财富,又是社会财富、经济财富。保护生态环境就是保护自然价值和增值自然资本,就是保护经济社会发展潜力和后劲,使绿水青山持续发挥生态效益和经济社会效益。必须

---

[1] 中共中央文献研究室编:《习近平关于社会主义生态文明建设论述摘编》,中央文献出版社2017年版,第6页。

贯彻新发展理念,加快形成节约资源和保护环境的空间格局、产业结构、生产方式、生活方式,把经济活动、人的行为限制在自然资源和生态环境能够承受的限度内,给自然生态留下休养生息的时间和空间。加快划定并严守生态保护红线、环境质量底线、资源利用上线三条红线。

第三,良好生态环境是最普惠的民生福祉。环境就是民生,青山就是美丽,蓝天也是幸福。发展经济是为了民生,保护生态环境同样也是为了民生。既要创造更多的物质财富和精神财富以满足人民日益增长的美好生活需要,也要提供更多优质生态产品以满足人民日益增长的优美生态环境需要。要坚持生态惠民、生态利民、生态为民,重点解决损害群众健康的突出环境问题,加快改善生态环境质量。生态文明是人民群众共同参与、共同建设、共同享有的事业,把建设美丽中国转化为全体人民自觉行动,使每个人都成为生态环境的保护者、建设者、受益者。

第四,统筹山水林田湖草沙系统治理。生态是统一的自然系统,是相互依存、紧密联系的有机链条。人的命脉在田,田的命脉在水,水的命脉在山,山的命脉在土,土的命脉在林和草,这个生命共同体是人类生存发展的物质基础。从系统工程和全局角度寻求生态环境治理之道,必须统筹兼顾、整体施策、多措并举,全方位、全地域、全过程开展生态文明建设。要深入实施山水林田湖草沙一体化生态保护和修复,开展大规模国土绿化行动,加快水土流失和荒漠化、石漠化综合治理,实现从"沙进人退"向"绿进沙退"的根本转变,提升生态系统稳定性和可持续性。

第五,用最严格制度和最严密法治保护生态环境。保护生态环境必须依靠制度、依靠法治。我国生态环境保护中存在的突出问题大多同体制不健全、制度不严格、法治不严密、执行不到位、惩处不得力有关。要加快制度创新,增加制度供给,完善制度配套,强化制度执行,让制度成为刚性的约束和不可触碰的高压线。严格用制度管权治吏、护蓝增绿,保证生态文明建设决策部署落地生根见效。落实领导干部生态文明建设责任制,严格考核问责。

第六,共谋全球生态文明建设。生态文明建设关乎人类未来,建设绿色家园是人类的共同梦想,保护生态环境、应对气候变化需要世界各国同舟共济、共同努力,任何一国都无法置身事外、独善其身。我国已成为全球生态文明建设的重要参与者、贡献者、引领者,主张加快构筑尊崇自然、绿色发展的生态体系,共建清洁美丽的世界。深度参与全球环境治理,增强我国在全球环境治理体系中的话语权和影响力,积极引导国际秩序变革方向,形成世界环境保护和可持续发展的解决方案。坚持环境友好,引导应对气候变化国际合作,推进"一带一路"建设,让生态文明的理念和实践造福沿线各国人民。

习近平生态文明思想是习近平新时代中国特色社会主义思想的重要组成部分,深刻回答了为什么建设生态文明、建设什么样的生态文明、怎样建设生态文明的重大理论和实践问题,为建设美丽中国、实现中华民族永续发展提供了根本遵循和行动指南。

(二)推动绿色发展,建设美丽中国

建设生态文明是关系人民福祉、关乎中华民族永续发展的千年大计,是实现中华民族伟大复兴的重要战略任务。总体上看,当前我国生态环境质量持续好转,出现了稳中向好趋势,但成效并不稳固。生态文明建设正处于压力叠加、负重前行的关键期,已进入提供更多优质生态产品以满足人民日益增长的优美生态环境需要的攻坚期,也到了有条件、有能力解决生态环境突出问题的窗口期。建设人与自然和谐共生的现代化,建设美丽中国,必须坚定不移走生产发展、生活富裕、生态良好的文明发展道路。

第一,加快构建生态文明体系。解决生态环境问题,加快建立健全以生态价值观念为准则的生态文化体系,以产业生态化和生态产业化为主体的生态经济体系,以改善生态环境质量为核心的目标责任体系,以治理体系和治理能力现代化为保障的生态文明制度体系,以生态系统良性循环和环境风险有效防控为重点的生态安全体系。加快构建生态文明体系,使我国经济发展质量和效益显著提升,确保到 2035 年美丽中国目标基本实现,到本世纪中叶建成美丽中国。

第二,全面推动绿色发展。绿色是生命的象征、大自然的底色,更是美好生活的基础、人民群众的期盼。加快形成绿色发展方式,调整经济结构和能源结构,培养壮大节能环保产业、清洁生产产业、清洁能源产业,推进达标排放,扎实做好碳达峰、碳中和各项工作。加快形成绿色生活方式,增强全民节约意识、环保意识、生态意识,培养生态道德和行为习惯,开展全民绿色行动,形成文明健康的生活风尚,通过生活方式绿色革命,倒逼生产方式绿色转型。

第三,深入推进生态文明体制改革。生态文明体制改革是全面深化改革的重要领域,也是打好污染防治攻坚战的重要保障。党的十八大以来,我国相继出台《关于加快推进生态文明建设的意见》《生态文明体制改革总体方案》,形成了生态文明制度的"四梁八柱"。自然资源部和生态环境部的组建,有效解决了我国生态环境领域长期存在的九龙治水、多头治理以及所有者与监管者职责不清晰等问题,理顺了生态文明管理体制机制。

第四,有效防范生态环境风险。生态环境安全是国家安全的重要组成部分,是经济社会持续健康发展的重要保障。始终保持高度警觉,防止各类生态环境风险积聚扩散,做好应对任何形式生态环境风险挑战的准备。把生态环境风险纳入常态化管理,系统构建全过程、多层级生态环境风险防范体系,严密防控重点领域生态环境风险,着力提升突发环境事件应急处置能力。

第五,提高环境治理水平。环境治理是系统工程,提高环境治理水平,需要综合运用行政、市场、法治、科技等多种手段。充分运用市场化手段,撬动更多社会资本进入生态环境保护领域,完善资源环境价格机制,将生态环境成本纳入经济运行成本。采取多种方式支持政府和社会资本合作项目,加大重大项目科技攻关力度,对涉及经济社会发展的重大生态环境问题开展对策性研究。实施积极应对气候变化国家战略,推动和引导建立公平合理、合作共赢的全球气候治理体系,彰显中国负责任大国形象。

坚持和发展新时代中国特色社会主义,必须统筹推进经济建设、政治建设、文化建设、社会建设、生态文明建设"五位一体"总体布局。

习近平经济思想是我国经济发展实践的理论结晶,为推动中国经济持续健康发展提供了科学指南和根本遵循。推进中国特色社会主义经济发展必须坚持习近平经济思想,把深化供给侧结构性改革作为经济工作的主线,推动经济发展质量变革、效率变革、动力变革,实现经济高质量发展,建设现代化经济体系。

发展社会主义民主政治就是要体现人民意志、保障人民权益、激发人民创造活力,用制度体系保证人民当家作主。走中国特色社会主义政治发展道路,必须坚持党的领导、人民当家作主、依法治国有机统一。人民代表大会制度是我国的根本政治制度,中国共产党领导的多党合作和政治协商制度、民族区域自治制度、基层群众自治制度是我国的基本政治制度。

建设社会主义文化强国,必须坚持马克思主义在意识形态领域指导地位的根本制度,牢牢把握意识形态工作领导权,弘扬社会主义核心价值观,繁荣和发展社会主义文化。

加强以民生为重点的社会建设,建设高质量教育体系、强化就业优先政策、提高人民收入水平、健全多层次社会保障体系和全面推进健康中国建设。加强和创新社会治理,要创新社会治理体系、完善正确处理新形势下人民内部矛盾有效机制、完善社会治安防控体系、加强社会心理服务体系建设和构建基层社会治理新格局。

建设美丽中国要坚持以习近平生态文明思想为指导,加快构建生态文明体系,加快推动绿色低碳发展,深入推进生态文明体制改革,有效防范生态环境风险,持续改善环境质量和提高环境治理水平。

"五位一体"总体布局,关系到第二个百年奋斗目标的实现。在经济建设过程中,要以供给侧结构性改革为主线,以新发展理念为指引,使市场在资源配置中起决定性作用,更好发挥政府作用;在政治建设过程中,要坚持走中国特色社会主义政治发展道路,实现社会主义协商民主的广泛多层制度化发展,巩固最广泛的爱国统一战线,保证人民当家作主;在文化建设过程中,要坚持社会主义核心价值观,通过创新和发展中华优秀传统文化,提高中国特色社会主义的向心力和凝聚力,提高社会主义文化自信和文化软实力;在社会建设过程中,要着力解决人民最关心、最直接、最现实的利益问题,在发展中保障和改善民生;在生态文明建设过程中,要树立"绿水青山就是金山银山"的发展理念,形成绿色发展方式和生活方式,实行最严格的生态环境保护制度,建设美丽中国。在实践中要认真贯彻落实"五位一体"总体布局,把新时代中国特色社会主义事业推向新的阶段,不断取得新的成就。

第二节　协调推进"四个全面"战略布局

习近平总书记指出:"党的十八大以来,党中央从坚持和发展中国特色社会主义全局出发,提出并形成了全面建成小康社会、全面深化改革、全面依法治国、全面从严治党的战略布局。这个战略布局,既有战略目标,也有战略举措,每一个'全面'都具有重大战略意义,全面建成小康社会是我们的战略目标,全面深化改革、全面依法治国、全面从严治党是三大战略举措。""四个全面"战略布局,是党在新时代把握我国发展新特征确定的治国理政新方略,抓住了党和国家事业发展中具有根本性、全局性、紧迫性的重大问题,擘画了推进改革开放和现代化建设的顶层设计,集中体现了党和国家事业长远发展的战略目标和举措。

一、全面建成小康社会和全面建设社会主义现代化国家

"四个全面"战略布局是治国理政的长期战略。"四个全面"战略布局是在全面建成小康社会过程中明确提出来的,但这并不意味着"四个全面"战略布局只限于"全面建成小康社会"这一阶段。就"四个全面"战略布局各方面而言,全面建成小康社会是社会主义现代化建设的一个阶段,是实现"两个一百年"奋斗目标的重要一步。2021年7月1日,习近平总书记庄严宣告:"经过全党全国各族人民持续奋斗,我们实现了第一个百年奋斗目标,在中华大地上全面建成了小康社会,历史性地解决了绝对贫困问题,正在意气风发向着全面建成社会主义现代化强国的第二个百年奋斗目标迈进。"

(一)全面建成小康社会取得伟大历史性成就

全面建成小康社会,在"四个全面"的战略布局中居于引领地位。全面建成小康社会,强调的不仅是"小康",更重要、更难做到的是"全面"。"小康"讲的是发展水平,"全面"讲的是发展的平衡性、协调性、可持续性。全面小康,是"五位一体"全面进步的小康,要求经济、政治、文化、社会、生态文明建设全面

推进。任何一个方面发展滞后,都会影响全面建成小康社会目标的实现。全面小康是惠及全体人民的小康。没有全民小康,就没有全面小康。全面小康的路上,一个都不能少。全面小康是城乡区域共同发展的小康。农村特别是贫困地区,是全面小康最大的短板。没有农村和贫困地区的全面小康,就没有全国的全面小康。打赢脱贫攻坚战,是全面建成小康社会的底线任务。

党的十八大以来,党中央鲜明提出,全面建成小康社会最艰巨、最繁重的任务在农村特别是在贫困地区,没有农村的小康特别是没有贫困地区的小康,就没有全面建成小康社会;强调贫穷不是社会主义,如果贫困地区长期贫困,面貌长期得不到改变,群众生活水平长期得不到明显提高,那就没有体现我国社会主义制度的优越性,那也不是社会主义,必须时不我待,抓好脱贫攻坚工作。2012年底,党的十八大召开后不久,党中央就突出强调,"小康不小康,关键看老乡,关键在贫困的老乡能不能脱贫",承诺"决不能落下一个贫困地区、一个贫困群众",拉开了新时代脱贫攻坚的序幕。2013年,党中央提出精准扶贫理念,创新扶贫工作机制。2015年,党中央召开扶贫开发工作会议,提出实现脱贫攻坚目标的总体要求,实行扶持对象、项目安排、资金使用、措施到户、因村派人、脱贫成效"六个精准",实行发展生产、易地搬迁、生态补偿、发展教育、社会保障兜底"五个一批",发出打赢脱贫攻坚战的总攻令。2017年,党的十九大把精准脱贫作为三大攻坚战之一进行全面部署,锚定全面建成小康社会目标,聚力攻克深度贫困堡垒,决战决胜脱贫攻坚。

2020年是中国历史上极不平凡的一年。面对严峻复杂的形势任务、前所未有的风险挑战,中共中央团结带领全党全国各族人民齐心协力、迎难而上,统筹疫情防控和经济社会发展,统筹深化改革开放和应对外部压力,统筹抓好"六稳"工作和落实"六保"任务,决胜全面建成小康社会、决战脱贫攻坚。经过艰苦努力,疫情防控取得重大战略成果,经济增长率先实现由负转正,脱贫攻坚任务如期完成,"十三五"圆满收官,"十四五"全面擘画,全面建成小康社会取得伟大历史性成就。

经济运行总体平稳,经济结构持续优化,国内生产总值突破100万亿元。创新型国家建设成果丰硕,在载人航天、探月工程、深海工程、超级计算、量子信息、"复兴号"高速列车、大飞机制造等领域取得一批重大科技成果。决战脱贫攻坚取得全面胜利,5 575万农村贫困人口实现脱贫,困扰中华民族几千年的绝对贫困问题得到历史性解决,创造了人类减贫史上的奇迹。农业现代化稳步推进,粮食年产量连续稳定在1.3万亿斤以上。1亿农业转移人口和其他常住人口在城镇落户目标顺利实现,区域重大战略扎实推进。污染防治力度加大,主要污染物排放总量减少目标超额完成,资源利用效率显著提升,生态环境明显改善。金融风险处置取得重要阶段性成果。对外开放持续扩大,共建"一带一路"成果丰硕。人民生活水平显著提高,教育公平和质量较大提升,高等教育进入普及化阶段,城镇新增就业超过6 000万人,建成世界上规模最大的社会保障体系;基本医疗保险覆盖超过13亿人,基本养老保险覆盖近10亿人;城镇棚户区住房改造开工超过2 300万套。新冠肺炎疫情防控取得重大战略成果,应对突发事件能力和水平大幅提高。公共文化服务水平不断提高,文化事业和文化产业繁荣发展。国防和军队建设水平大幅提升,军队组织形态实现重大变革。国家安全全面加强,社会保持和谐稳定。

"十三五"规划目标任务胜利完成,我国经济实力、科技实力、综合国力和人民生活水平跃上新的大台阶,全面建成小康社会取得伟大历史性成就,中华民族伟大复兴向前迈出了新的一大步,社会主义中国以更加雄伟的身姿屹立于世界东方。

(二) 开启全面建设社会主义现代化国家新征程

"十四五"时期是我国全面建成小康社会、实现第一个百年奋斗目标之后,乘势而上开启全面建设社会主义现代化国家新征程、向第二个百年奋斗目标进军的第一个五年。站在新的更高起点上,以习近平同志为核心的党中央综合分析国际国内形势和我国发展条件,对新时代推进社会主义现代化建设做出新的顶层设计,提出从2020年到本世纪中叶,在全面建成小康社会的基础上,分两步走全面建成社会主义现代化强国。从全面建成小康社会到基本实现现代化,再到全面建成社会主义现代化强国,是新时代中国特色社会主义发展的战略安排。

第一个阶段,从2020年到2035年,在全面建成小康社会的基础上,再奋斗十五年，基本实现社会主义现代化。到那时，我国经济实力、科技实力将大幅跃升，跻身创新型国家前列；人民平等参与、平等发展权利得到充分保障，法治国家、法治政府、法治社会基本建成，各方面制度更加完善，国家治理体系和治理能力现代化基本实现；社会文明程度达到新的高度，国家文化软实力显著增强，中华文化影响更加广泛深入；人民生活更为宽裕，中等收入群体比例明显提高，城乡区域发展差距和居民生活水平差距显著缩小，基本公共服务均等化基本实现，全体人民共同富裕迈出坚实步伐；现代社会治理格局基本形成，社会充满活力又和谐有序；生态环境根本好转，美丽中国目标基本实现。

第二个阶段，从2035年到本世纪中叶，在基本实现现代化的基础上，再奋斗十五年，把我国建成富强、民主、文明、和谐、美丽的社会主义现代化强国。到那时，我国物质文明、政治文明、精神文明、社会文明、生态文明将全面提升，实现国家治理体系和治理能力现代化，成为综合国力和国际影响力领先的国家，全体人民共同富裕基本实现，我国人民将享有更加幸福安康的生活，中华民族将以更加昂扬的姿态屹立于世界民族之林。

在新征程上，我们党要始终秉持以人民为中心，不忘初心、牢记使命，把握好实现长远目标和做好当前工作的关系，蹄疾步稳向前推进。

坚持和加强党的全面领导。中国特色社会主义最本质的特征是中国共产党领导，中国特色社会主义制度的最大优势是中国共产党领导。开启全面建设社会主义现代化国家新征程，实现"十四五"规划和2035年远景目标，必须坚持党的全面领导，坚持习近平新时代中国特色社会主义思想的科学指引，坚持和完善党领导经济社会发展的体制机制，坚持和完善中国特色社会主义制度。

坚持以人民为中心的发展思想。开启全面建设社会主义现代化国家新征程，必须坚持以人民为中心的发展思想，坚持发展为了人民、发展依靠人民、发展成果由人民共享，把握社会主要矛盾变化的新特征、新要求，聚焦人民群众对美好生活的新向往、新期待，把新发展理念贯穿发展全过程、各领域，加快构建新发展格局，切实转变发展方式，推动质量变革、效率变革、动力变革，实现更高质量、更有效率、更加公平、更可持续、更为安全的发展。

加强国家治理体系和治理能力现代化建设。新征程上,我们要坚定制度自信、保持战略定力,坚持和完善中国特色社会主义制度,使我国国家制度和治理体系多方面的显著优势更加充分地发挥出来,为如期实现"十四五"时期经济社会发展目标和 2035 年远景目标,进而建成社会主义现代化强国奠定坚实制度基础、提供有力制度保障。

最后,我们要坚持底线思维、增强忧患意识,发扬斗争精神、提高斗争本领,以识变之智、应变之方、求变之勇,不惧"回头浪"、勇开"顶风船",保持"乱云飞渡仍从容"的战略定力,展现"不到长城非好汉"的进取精神,以开拓创新的精神状态、风雨无阻的闯劲干劲,乘势而上开启全面建设社会主义现代化国家新征程,向第二个百年奋斗目标进军。

二、全面深化改革

全面深化改革是"四个全面"战略布局中具有突破性和先导性的关键环节。党的十八届三中全会明确提出了全面深化改革的总目标是完善和发展中国特色社会主义制度、推进国家治理体系和治理能力现代化[①],对于开创新时代中国特色社会主义具有划时代意义。在十八届三中全会推出 336 项重大改革举措、重要领域和关键环节改革取得卓著成效、主要领域基础性制度体系基本形成的基础上,党的十九届四中全会进一步做出关于坚持和完善中国特色社会主义制度、推进国家治理体系和治理能力现代化若干重大问题的决定,进一步凸显了新时代全面深化改革在推进制度完善和发展上的重要地位。

(一) 全面深化改革取得重大突破

全面深化改革不仅是一项长期工程,更是一项系统工程,因此只有保证系统中的各个环节共同稳步前进,才能够确保改革的成功[②]。2013 年 12 月,党中央成立全面深化改革领导小组,负责改革总体设计、统筹协调、整体推进、督促落实。党的十九届三中全会将中央全面深化改革领导小组改为中央全面深化改革委员会(简称"中央深改委"),进一步加强党对全面深化改革工作的领

---

① 《中共中央关于全面深化改革若干重大问题的决定》,人民出版社 2013 年版,第 3 页。
② 《习近平总书记系列重要讲话读本》,学习出版社、人民出版社 2014 年版,第 47 页。

导,完善科学领导和决策、有效管理和执行的体制机制。习近平总书记亲自担任中央全面深化改革领导小组组长和委员会主任,运筹帷幄、总揽全局、亲力亲为,谋划领导改革工作,确定改革总体方略、指导方针和战术打法,推动全面深化改革从夯基垒台、立柱架梁,到全面推进、积厚成势,再到系统集成、协同高效。以习近平同志为核心的党中央的坚强领导,始终是全面深化改革的"定海神针"。

在改革实践中,党中央突出强调以经济体制改革为重点,发挥经济体制改革牵引作用,提出并推进供给侧结构性改革、农村土地"三权分置"、深化国资国企改革、发展混合所有制经济等新理念、新举措,推动国有企业、财税金融、科技创新、土地制度、对外开放、文化教育、司法公正、环境保护、养老就业、医药卫生、党建纪检等领域具有牵引作用的改革不断取得突破,使各方面体制机制弊端阻碍全社会创造力和发展活力的状况得到明显改变。

(二)把全面深化改革进行到底

全面深化改革,为全面建设社会主义现代化国家提供内生动力。2021年,中央深改委部署的50个重点改革任务和其他61个改革任务基本完成,中央和国家机关有关部门还完成105个改革任务,各方面出台216个改革方案,实现了到我们党成立一百年时在各方面制度更加成熟、更加定型上取得明显成效的目标。

扎实推进经济体制改革,推动有效市场和有为政府更好结合。深化国有企业改革,完善中国特色现代企业制度;优化民营经济发展环境,保障民营企业依法平等使用资源要素,公开、公平、公正参与竞争,同等受到法律保护。建设高标准市场体系,确保竞争政策基础地位,健全现代产权制度,推进实现要素价格市场决定、流动自主有序、配置高效公平。把科技自立自强作为国家发展的战略支撑,完善科技创新体制机制,加快建设科技强国。推进城乡区域协调发展,建立更加有效的区域协调发展新机制,全面实施乡村振兴战略,推进以人为核心的新型城镇化。健全目标优化、分工合理、高效协同的宏观经济治理体系,持续优化营商环境。坚守和弘扬全人类共同价值,建设更高水平开放型经济新体制,推动贸易和投资自由化、便利化,完善自由贸易试验区布局;遵循共商、共建、共享原则,推动共建"一带一路"高质量发展;积极参与全球经济治理体系改革,维护多边贸易体制。

扎实推进政治体制改革,推动中国特色社会主义政治制度完善和发展。坚持党的全面领导,不断完善党的领导,在党中央集中统一领导下推进全面深化改革。发展社会主义民主,坚持和完善人民代表大会制度,坚持和完善中国共产党领导的多党合作和政治协商制度,巩固和发展最广泛的爱国统一战线,坚持和完善民族区域自治制度,健全充满活力的基层群众自治制度。

扎实推进文化体制改革,提高国家文化软实力。提高社会文明程度,加强社会主义精神文明建设,推进理想信念教育常态化、制度化,培育和践行社会主义核心价值观,持续提升公民文明素养。提升公共文化服务水平,加强公共文化服务体系建设和体制机制创新,加强优秀文化作品创作生产传播,更好保障人民文化权益。健全现代文化产业体系,坚持把社会效益放在首位、社会效益和经济效益相统一,扩大优质文化产品供给。

扎实推进社会体制改革,不断满足人民日益增长的美好生活需要。扎实推动共同富裕,千方百计稳定和扩大就业,扩大就业容量,提升就业质量,促进充分就业;增加低收入者收入,扩大中等收入群体,调节过高收入,改善收入和财富分配格局。建设高质量教育体系,推进基本公共教育均等化,增强职业技术教育适应性,提高高等教育质量,规范校外培训机构。健全多层次社会保障体系,健全养老保险制度体系,推进失业保险、工伤保险向职业劳动者广覆盖,健全分层分类的社会救助体系,保障妇女、未成年人和残疾人基本权益。全面推进健康中国建设,构建强大公共卫生体系,深化医药卫生体制改革,健全全民医保制度,织牢国家公共卫生防护网。实施积极应对人口老龄化国家战略,完善养老服务体系。加强和创新社会治理,健全城乡基层社会治理体系。

扎实推进生态文明体制改革,促进人与自然和谐共生。统筹有序做好碳达峰、碳中和工作,加快推动绿色低碳发展,促进产业结构、能源结构、交通运输结构、用地结构调整,培育壮大节能环保产业、清洁生产产业、清洁能源产业。深入打好污染防治攻坚战,推进精准、科学、依法、系统治污,不断提高空气、水环境质量,有效管控土壤污染风险。提升生态系统质量和稳定性,坚持山水林田湖草沙一体化保护和系统治理，提高生态系统自我修复能力。推进资源总量管理、科学配置、全面节约、循环利用，全面提高资源利用效率。

面向全面建设社会主义现代化国家、实现第二个百年奋斗目标的新的时代任务和时代使命，必须以习近平新时代中国特色社会主义思想为指导，进一步全面深化以坚持和完善中国特色社会主义制度、推进国家治理体系和治理能力现代化为总目标的改革，着力固根基、扬优势、补短板、强弱项，着力加强系统治理、依法治理、综合治理、源头治理，着力增强中国特色社会主义制度优势，把制度优势更好转化为国家治理效能，为全面建成社会主义现代化强国、实现中华民族伟大复兴宏伟目标提供强有力的制度保证。

三、全面依法治国

全面依法治国在"四个全面"战略布局中具有基础性、保障性作用。党的十八大以来，在以习近平同志为核心的党中央坚强领导下，全面依法治国和法治中国建设迈出坚实步伐。党中央从坚持和发展中国特色社会主义、关系党和国家长治久安的战略高度，定位法治、布局法治、厉行法治，对加强和完善社会主义法治的理论认识和实践探索达到了新的历史高度。习近平总书记就全面依法治国和法治中国建设发表一系列重要讲话，做出一系列重要部署，推动一系列重要工作。

（一）全面推进依法治国迈出坚实步伐

党的十八届四中全会是党的历史上第一次专题研究、专门部署全面依法治国的中央全会，通过《中共中央关于全面推进依法治国若干重大问题的决定》在我国社会主义法治史上具有里程碑意义。

2018年8月，党中央组建中央全面依法治国委员会，这是我们党历史上第一次设立这样的机构，目的是加强党对全面依法治国的集中统一领导，统筹推进全面依法治国工作。习近平总书记亲自担任委员会主任并在委员会第一次会议上发表重要讲话。

2020年5月，在十三届全国人大三次会议通过《中华人民共和国民法典》后的第二天，习近平总书记主持十九届中央政治局第二十次集体学习并发表重要讲话,指出民法典是新中国成立以来第一部以"法典"命名的法律,是新时代我国社会主义法治建设的重大成果;强调要充分认识颁布实施民法典的重大意义,依法更好保障人民合法权益。

2020年11月,党中央第一次召开中央全面依法治国工作会议。习近平总书记发表重要讲话,系统总结了我国法治建设的重要经验特别是党的十八大以来取得的历史性成就,对当前和今后一个时期推进全面依法治国做出战略部署。会议明确了习近平法治思想在全面依法治国中的指导地位,这在我国社会主义法治建设进程中具有重大政治意义、理论意义、实践意义。

2021年10月,中央人大工作会议召开,对坚持和完善人民代表大会制度、不断发展全过程人民民主、深入推进全面依法治国做出重大部署,强调要全面贯彻实施宪法、维护宪法权威和尊严,加快完善中国特色社会主义法律体系,以良法促进发展、保障善治等。

(二) 奋力开创全面依法治国新局面

全面依法治国,为全面建设社会主义现代化国家提供法治保障。当前,我们已经踏上了全面建设社会主义现代化国家、向第二个百年奋斗目标进军的新征程,对法治建设提出了新的更高要求。因此,要从立法、执法、司法、守法四个层面奋力开创全面依法治国新局面。

提高立法质量和效率,加快完善以宪法为核心的中国特色社会主义法律体系。要适应把握新发展阶段、贯彻新发展理念、构建新发展格局的要求,加强重点领域、新兴领域、涉外领域立法,使法律体系更加科学完备、统一权威。坚持科学立法、民主立法、依法立法,坚持立改废释纂并举,丰富立法形式,提高立法质量,增强立法的及时性、针对性、有效性,以良法促进发展、保障善治。

提高依法行政水平,在法治轨道上推进政府各项工作。法治政府建设是全面依法治国的重点任务和主体工程,具有示范带动作用。要加快建设法治政府,全面贯彻落实法治政府建设实施纲要,把法治作为行政决策、行政管理、行政监督的重要标尺。依法全面履行政府职能,实现政府各项工作法治化。

确保司法公正、高效、权威,努力让人民群众在每一个司法案件中感受到公平正义。要深化司法责任制综合配套改革,全面落实司法责任制,真正做到

"让审理者裁判、由裁判者负责"。完善诉讼制度,加强司法保护,畅通司法救济渠道,加强对司法活动的监督制约。加强法律服务体系建设,统筹推进律师、公证、法律援助、司法救助、司法鉴定、人民调解、仲裁等体制机制完善和相关工作。

增强全民法治观念,夯实法治社会建设基础。做好法治实施工作,必须让法治走向社会、走向基层、走向群众,弘扬社会主义法治精神,建设社会主义法治文化。要坚持依法治国和以德治国相结合,加大全民普法工作力度,持续提升公民法治素质,促进全社会成员养成法治思维方式和法治行为习惯。推进多层次、多领域依法治理,加快实现社会治理法治化。

四、全面从严治党

全面从严治党是"四个全面"战略布局的根本保证,是党的十八大以来党中央抓党的建设的鲜明主题。坚持党的领导,首先是坚持党中央权威和集中统一领导。"中央委员会、中央政治局、中央政治局常委会,这是党的领导决策核心。"[1]2016年10月,党的十八届六中全会审议通过了《关于新形势下党内政治生活的若干准则》和《中国共产党党内监督条例》。全会号召全党同志紧密团结在以习近平同志为核心的党中央周围,牢固树立政治意识、大局意识、核心意识、看齐意识。

(一)全面从严治党成效卓著

为加强党的全面领导,中央进一步健全完善相关制度机制。2015年1月,中共中央印发《关于加强和改进党的群团工作的意见》,强调党的领导是做好群团工作的根本保证。6月,中共中央印发《中国共产党党组工作条例(试行)》,这是中国共产党在党组工作方面的第一部专门党内法规。12月,中共中央印发《中国共产党地方委员会工作条例》,进一步健全了地方党委发挥领导核心作用的制度,完善了地方党委运行机制。2016年10月,中央召开全国国有企业党的建设工作会议,强调要坚持党对国有企业的领导不动摇,开创国有

---

[1] 中共中央文献研究室编:《习近平关于社会主义政治建设论述摘编》,中央文献出版社2017年版,第27页。

企业党的建设新局面。2017年2月,中共中央、国务院印发《关于加强和改进新形势下高校思想政治工作的意见》,要求把党的建设贯穿始终,牢牢掌握党对高校的领导权。

全面从严治党首先从作风问题抓起。新时代全面从严治党从中央政治局立规矩开始,从落实中央八项规定精神入手。各级纪检监察机关从治理公款吃喝、旅游、送礼等不正之风入手,以一个个具体问题的突破,带动了全党全社会风气整体转变,为深入推进全面从严治党凝聚了党心民心。

坚持把纪律挺在前面,严明政治纪律和政治规矩。习近平总书记强调,"大家要带头遵守党的组织原则和党内政治生活准则,懂规矩,守纪律"①。严明党的纪律,首要的就是严明政治纪律,政治纪律是最重要、最根本、最关键的纪律。

腐败是党面临的最大威胁。以习近平同志为核心的党中央以"得罪千百人,不负十四亿"的坚定决心,以雷霆之势、霹雳手段惩治腐败,持续形成强大威慑,不敢腐的目标初步实现,不能腐的笼子越扎越牢,不想腐的堤坝正在构筑,反腐败斗争压倒性态势已经形成并巩固发展。

党要管党,首先要从党内政治生活管起;从严治党,首先要从党内政治生活严起:2016年10月,党的十八届六中全会深入分析了新形势下党的建设面临的新情况、新问题,针对党内政治生活和党内监督存在的薄弱环节提出了明确措施,对严肃党内政治生活、净化党内政治生态做出全面规范。

坚持思想建党和制度治党紧密结合,注重解决思想问题、拧紧"总开关"。从2013年6月到2014年9月,全党开展以为民务实清廉为主要内容的党的群众路线教育实践活动。2015年在县处级以上领导干部中开展"三严三实"专题教育,2016年在全体党员中开展"两学一做"学习教育,2017年对推进"两学一做"学习教育常态化、制度化做出安排和部署,持续推动全面从严治党从"关键少数"向广大党员拓展、从集中性教育向经常性教育延伸。

全方位扎紧制度的笼子,制度治党、依规治党水平不断提升。2013年11

---

① 中共中央党史和文献研究院编:《十八大以来重要文献选编》(下),中央文献出版社2018年版,第455页。

月,中共中央发布《中央党内法规制定工作五年规划纲要(2013—2017年)》,提出到建党一百周年时全面建成内容科学、程序严密、配套完备、运行有效的党内法规制度体系。2016年12月,中共中央通过《关于加强党内法规制度建设的意见》,提出按照"规范主体、规范行为、规范监督"相统筹、相协调原则,完善党内法规制度体系。

不断完善党和国家监督体系。党中央两次修订《中国共产党巡视工作条例》,首次实现一届任期内巡视全覆盖。修订党内监督条例,加强对党内政治生活状况,党的路线、方针、政策执行情况监督检查。通过实行单独派驻和综合派驻相结合,实现了中央一级党和国家机关全面派驻纪检机构。

从严治党,关键是从严治吏。2013年6月,习近平在全国组织工作会议上提出"信念坚定、为民服务、勤政务实、敢于担当、清正廉洁"的好干部标准。《党政领导干部选拔任用工作条例》《推进领导干部能上能下若干规定(试行)》《关于防止干部"带病提拔"的意见》《领导干部报告个人有关事项规定》《领导干部个人有关事项报告查核结果处理办法》等一系列文件的修订和制定,进一步完善了干部的选拔任用与管理监督。

(二) 把全面从严治党向纵深推进

全面从严治党,为全面建设社会主义现代化国家锻造坚强领导核心、提供根本组织保证。党中央坚定不移推进全面从严治党,为全面建设社会主义现代化国家开好局、起好步提供了有力政治保障。

要总结运用党的百年奋斗历史经验,坚持党中央集中统一领导,坚持党要管党、全面从严治党,坚持以党的政治建设为统领,坚持严的主基调不动摇,坚持发扬钉钉子精神、加强作风建设,坚持以零容忍态度惩治腐败,坚持纠正一切损害群众利益的腐败和不正之风,坚持抓住"关键少数"以上率下,坚持完善党和国家监督制度,以伟大自我革命引领伟大社会革命,坚持不懈把全面从严治党向纵深推进。

要巩固拓展党史学习教育成果,更加坚定自觉地牢记初心使命、开创发展新局。要深入学习贯彻党的十九届六中全会精神,持之以恒推进党史学习、教育、宣传,引导全党坚定历史自信,让初心使命在内心深处真正扎根,把忠诚于党和人民落到行动上,继承弘扬党的光荣传统和优良作风,为党和人民事业赤诚奉献,在新的赶考之路上考出好成绩。

要强化政治监督,确保完整、准确、全面贯彻新发展理念。要立足新发展阶段、贯彻新发展理念、构建新发展格局、推动高质量发展,引导督促党员、干部真正悟透党中央大政方针,时时处处向党中央看齐,扎扎实实贯彻党中央决策部署,不打折扣、不做表面文章,纠正自由主义、本位主义、保护主义,不因一时一地利益而打小算盘、耍小聪明,确保执行不偏向、不变通、不走样。

要保持反腐败政治定力,不断实现不敢腐、不能腐、不想腐一体推进的战略目标。我们必须清醒地认识到,腐败和反腐败较量还在激烈进行,并呈现出一些新的阶段性特征,防范形形色色的利益集团成伙作势、"围猎"腐蚀还任重道远,有效应对腐败手段隐形变异、翻新升级还任重道远,彻底铲除腐败滋生土壤、实现海晏河清还任重道远,清理系统性腐败、化解风险隐患还任重道远。我们要保持清醒头脑,永远吹冲锋号,牢记反腐败永远在路上。只要存在腐败问题产生的土壤和条件,腐败现象就不会根除,我们的反腐败斗争也就不可能停歇。领导干部特别是高级干部要带头落实关于加强新时代廉洁文化建设的意见,从思想上固本培元,提高党性觉悟,增强拒腐防变能力。领导干部要增强政治敏锐性和政治鉴别力。领导干部特别是高级干部一定要重视家教家风,以身作则管好配偶、子女,本分做人、干净做事。

要加固中央八项规定的堤坝,锲而不舍纠"四风"、树新风。形式主义、官僚主义是党和国家事业发展的大敌。要从领导干部特别是主要领导干部抓起,树立正确政绩观,尊重客观实际和群众需求,强化系统思维和科学谋划,多做为民造福的实事、好事,杜绝装样子、搞花架子、盲目铺摊子。要落实干部考核、工作检查相关制度,科学评价干部政绩,促进干部更好担当作为。要加强对党中央惠民利民、安民富民各项政策落实情况的监督,集中纠治教育医疗、养老社保、生态环保、安全生产、食品药品安全等领域群众反映强烈的突出问题,巩固深化扫黑除恶专项斗争、政法队伍教育整顿成果,让群众从一个个具体问题的解决中切实感受到公平正义。

要加强年轻干部教育管理监督,教育引导年轻干部成为党和人民忠诚可靠的干部。要从严从实加强教育管理监督,引导年轻干部对党忠诚老实,坚定理想信念,牢记初心使命,正确对待权力,时刻自重自省,严守纪法规矩,扣好廉洁从政的"第一粒扣子"。年轻干部一定要有清醒的认识,经常对照党的理论和路线方针政策,对照党章、党规、党纪,对照初心使命,看清一些事情该不该做、能不能干,守住拒腐防变的防线。

要完善权力监督制度和执纪执法体系,使各项监督更加规范、更加有力、更加有效。各级党委(党组)要履行党内监督的主体责任,突出加强对"关键少数"特别是"一把手"和领导班子的监督。纪检监察机关要发挥监督专责机关作用,协助党委全面从严治党,推动党内监督和其他各类监督贯通协同,探索深化贯通协同的有效路径。要加强对换届纪律风气的监督,坚持党管干部原则,强化党组织领导和把关作用,特别是要严把政治关、廉洁关。

第三节　立足新发展阶段、贯彻新发展理念、构建新发展格局、推动高质量发展

立足新发展阶段、贯彻新发展理念、构建新发展格局、推动高质量发展,这是百年发展的实践总结,也是以史为鉴、开创未来的发展方向。

一、新发展阶段

党的十九届五中全会指出,全面建成小康社会、实现第一个百年奋斗目标之后,我们要乘势而上开启全面建设社会主义现代化国家新征程、向第二个百年奋斗目标进军,这标志着我国进入了一个新发展阶段。"新发展阶段是社会主义初级阶段中的一个阶段,同时是其中经过几十年积累、站到了新的起点上的一个阶段"[1],做出这样的战略判断,有着深刻的依据。

就理论依据而言,马克思主义是远大理想和现实目标相结合、历史必然性

---

[1]《中国共产党第十九届中央委员会第五次全体会议文件汇编》,人民出版社2020年版,第10页。

和发展阶段性相统一的统一论者,坚信人类社会必然走向共产主义,但实现这一崇高目标必然经历若干历史阶段。我们党在运用马克思主义基本原理解决中国实际问题的实践中逐步认识到,发展社会主义不仅是长期的历史过程,而且是需要划分为不同历史阶段的过程。邓小平说过:"社会主义本身是共产主义的初级阶段,而我们中国又处在社会主义的初级阶段,就是不发达的阶段。一切都要从这个实际出发,根据这个实际来制订规划。"今天我们所处的新发展阶段,就是社会主义初级阶段中的一个阶段,同时是其中经过几十年积累、站到了新的起点上的一个阶段。

从历史依据来看,新发展阶段是我们党带领人民迎来从站起来、富起来到强起来的历史性跨越的新阶段。我们党成立后,团结带领人民经过28年浴血奋战和顽强奋斗,建立了中华人民共和国,实现了从新民主主义革命到社会主义革命的历史性跨越。新中国成立后,我们党团结带领人民创造性完成社会主义改造,确立社会主义基本制度,大规模开展社会主义经济文化建设,中国人民不仅站起来了,而且站住了、站稳了,实现了从社会主义革命到社会主义建设的历史性跨越。进入历史新时期,我们党带领人民进行改革开放新的伟大革命,极大激发广大人民群众的积极性、主动性、创造性,成功开辟了中国特色社会主义道路,使中国大踏步赶上时代,实现了社会主义现代化进程中新的历史性跨越,迎来了中华民族伟大复兴的光明前景。今天,我们正在此前发展的基础上续写全面建设社会主义现代化国家新的历史。

就现实依据来讲,我们已经拥有开启新征程、实现新的更高目标的雄厚物质基础。经过新中国成立以来特别是改革开放40多年的不懈奋斗,到"十三五"规划收官之时,我国经济实力、科技实力、综合国力和人民生活水平跃上了新的大台阶,成为世界第二大经济体、第一大工业国、第一大货物贸易国、第一大外汇储备国,国内生产总值超过100万亿元,人均国内生产总值超过1万美元,城镇化率超过60%,中等收入群体超过4亿人。特别是全面建成小康社会取得伟大历史成果,解决困扰中华民族几千年的绝对贫困问题取得历史性成就。这在我国社会主义现代化建设进程中具有里程碑意义,为我国进入新发展阶段、朝着第二个百年奋斗目标进军奠定了坚实基础。

进入新发展阶段,中华民族已经实现了从站起来到富起来再到强起来的历史大跨越。所以,新发展阶段是社会主义初级阶段中的一个阶段,是社会主义初级阶段向更高阶段迈进的一个阶段,也是我们党带领人民迎来从站起来、富起来到强起来历史性跨越的新阶段。"新发展阶段,就是全面建设社会主义现代化国家向第二个百年奋斗目标进军的阶段。"①

新发展阶段是我国社会主义发展进程中的一个重要阶段。首先,新发展阶段蕴含中国特色社会主义道路、理论、制度、文化的不断发展。从理论特征看,新发展阶段蕴含了中国特色社会主义道路、理论、制度、文化的不断发展,昭示着科学社会主义在21世纪的中国焕发出前所未有的生机活力。新发展阶段既是我国推进改革开放事业和全面建成小康社会取得各项成就在量的方面的持续积累,更是社会主义现代化国家建设在质的方面的新的跃升。特别是党的十九届五中全会通过的《中共中央关于制定国民经济和社会发展第十四个五年规划和二〇三五年远景目标的建议》明确指出,新发展阶段要统筹推进"五位一体"总体布局和协调推进"四个全面"战略布局,坚定不移贯彻新发展理念,以推动高质量发展为主题,以满足人民日益增长的美好生活需要为根本目的,加快构建以国内大循环为主体、国内国际双循环相互促进的新发展格局,推进国家治理体系和治理能力现代化。这些新战略、新部署赋予了新发展阶段丰富的理论内涵,必将为开启全面建设社会主义现代化国家新征程提供科学指引和根本遵循。

其次,新发展阶段是社会主义初级阶段站到了新的起点上的阶段。从实践基础看,新发展阶段是社会主义初级阶段中的一个阶段,同时是经过几十年积累、站到了新的起点上的一个阶段。回首新发展阶段的实践来源,一个经济文化相对落后的东方大国经过70多年艰苦卓绝努力,特别是改革开放40多年的不懈奋斗,从生灵涂炭、一穷二白到成功解决了世界上最大的发展中国家人民的温饱问题、成为世界第二大经济体,全面建成小康社会取得决定性成就;从铁钉、火柴都要进口到建立起全世界最完整的现代工业体系、成为"世界

---

① 《中国共产党第十九届中央委员会第五次全体会议文件汇编》,人民出版社2020年版,第11页。

工厂",并创造了世所罕见的经济快速发展奇迹和社会长期稳定奇迹。特别是面对严峻复杂的国内外环境和新冠肺炎疫情的严重冲击,2020年我国GDP首次突破100万亿元大关,人均GDP连续两年超过1万美元,占世界经济的比重预计约为17%,推动我国经济实力、科技实力、综合国力跃上新的大台阶,中华民族伟大复兴向前迈出了新的一大步,社会主义中国实现了从"赶上时代"到"引领时代"的伟大跨越,这必将为开启全面建设社会主义现代化国家新征程奠定雄厚的物质基础。

最后,新发展阶段把社会主义现代化和共同富裕作为贯穿始终的主题主线。从战略全局看,新发展阶段是我国社会主义从初级阶段向更高阶段迈进的必经阶段,是一个将强未强、由大变强的必然过程。这一阶段就是在党的十九大对新时代中国特色社会主义发展做出战略安排的基础上,集中精力开启全面建设社会主义现代化国家、实现第二个百年奋斗目标的历史阶段。具体又分为两个步骤:到2035年,基本实现社会主义现代化,人民生活更为宽裕,中等收入群体比例明显提高,城乡区域发展差距和居民生活水平差距显著缩小,基本公共服务均等化基本实现,全体人民共同富裕迈出坚实步伐;到本世纪中叶,把我国建成富强、民主、文明、和谐、美丽的社会主义现代化强国,全体人民共同富裕基本实现,我国人民将享有更加幸福安康的生活。可以看出,新发展阶段把人民生活更加美好的"社会主义现代化"和"共同富裕"作为贯穿始终的主题主线,具有很强的方向引领性和实际操作性,既体现了中国共产党百年奋斗初心的使命自觉,又顺应了中华民族伟大复兴战略全局的时代要求。

二、新发展理念

新发展理念是一个系统的理论体系,回答了关于发展的目的、动力、方式、路径等一系列理论和实践问题,阐明了我们党关于发展的政治立场、价值导向、发展模式、发展道路等重大政治问题。

深刻认识创新发展理念。其一,创新发展理念中的"创新",首先指科技创新,也指理论创新、制度创新、文化创新、企业创新、产品创新、市场创新、品牌创新、业态创新、管理创新等各方面创新。其二,创新发展理念深刻揭示了创新及创新能力在当代经济社会发展和国际竞争中的极端重要性。其三,创新发展理念深刻揭示了科技创新在经济社会发展中的重要地位。社会生产力发展和综合国力提高,最终取决于科技创新。其四,创新发展理念深刻揭示了人才在创新中的核心地位。

深刻认识协调发展理念。一是要深刻认识协调发展理念的理论创新性和蕴含的科学方法论。协调发展,就要找出短板,在补齐短板上多用力,通过补齐短板挖掘发展潜力、增强发展后劲。二是要从我国社会主要矛盾出发,深刻认识贯彻协调发展理念的重要性和紧迫性。我国社会主要矛盾发生深刻转变,发展的不平衡、不充分已经成为满足人民日益增长的美好生活需要的主要制约因素,实现发展的协调性和整体性是解决我国社会主要矛盾的主要途径和制胜要诀。三是要深刻认识协调发展的丰富内涵和实现协调发展的战略重点。从当前我国发展中不平衡、不协调、不可持续的突出问题出发,我们要着力推动区域协调发展、城乡协调发展、物质文明和精神文明协调发展,推动经济建设和国防建设融合发展。

深刻认识绿色发展理念。一是要从人类社会发展规律的高度出发,深刻认识绿色发展理念的科学性。人类发展活动必须尊重自然、顺应自然、保护自然,否则就会遭到大自然的报复,这个规律谁也无法抗拒,绿色发展理念正是对这个客观规律的自觉认识。二是要从我国发展面临的严重资源环境约束出发,深刻认识贯彻绿色发展理念的紧迫性。生态环境问题成为制约我国经济可持续发展的明显短板,只有坚持绿水青山就是金山银山,才能实现我国经济社会永续发展。三是要从以人民为中心的发展思想出发,深刻认识绿色发展理念体现的人民性。良好生态环境是人民美好生活需要的重要内涵,坚持绿色生产方式和生活方式,是实现社会主义生产目的的内在要求和重要体现。四是要从人类命运共同体高度出发,深刻认识绿色发展理念的世界意义。坚持绿色发展理念是实现人类和平和持续发展的必然选择。作为世界上人口最多的国家,中国坚持贯彻绿色发展理念,既是我国发展方式的重大创新,也是对人类文明进步的重大贡献。

深刻认识开放发展理念。一是要深刻认识开放发展理念是对人类文明发展规律和经济全球化时代潮流的科学认识。经济全球化是生产力发展的必然结果和客观需要,是历史前进的大势。中国要继续发展壮大,就必须主动顺应经济全球化潮流,坚持对外开放基本国策,更加充分运用人类社会创造的先进科学技术成果和有益管理经验。二是要深刻认识开放发展理念是我国发展成功经验的理论总结。在坚持独立自主原则基础上的对外开放是推动我国经济社会发展的重要动力。我国要保持经济持续健康发展,就必须树立全球视野,更加自觉地统筹国内国际两个大局,全面谋划全方位对外开放大战略,以更加积极主动的姿态走向世界。三是要用发展的眼光看待新形势下开放发展理念的新内涵和新要求。我国经济总量持续稳居世界第二,国际竞争力和世界影响力显著提升,我国有充分条件推进全方位对外开放和加快形成开放型经济新体制,并为推动形成开放型世界经济做出更大贡献。同时,必须深刻认识世界百年未有之大变局给我国发展带来的重大历史机遇和风险挑战,在深化扩大对外开放的过程中坚持统筹好发展和安全。

深刻认识共享发展理念。一是要深刻认识共享发展理念是社会主义生产目的和发展规律在理论上的表现。让广大人民群众共享改革发展成果,是社会主义的本质要求,是社会主义制度优越性的集中体现,是我们党坚持全心全意为人民服务根本宗旨的重要体现。二是要深刻认识和正确把握共建与共享、共享与发展的辩证关系。一方面,人民是国家的主人和建设中国特色社会主义的主体,只有坚持人民主体地位,最大限度调动全体人民的积极性和创造性,才能更好实现改革发展成果由全体人民共享,最终实现共同富裕;另一方面,只有更好解决社会公平正义问题,不断满足人民日益增长的美好生活需要,才能进一步激发全体人民的积极性和创造性,使我国社会充满旺盛活力和发展动力。三是要深刻认识共享发展理念在新发展理念中的核心地位。共享发展理念是以人民为中心的发展思想的集中体现,必须始终围绕有利于实现共享发展来推进创新发展、协调发展、绿色发展和开放发展。

新发展理念是创新发展理念、协调发展理念、绿色发展理念、开放发展理念、共享发展理念所构成的一个有机整体,不仅体现着辩证唯物主义和历史唯物主义的方法论和系统观,而且体现着我们党对当代社会经济发展一般规律的最新科学认识,标志着我们党对中国特色社会主义经济发展规律的认识达到了一个全新的高度和境界。

新发展理念集中体现了新时代我国发展思路、发展方向和发展着力点,是引领我国新时代改革开放和发展实践的"指挥棒"和"红绿灯"。新发展理念是发展理论的一场革命,全面贯彻落实新发展理念,涉及一系列思维方式、行为方式、工作方式的变革,涉及一系列工作关系、社会关系、利益关系的调整,是关系我国发展全局的一场深刻变革。

三、新发展格局

构建新发展格局,是以习近平同志为核心的党中央根据我国发展阶段、环境、条件变化,审时度势做出的重大决策,是把握未来发展主动权的战略性布局和先手棋,是新发展阶段要着力推动完成的重大历史任务,是习近平经济思想的重要内容。构建新发展格局是事关全局的系统性、深层次变革,是立足当前、着眼长远的战略谋划,需要从全局高度准确把握和积极推进。

其一,构建新发展格局的关键在于经济循环的畅通无阻。经济运行是指社会再生产的运动过程,在形式上表现为生产、分配、交换、消费四个环节的周而复始,其中生产与消费的关系尤其重要。生产是整个社会再生产过程的起点,消费是过程的终点,也是新一轮再生产的起点。经济循环畅通无阻,本质上就是要打通生产与消费之间的梗阻。整体上看,经济社会是一个动态循环系统,各个环节环环相扣、整个循环系统畅通,经济发展就有利。构建新发展格局,关键就要实现经济循环的畅通无阻,使各种生产要素的组合在生产、分配、流通、消费各环节有机衔接,从而实现循环流转。

其二,构建新发展格局最本质的特征是实现高水平的自立自强。自立,是立足国内,实现自主、可控和安全发展;自强,是在自立基础上,增加科技源头供给,实现更高水平的创新。目前我国一些关键领域核心技术被其他国家"卡脖子"的情况需要引起重视,核心技术靠化缘是要不来的,只有自力更生。国际实践和历史经验也表明,从引进吸收到原始创新,科技自立自强是创新的必由之路。当前,旧的生产函数组合方式已经难以持续,科学技术的重要性全面上升,我们必须更强调自主创新,实现高水平的自立自强。

其三,构建新发展格局的强大动力是更深层次改革和更高水平开放。一个国家、一个民族要取得很好的发展,必须处理好其内部和外部联系。向内看,改革又到了一个新的历史关头,推进改革的复杂程度、敏感程度、艰巨程度不亚于40多年前。向外看,经济全球化遇到一些回头浪,但世界绝不会退回到相互封闭、彼此分割的状态,开放合作仍然是历史潮流。每一轮的改革,总是伴随着新一轮的开放;更深层次的开放,总是推动着改革进一步迈向纵深。我们要继续用足用好改革这个关键一招,围绕坚持和完善中国特色社会主义制度、推进国家治理体系和治理能力现代化,推动更深层次改革,实行更高水平开放,为构建新发展格局提供强大动力。

其四,构建新发展格局的优势条件是国内超大规模市场。大国经济发展的重要优势是由众多人口所形成的超大规模市场,超大市场容量能够推动劳动分工深化,进而促进生产技术提高、生产成本降低以及产业竞争力提升。我国拥有全球最完整、规模最大的工业体系,具有强大的生产能力、完善的配套能力,有条件、有能力充分发挥大国经济的规模效应和集聚效应。依托人口数量、国土空间、经济体量、统一市场等条件,这种全面发展的超大规模国内市场,是新发展阶段我国构建新发展格局的显著优势。这既为我国应对不确定性因素提供了回旋余地,也为经济持续稳定发展提供了巨大潜力和强力支撑。

总的来看,构建新发展格局与新发展理念、供给侧结构性改革以及高质量发展一脉相承,既深化了对社会主义经济发展规律的认识,阐述了在我国经济发展环境出现变化的情况下畅通国内大循环的基本路径,还阐释了在经济全球化遭遇逆流、国际经济循环格局发生深度调整的情况下,国内循环与国际循环相互促进的辩证关系,其中内蕴了严密的逻辑体系,是马克思主义政治经济学的最新理论成果,也是我国进入新发展阶段把握发展主动权的理论创新。可以说,构建新发展格局是中华民族伟大复兴之路的重要战略抉择。

"进入新发展阶段、贯彻新发展理念、构建新发展格局,是由我国经济社会发展的理论逻辑、历史逻辑、现实逻辑决定的,三者紧密关联。"①进入新发展阶段明确了我国发展的历史方位,贯彻新发展理念明确了我国现代化建设的指导原则,构建新发展格局明确了我国经济现代化的路径选择。把握新发展阶段是贯彻新发展理念、构建新发展格局的现实依据,贯彻新发展理念为把握新发展阶段、构建新发展格局提供了行动指南,构建新发展格局则是应对新发展阶段机遇和挑战、贯彻新发展理念的战略选择。

四、新发展阶段、新发展理念、新发展格局与高质量发展

"立足新发展阶段、贯彻新发展理念、构建新发展格局、推动高质量发展,是当前和今后一个时期全党全国必须抓紧抓好的工作"②,"高质量发展,就是能够很好满足人民日益增长的美好生活需要的发展,是体现新发展理念的发展,是创新成为第一动力、协调成为内生特点、绿色成为普遍形态、开放成为必由之路、共享成为根本目的的发展"③。推动高质量发展,要把握好其与新发展阶段、新发展理念、新发展格局的紧密联系,这是党明确阶段性中心任务,制定路线、方针、政策的根本依据;也是全面建成社会主义现代化强国、实现中华民族伟大复兴的时代要求。

首先,新发展阶段是以推动高质量发展为中心的阶段。当前,我国社会主要矛盾的变化反映了我国经济社会发展的客观实际,指明了解决当代中国发展问题的根本着力点。我国社会主要矛盾的新变化是关系国家发展全局的历史性变化,对党和国家工作提出了许多新要求。要在继续推动发展的基础上,着力解决好发展不平衡、不充分问题,大力提升发展质量和效益。而主要矛盾体现在新发展阶段上,就是要求从"有没有"向"好不好"、"中国速度"向"中国质量"转变。也就是说,新发展阶段的矛盾和问题集中体现在发展质量上。这就要求我们必须把"好不好""中国质量"摆在更为突出的位置,着力提升发展

---

① 习近平:《把握新发展阶段,贯彻新发展理念,构建新发展格局》,《求是》2021年第9期,第1页。
② 《中华人民共和国国民经济和社会发展第十四个五年规划和2035年远景目标纲要》,人民出版社2021年版,第29页。
③ 中共中央文献研究室编:《习近平关于社会主义经济建设论述摘编》,中央文献出版社2017年版,第69页。

质量。因此,对新发展阶段面临的矛盾和问题,要用全面、联系、长远的眼光去看待,要深刻认识主要矛盾的长期性,增强忧患意识;深刻认识我国经济长期向好的基本面依然稳定,要增强解决发展不平衡问题的信心。总之,新发展阶段推动我国高质量发展,是遵循客观规律和保持我国经济持续、稳定、健康发展的必然要求。

其次,推动高质量发展,要完整、准确、全面贯彻新发展理念。新发展理念突出了发展的质量,这是对发展认识的新飞跃。新发展理念的核心是以人民为中心,目标是让全体人民过上好日子,科学回答了为谁发展、靠谁发展的问题,新发展理念体现了中国共产党人的初心与使命,是社会主义本质在发展观上的具体体现。以人民为中心也是高质量发展的出发点和落脚点。同时,新发展理念也是针对新时代发展面临的突出问题提出来的,在强调以经济建设为中心的前提下,更注重发展的全面性、协调性、可持续性和包容性。这里的高质量发展不只是一个经济要求,不只是对经济发达地区的要求,也不只是一时一事的要求,而是对经济社会发展方方面面的总要求,所有地区发展都必须贯彻的要求以及必须长期坚持的要求。

最后,构建新发展格局指明了我国高质量发展的路径选择。构建新发展格局,实现的是高水平的自力更生与高水平的开放合作,需要处理好国内大循环和国际大循环的关系,开创合作共赢局面。进入新时代,中国与世界的关系,已经演变为一种良性的互动关系:世界好,中国才能好;中国好,世界才更好。当今世界各国经济相互依赖,唯有联通、开放和互利共赢,才是共存之道。构建新发展格局的目的是使国内市场和国际市场互联互通,更好利用国内、国际资源,争取大开放,促进大发展,提高我国的竞争力,掌握发展主动权。面对逆全球化的挑战,中国将坚定不移地推动经济全球化朝着更加开放的方向发展,推动建设开放型世界经济。推进高水平对外开放,既是中国政府面对后疫情时代经济复苏的主动选择,也是中国迈向高质量发展阶段构建新发展格局的内在要求。国内循环处在主体地位,是对国际循环的保证;国际循环居于次要位置,是对国内循环的补充。国内大循环为主体、国内国际双循环相互促进的新发展格局,体现了辩证法两点论与重点论的统一。

总之,新发展阶段、新发展理念、新发展格局是党中央在对我国当前发展阶段的战略判断下,为实现高质量发展而做出的战略选择、结构设计和行动方案。在新发展阶段,要把新发展理念贯穿于发展全过程和各领域,努力提高新发展理念引领高质量发展的理论和实践自觉,加快构建新发展格局。

第六章
"十个明确"：习近平新时代中国特色社会主义思想的逻辑体系

党的十九届六中全会在阐释习近平新时代中国特色社会主义思想的科学内涵时，围绕新时代坚持和发展什么样的中国特色社会主义、怎样坚持和发展中国特色社会主义，建设什么样的社会主义现代化强国、怎样建设社会主义现代化强国，建设什么样的长期执政的马克思主义政党、怎样建设长期执政的马克思主义政党等重大时代课题，提出了"十个明确"的重大论断。"十个明确"基于党的十九大提出的"八个明确"和"十四个坚持"，充分吸收了党的十九大以来我们党理论创新的最新成果，依据科学的政治逻辑、理论逻辑和实践逻辑，形成了系统、完整、精练的理论表达，集中呈现出马克思主义中国化新的飞跃的理论形态。

第一节 "十个明确"的政治逻辑

党的十九届六中全会《中共中央关于党的百年奋斗重大成就和历史经验的决议》在党的十九大报告"八个明确"的基础上，用"十个明确"对习近平新时代中国特色社会主义思想的核心内容做了进一步概括，厘清"十个明确"的政治逻辑对加深"十个明确"的认识和理解、准确把握党的指导思想核心内容，与时俱进贯彻好习近平新时代中国特色社会主义思想有着重要意义。

一、中国共产党是最高政治领导力量

《中共中央关于党的百年奋斗重大成就和历史经验的决议》明确指出,"中国特色社会主义最本质的特征是中国共产党领导,中国特色社会主义制度的最大优势是中国共产党领导,中国共产党是最高政治领导力量"①,这一重大论断科学概括了中国共产党在整个国家的根本地位和无可替代的领导作用,充分表达了只有中国共产党才能肩负起带领中国人民实现中华民族伟大复兴的历史使命。

(一)中国共产党成为最高政治领导力量的必然性

中国共产党成为最高政治领导力量是由中国共产党自身先进性决定的。一个政党能否具有先进性、始终走在时代前列,决定着这个政党的前途命运。首先,中国共产党的先进性源于其指导思想马克思主义的先进性。马克思主义是人类历史上迄今为止最为系统和完整的社会科学体系,它不仅提出了共产主义的远大理想,而且还指明了实现这个理想的根本方法和基本路径。这些使马克思主义具有鲜明的科学性、实践性、人民性和开放性的真理本质。其次,中国共产党先进性表现为党的性质宗旨先进性。作为马克思主义政党,中国共产党始终代表中国最广大人民的根本利益,与人民休戚与共、生死相依,没有任何自己特殊的利益,也从来不代表任何利益集团、任何权势团体、任何特权阶层的利益。始终坚持为中国人民谋幸福、为中华民族谋复兴的初心使命和全心全意为人民服务的根本宗旨,这是中国共产党先进性的集中表现。再次,中国共产党先进性体现为党的意志品质的先进性。百年来,在应对各种困难挑战中,我们党锤炼了不畏强敌、不惧风险、敢于斗争、勇于胜利的风骨和品质,这是我们党最鲜明的特质和特点。我们党历经百年而风华正茂、饱经磨难而生生不息,就是凭着这么一股革命加拼命的强大精神。最后,中国共产党先进性表现为党组织基础的先进性。中国共产党作为马克思主义政党,其先进性不但要体现在思想理论、宗旨使命和意志、品行、风范上,而且还要从组织

---

① 《中共中央关于党的百年奋斗重大成就和历史经验的决议》,人民出版社2021年版,第24页。

性质和党员队伍质量上体现出来。我们党不仅注重在工人和其他劳动人民中发展党员,也十分注重在社会各个阶级、阶层中建立党的组织。这使得中国共产党具有最广泛的社会基础和人民性。百年来,正因为中国共产党具有并始终保持了自身的先进性,才能够成为领导中国革命、建设、改革的核心力量。毫无疑问,先进性成就了中国共产党的辉煌,成就了中国共产党最高政治领导力量的地位。

中国共产党成为最高政治领导力量是由中国共产党的历史作用赢得的。1840年鸦片战争以后,中华民族陷入内忧外患、苦难深重的悲惨境地。无数仁人志士为了挽救国家危亡、实现民族独立,设计过各种政治主张,成立过多种政党,提出过各式救国方案,然而都不能从根本上解决中国的前途命运问题。在各种主张、各条道路的反复权衡中,在各派政治力量的反复较量中,在中国人民反抗外来侵略和封建统治的反复斗争中,中国人民最终选择了中国共产党,并在党的领导下最终选择了社会主义。实践证明,正是有中国共产党领导,中国才实现了民族独立、人民解放;正是有中国共产党领导,坚持走社会主义道路,中国才能用几十年时间取得西方发达国家用了几百年取得的发展成就,大踏步赶上时代。中国共产党兴则国家兴,中国共产党强则国家强,这是历史的必然。中国共产党成为最高政治领导力量,不是外力扶持的,不是上天恩赐的,更不是自封的,而是历史的选择、人民的选择。

中国共产党成为最高政治领导力量是由中国共产党勇于自我革命的品格铸就的。近代中国处于半殖民地半封建社会,背负帝国主义、封建主义和官僚资本主义三座大山,人民积贫积弱、生活困苦。面对的国内外敌人之强、遇到的困难和矛盾之多、经历的挑战和风险之大都是世界上任何政党所不能比拟的,中国共产党带领中国人民走出困境,寻找崭新道路,是前人没有干过的崭新事业。在奋斗历程中,失误和挫折、低潮和逆境无法避免,而中国共产党始终坚持实事求是的思想路线,始终保持自我净化、自我完善、自我革新、自我提高的思想自觉和行动自觉,勇于自我批评、敢于修正错误、精于总结经验、善于吸取教训,不断从失误和挫折中获得新的更加强大的生机活力。中国共产党能够团结带领人民跨过一道又一道沟坎,能够一次又一次在危难之际绝处逢生、在挫折之后毅然奋起、在失误之后拨乱反正、在磨难之中百折不挠,根本原因就在于党能够始终保持自我革命精神,一次次靠自己解决自身问题,在刮骨疗毒、革故鼎新、守正出新中不断实现伟大的跨越。这样的党,理所当然成为最高政治领导力量。

(二)中国共产党是最高政治领导力量的具体体现

中国共产党作为最高政治领导力量,不是抽象的而是具体的,主要体现在把准政治方向、统领政治体系、主导社会治理、决策重大问题等方面。

中国共产党把握中国政治方向。政治方向是党和国家发展的首要问题,方向决定道路,道路决定命运。古今中外,政治发展道路选择错误而导致社会动荡、国家分裂、人亡政息的例子比比皆是。中国共产党成立以来给全国各族人民指引的政治方向,总起来说就是在马克思主义指导下,经过新民主主义社会进入社会主义社会,最终实现共产主义远大理想。在新时代,中国共产党引领的政治方向,就是坚持和发展中国特色社会主义、向"两个一百年"奋斗目标迈进的方向,就是党在社会主义初级阶段的基本理论、基本路线、基本方略指引的方向,就是"'五位一体'总体布局,协调推进'四个全面'战略布局,立足新发展阶段、贯彻新发展理念、构建新发展格局,推动高质量发展,全面深化改革开放,促进共同富裕,推进科技自立自强,发展全过程人民民主,保证人民当家作主,坚持全面依法治国,坚持社会主义核心价值体系,坚持在发展中保障和改善民生,坚持人与自然和谐共生,统筹发展和安全,加快国防和军队现代化,协同推进人民富裕、国家强盛、中国美丽"。[1]这样的政治方向已被实践证明是引领中华民族实现伟大复兴和繁荣昌盛的正确方向,必须准确把握、牢牢坚守。尤其在遇到各种干扰和重大历史关头等特殊情况下更要准确把握、牢牢坚守。这是中国共产党作为最高政治领导力量的第一要务。

中国共产党统领国家政治体系。当今中国的政治体系是一个大系统,涵盖国家机关、政党组织、群团组织和各种政治主体。在这个大系统中,中国共产党处于总揽全局、协调各方的核心统领地位。中国共产党作为最高政治领

---

[1] 《中共中央关于党的百年奋斗重大成就和历史经验的决议》,人民出版社2021年版,第73页。

导力量,对党和国家实行全面领导。《中共中央关于党的百年奋斗重大成就和历史经验的决议》明确指出:"党的领导是全面的、系统的、整体的,保证党的团结统一是党的生命;党中央集中统一领导是党的领导的最高原则,加强和维护党中央集中统一领导是全党共同的政治责任,坚持党的领导首先要旗帜鲜明讲政治,保证全党服从中央。"[1]中国共产党在国家机关、事业单位、群团组织、社会组织、企业和其他组织中设立党委(党组),通过这些党委(党组)实施领导,确保党的方针政策和决策部署在同级组织中得到贯彻落实。党在国家政治体系中发挥统领作用,能够实现党的领导、人民当家作主、依法治国有机统一,能够做到"全国一盘棋""集中力量办大事",能够有效防止一些国家群龙无首、一盘散沙的现象,也能够防止西方政治体制中相互掣肘、内耗低效的现象。这正是中国特色社会主义最本质的特征,也是中国特色社会主义制度的最大优势。

中国共产党主导社会治理。经过长期实践和发展,我国基本形成了党委领导、政府负责、社会协同、公众参与、法治保障的社会治理体制,正在努力打造共建、共治、共享的社会治理格局。实践证明这个治理体制是适应中国国情、能满足人民意愿的好格局,因为居于主导地位的中国共产党,代表了最广大人民的根本利益,不局限于局部和眼前利益。党作为社会治理的主导者,既能平衡各种力量,又能主导各种力量,这有效避免"政府失灵",又能纠正"市场失灵"。正如巴西学者奥利弗·施廷克尔在《中国之治与世界未来》中所说,"'中国之治'作为一个成功样板已经在全球完美树立","(中国共产党)这台完美运作的政治机器,到今天更加彰显出了其大气磅礴和组织优势"。这个外国学者一语道破了"中国之治"的奥妙所在,那就是中国的社会治理得益于中国共产党的主导作用。

中国共产党决断重大决策。这是党作为最高政治领导力量的重要职责,也是党政治领导水平的集中体现。离开决策,所谓领导就是虚的、空的。中国共产党作为最高政治领导力量的决策,主要是关系党和国家方向性、全局性、

---

[1] 《中共中央关于党的百年奋斗重大成就和历史经验的决议》,人民出版社2021年版,第28页。

战略性、根本性问题的决策,关系政治道路、政治原则、政治抉择、大政方针和重大战略、重大人事问题的决策。邓小平曾指出:"党委的领导,主要是政治上的领导,保证正确的政治方向,保证党的路线、方针、政策的贯彻,调动各个方面的积极性。"[①]实践表明,在决定重大问题、制定大政方针、提出立法建议、推荐重要干部等重大决策上,党的领导的重要职责,就是确保整个过程科学民主、依法合规;在决策程序上,党的领导的重要职责,就是注重通过国家权力机关、行政机关、政协组织、民主党派、人民团体、基层单位等渠道,就经济社会发展重大问题和涉及群众切身利益的实际问题,广泛协商、广集民智、增进共识、增强合力。对于党中央做出的决策部署,党的领导的重要职责,就是对决策的贯彻执行进行检查监督,使决策部署得到有效落实。

此外,这里需要强调的是党是最高政治领导力量,不是说党要"包打天下",事无巨细什么都去管;党领导一切,并不是"取代一切",也不是从中央到地方乃至各个领域、各个行业,"上下左右一般粗"。习近平总书记在讲到党的全面领导时多次指出,党的领导主要是管方向、管政策、管原则、管干部,发挥把方向、谋大局、定政策、促改革、保落实作用,而不是包办具体工作。我们要全面科学理解和把握党领导一切、党是最高政治领导力量的实践要求,善于使党的主张通过法定程序成为国家意志,善于使党组织推荐的人选成为国家政权机关的领导人员,善于通过国家政权机关的党委(党组)实施党对国家和社会的领导,支持国家政权机关依照宪法和法律独立负责、协调一致地开展工作。

二、实现中华民族伟大复兴政治目标的方向指引

百年征程中,中国共产党团结带领中国人民进行的一切奋斗、一切牺牲、一切创造,归结起来就是一个主题:实现中华民族伟大复兴。实现中华民族伟大复兴,是全中国人民的共同心愿,也是中国共产党为之奋斗的宏伟目标。中国共产党团结带领全国各族人民,为中华民族的解放和复兴进行了艰苦卓绝

---

① 《邓小平文选》第2卷,人民出版社1994年版,第98页。

的斗争,取得了伟大的成就。党的十八大以来,我们党所有理论和实践,都是紧紧围绕着实现这个崇高奋斗目标而展开的。

第一,坚持走中国特色社会主义道路,是实现中华民族伟大复兴的必由之路。习近平总书记强调:"中国特色社会主义是党和人民历经千辛万苦、付出巨大代价取得的根本成就,是实现中华民族伟大复兴的正确道路。"[①]百年来,中国特色社会主义道路是建立在我们党长期奋斗基础上,历经几代中央领导集体,团结带领全党全国各族人民历经千辛万苦、付出各种代价、接力探索取得的。它承载着几代中国共产党人的理想和探索,寄托着无数仁人志士的夙愿和期盼,凝聚着亿万人民的奋斗和牺牲,是近代以来中国社会发展的必然选择。历史和现实已经证明,中国特色社会主义是科学社会主义理论逻辑和中国社会发展历史逻辑的辩证统一,是根植于中国大地、反映中国人民意愿、适应中国和时代发展进步要求的科学社会主义。这条道路不仅走得通,而且是通向中华民族伟大复兴的唯一正确道路。《中共中央关于党的百年奋斗重大成就和历史经验的决议》也将"坚持中国道路"作为建党百年十个方面历史经验之一加以确认,号召全党要倍加珍惜、长期坚持,并在新时代实践中不断丰富和发展。

第二,"四个全面"战略布局,是实现中华民族伟大复兴的重要保障。社会主义社会是全面发展的社会。《中共中央关于党的百年奋斗重大成就和历史经验的决议》中明确指出:"战略布局是全面建设社会主义现代化国家、全面深化改革、全面依法治国、全面从严治党四个全面。"[②]党的十八大以来,以习近平同志为核心的党中央从坚持和发展中国特色社会主义全局出发,提出并推动形成了全面建设社会主义现代化国家、全面深化改革、全面依法治国、全面从严治党的重大战略布局。这一重大战略布局既有战略目标,又有战略举措,每一个"全面"都具有重大战略意义。这一重大战略布局是我们党总结我国改革开放历史经验,深入分析我国处于重要战略机遇期、发展进入新阶段的新情况和深层次问题而提出的,具有根本性、全局性,对于实现中华民族伟大复兴的

---

① 习近平:《在庆祝中国共产党成立 100 周年大会上的讲话》,《人民日报》2021 年 7 月 1 日,第 2 版。
② 《中共中央关于党的百年奋斗重大成就和历史经验的决议》,人民出版社 2021 年版,第 24 页。

中国梦具有重大而深远的意义。"四个全面"作为实现中华民族伟大复兴的战略布局，是一个有机联系的整体。其中，全面建设社会主义现代化国家是我们的战略目标，决定着我们的发展方向；全面深化改革、全面依法治国、全面从严治党是三大战略举措，犹如支撑战略目标的三根支柱，缺一不可。"四个全面"相辅相成、相得益彰，统一于党治国理政的伟大实践，统一于建设中国特色社会主义的伟大实践。面向未来，推动改革开放和社会主义现代化建设迈上新台阶，必须协调推进"四个全面"。

第三，树立新发展理念，统筹"五位一体"建设，凝聚实现中华民族伟大复兴的基础和力量。牢固树立创新、协调、绿色、开放、共享的新发展理念，统筹推进经济、政治、文化、社会、生态文明"五位一体"建设，为实现中华民族伟大复兴奠定坚实物质基础，凝聚强大精神力量。当前，我国已进入高质量发展阶段，社会主要矛盾转化，人民对美好生活的愿景不断丰富。我国在实现第一个百年奋斗目标之后，将向着实现第二个百年奋斗目标迈进，这是中华民族伟大复兴历史进程的伟大跨越。习近平提出的创新、协调、绿色、开放、共享的新发展理念，为实现民族复兴、建设社会主义现代化强国提供了理念和行为的遵循。从历史上看，一种新发展理念的产生反映了时代精神、实践理性和社会价值取向，它引领着一个国家和民族的发展方向，对社会经济的发展产生深远的影响。只有深刻认识我国社会主要矛盾和根本任务发展变化带来的社会发展新主题、新特征和新要求，用新发展理念引领高质量发展，立足自身强化国内经济大循环，构建国内国际双循环相互促进的新发展格局，统筹推进经济、政治、文化、社会、生态文明"五位一体"建设，我们党才能在瞬息万变的国际局势中，永葆生机活力、永续发展。

第四，内固国防，外建合作共赢的国际关系，为中华民族伟大复兴营造良好发展环境。加强国防和军队建设，推动构建以合作共赢为核心的新型国际关系，为实现中华民族伟大复兴营造良好发展环境，仍是当今中国共产党人的一个重要的时代课题。国防是国家主权的象征，是国家生存和发展的安全保障。没有安全保障的国家不会有真正独立的主权，也就谈不上发展。军队建设是国防建设的核心。实现中华民族伟大复兴，是中华民族近代以来最伟大的梦想。可以说,这个梦想是强国梦,对军队来说,就是强军梦。"党的十八大以来,在党的坚强领导下,人民军队实现整体性革命性重塑、重整行装再出发,国防实力和经济实力同步提升,一体化国家战略体系和能力加快构建,建立健全退役军人管理保障体制,国防动员更加高效,军政军民团结更加巩固。人民军队坚决履行新时代使命任务,以顽强斗争精神和实际行动捍卫了国家主权、安全、发展利益。"[1]在加强国防和军队建设的同时,我国还积极推动构建以合作共赢为核心的新型国际关系。党的十八大以来,习近平总书记站在国家发展和民族复兴的历史新起点上,在坚持和继承中国国际战略优良传统的基础上,针对重要战略机遇期内涵和条件的新变化,着眼全局和未来,统筹国内国际两个大局、发展和安全两件大事,创新理念、积极谋划、奋发有为,开创了中国国际战略思想与实践的新境界,为实现中华民族伟大复兴营造良好的国内和国际发展环境。

以上这些重要内容,构成了一个逻辑严密的有机整体,深刻回答了新形势下党和国家事业发展的一系列重大理论和现实问题,既传承了好传统,又有新见解,进一步深化了我们党对共产党执政规律、社会主义建设规律、人类社会发展规律的认识,是中国革命、建设和改革的历史逻辑、理论逻辑和实践逻辑的贯通结合,升华了马克思主义发展新境界,续写了中国特色社会主义事业新篇章。

三、人民至上是政治立场

立场是一个政党最具根本性、原则性的问题,关乎政党的命运和发展。中国共产党始终以实现和维护人民的根本利益为己任。人民就是江山,江山就是人民。人民是中国共产党治国理政的最大底气。中国共产党一直以人民为中心,始终坚守人民至上的政治立场。

(一)坚守人民立场的价值本源

"为中国人民谋幸福,为中华民族谋复兴",是坚守人民立场的价值本源。

---

[1] 《中共中央关于党的百年奋斗重大成就和历史经验的决议》,人民出版社2021年版,第55页。

中国共产党以坚定的信念牢记初心,用英勇的奋斗践行使命,创造了彪炳史册的人间奇迹和无愧于人民的丰功伟绩。新民主主义革命时期,中国共产党领导和依靠广大人民群众反对帝国主义、封建主义、官僚资本主义,争取民族独立、人民解放,为实现中华民族伟大复兴创造根本社会条件。社会主义革命和建设时期,党领导人民实现从新民主主义到社会主义的转变,进行社会主义革命,推进社会主义建设,为实现中华民族伟大复兴奠定根本政治前提和制度基础。改革开放和社会主义现代化建设新时期,中国共产党领导和依靠人民继续探索中国建设社会主义的正确道路,解放和发展社会生产力,使人民摆脱贫困,尽快富裕起来,为实现中华民族伟大复兴提供充满新的活力的体制保证和快速发展的物质条件。党的十八大以来,中国特色社会主义进入新时代。中国共产党领导和依靠人民实现第一个百年奋斗目标,开启实现第二个百年奋斗目标新征程,朝着实现中华民族伟大复兴的宏伟目标继续前进。

(二)坚守人民立场的行为准则

密切联系群众是中国共产党的三大优良作风之一,坚守人民立场,就要坚持依靠人民群众的工作路线。百年来,中国共产党始终将群众路线作为坚守人民立场的行为准则,一切为了人民,一切依靠人民,与人民群众共同奋斗、同甘共苦、共克时艰,不断夺取革命、建设和改革发展的伟大胜利。百年党史证明坚持群众路线是中国共产党领导全国人民夺取革命胜利的重要原因和成功经验。中国共产党坚持把"人民拥护不拥护、赞成不赞成、高兴不高兴、答应不答应"作为衡量一切工作得失的根本标准,充分调动了广大人民投身革命和中国特色社会主义建设的积极性、主动性和创造性。在中国共产党的坚强领导下和中国特色社会主义理论体系指引下,国家和社会长治久安,生产力得到了长足的解放和发展,国家综合国力显著增强,经济总量稳居世界第二。

(三)坚守人民立场的根本宗旨

全心全意地为人民服务,一切从人民利益出发,紧紧地和中国人民站在一起,一刻也不脱离群众,是中国共产党在百年治党强军中坚守人民立场的根本宗旨。中国共产党始终代表最广大人民根本利益,与人民休戚与共、生死相依,没有任何自己特殊的利益,从来不代表任何利益集团、任何权势团体、任何特权阶层,每项政策始终以人民的利益为出发点,把人民放在心中最高的位置,针对人民最关心、最直接、最现实的利益问题,不断保障和改善民生,促进社会公平正义,让人民获得更多的自由和平等权利。百年来,中国共产党培养了无数为民服务的"孺子牛",如焦裕禄、孔繁森、杨善洲、黄大年、赵久富等一批批为民献身的人民公仆,他们坚守人民立场不动摇,守望初心使命不含糊,矢志不渝为中国人民谋幸福、为中华民族谋复兴,乐于奉献、甘于牺牲,想人民之所想、急人民之所急,恪守为民之责,常怀爱民之心,多办利民之事,真正做到了"权为民所用、情为民所系、利为民所谋",始终坚持与广大人民群众"同呼吸、共命运、心连心",竭力增强人民群众的获得感、幸福感、安全感。

(四)坚守人民立场的制度保障

中国共产党领导和团结人民群众,不断加强制度建设,持续优化、完善和健全中国特色社会主义制度,逐步革除了体制机制弊端。因而,中国特色社会主义政治制度是真正以人民为中心的民主制度,是坚守人民立场的制度。革命战争时期,民主集中制是夺取全国胜利的重要法宝。社会主义建设和发展时期,中国共产党保持和发扬了优良的传统,巩固和发展了党的团结统一,民主集中制是夺取具有许多新的历史特点的伟大斗争的根本保障。特别是进入新时代以来,以习近平同志为核心的党中央深刻理解民主集中制的本质要求,科学掌握了"民主基础上的集中"和"集中指导下的民主"的辩证统一,把党的领导贯穿于基层群众自治制度建设全过程、各方面,不断丰富民主形式、拓宽民主渠道,健全基层选举、议事、公开、述职、问责等机制,既保证人民依法实行民主选举,又保证人民依法实行民主决策、民主管理、民主监督,引导群众支持和参与城乡社区治理创新,确保基层民主建设始终沿着中国特色社会主义政治发展道路前进。

(五)坚守人民立场的时代取向

中国共产党来自人民,根植人民。进入新时代,以习近平同志为核心的党中央提出了"以人民为中心的发展思想"的治国理论和方针,坚持人民至上的价值追求,时刻不忘人民利益高于一切,把以人民为中心的发展思想作为坚守人民立场的时代取向,站在人民立场上谋大局、做决策、办实事。以人民为中心的发展思想包含三层要义:第一,根本取向是坚持发展为了人民;第二,核心思路是坚持发展依靠人民;第三,根本目的是坚持发展成果由人民共享。这是对全心全意为人民服务根本宗旨的继承和发展,体现了中国特色社会主义的本质要求,彰显了新时代中国共产党人的责任担当。

站在"两个一百年"奋斗目标的历史交汇点上,中国共产党人以人民对美好生活的向往为奋斗目标,团结带领人民继续朝着实现中华民族伟大复兴的宏伟目标奋勇前进。

四、全面从严治党是政治保证

新时代党的建设总要求是"全面推进党的政治建设、思想建设、组织建设、作风建设、纪律建设,把制度建设贯穿其中,深入推进反腐败斗争,落实管党治党政治责任,以伟大自我革命引领伟大社会革命"。[1]这一战略思想和创新理念,是党对中国特色社会主义建设规律认识深化和理论创新的重大成果。

(一) 实现中华民族伟大复兴关键在党

为中国人民谋幸福、为中华民族谋复兴,是中国共产党自诞生起就矢志不渝的初心使命,是《中共中央关于党的百年奋斗重大成就和历史经验的决议》贯穿始终的鲜明主题。中国人民和中华民族之所以能够扭转近代以后的历史命运、取得今天的伟大成就,最根本是因为有了中国共产党的坚强领导。党的领导是做好党和国家各项工作的根本保证,是战胜一切困难和风险的"定海神针"。有党有依靠,核心最重要。回顾党的历史,毛泽东核心地位的确立使中国革命取得胜利,为新中国建设奠基立业;邓小平核心地位的确立开启改革开放和社会主义现代化建设新时期,使中国大踏步赶上时代。进入新时代,习近平同志作为党中央的核心、全党的核心,带领全党全国各族人民砥砺奋进、接续奋斗,全面建成小康社会,开启全面建设社会主义现代化国家新征程,引领中华民族不可逆转地走向伟大复兴。由此可知,党对我们国家和现代化建设的领导是人民和历史的必然选择。当然,党的领导还取决于当代

---

[1] 《中共中央关于党的百年奋斗重大成就和历史经验的决议》,人民出版社2021年版,第25页。

中国发展进步和我国现代化建设的社会主义方向，只有在共产党的领导下，才能得到保证，这是由我们党的性质、宗旨、纲领和奋斗目标决定的。当代中国的根本任务是解放和发展生产力，实现社会主义现代化。我国的社会主义现代化建设是一项极其复杂的系统工程，需要克服这样那样的困难，需要协调各个方面的利益，需要化解各种各样的矛盾，需要应对错综复杂的形势，需要规避可以预料和难以预料的风险。这一切，都需要共产党的坚强领导，这是中国的现代化建设、中国特色社会主义事业和中华民族伟大复兴大业成败得失的关键。

（二）勇于自我革命是党最鲜明的政治品格

勇于自我革命，是我们党最鲜明的品格和独特优势，是党长期奋斗的经验结晶。一部中国共产党的历史，就是一部在自我革命中实现超越和发展的奋斗史。中国共产党领导革命、建设、改革的伟大征程需要自我革命，实现中华民族伟大复兴中国梦、实现为人类文明做出更大贡献的庄严承诺依然需要自我革命。历史和现实充分证明，中国共产党要肩负人民和民族的重托、承载人类文明发展进步的希望，一刻也不能停止自我革命。我们党从仅有50多名党员发展为拥有9 500多万名党员、壮大成为领导着14亿多人口大国的世界第一大执政党，历经岁月洗礼愈发朝气蓬勃、饱经磨难考验依然初心坚固，根本在于党在坚定信仰信念的同时保持自我革命的战略定力，在顺应人民意愿的同时坚持自我革命的正确方向，在解决突出问题的同时激发自我革命的强大动力，并在创新体制机制的同时提高自我革命的能力水平。进入新时代，以习近平同志为核心的党中央始终保持高度的战略清醒，用永不停歇的自我革命不断祛除影响党的先进性和纯洁性的消极因素，不断塑造党长期执政的领导能力和制度优势，从而形成强大的政治力量、真理力量、实践力量，始终赢得人民信赖、支持和拥护，凝聚起众志成城、一往无前的磅礴伟力。

（三）党在革命性锻造中更加坚强有力

全面从严治党是一场刀刃向内的伟大自我革命。《中共中央关于党的百年奋斗重大成就和历史经验的决议》将"明确全面从严治党的战略方针，提出新时代党的建设总要求，全面推进党的政治建设、思想建设、组织建设、作风建设、纪律建设,把制度建设贯穿其中,深入推进反腐败斗争,落实管党治党政治责任,以伟大自我革命引领伟大社会革命"作为习近平新时代中国特色社会主义思想"十个明确"的重要内容,凸显了全面从严治党的战略地位。党的十八大以来,以习近平同志为核心的党中央举旗定向、力挽狂澜,直面党内存在的突出问题,以坚定决心、顽强意志、空前力度推进全面从严治党,以上率下改进作风,雷霆万钧惩治腐败,利剑高悬强化监督,刹住了一些过去被认为不可能刹住的歪风,纠治了一些多年未除的顽瘴痼疾,消除了党、国家、军队内部存在的严重隐患,把新时代的自我革命提升到新高度。在实现中华民族伟大复兴的关键时刻,校正了党和国家事业前进的航向,党经受深刻洗礼,锻造得更加坚强。

(四)以中国共产党之治开创中国之治新境界

全面从严治党是新时代党治国理政的一个鲜明特征。面对国内外环境的深刻变化,以习近平同志为核心的党中央坚持打铁必须自身硬,在决胜全面建成小康社会、决战脱贫攻坚、抗击百年不遇新冠肺炎疫情、顶住和反击外部反党反华势力极端打压和遏制等大战大考中推进全面从严治党,有力推动各级党委(党组)发挥领导核心作用、基层党组织发挥战斗堡垒作用、党员发挥先锋模范作用,把我们党的政治优势、组织优势和制度优势转化为无可比拟的制胜优势。全党全国各族人民深切感受到,风雨袭来时,党的坚强领导、党中央的权威是最坚实的靠山。实践证明,全面从严治党作为锻造全党、凝聚人民的战略抉择,既是党统筹国内国际两个大局的重要基础,又是推动国内国际两个大局向着于我有利方向发展的重要保证,不仅深刻改变了中国,而且深远影响着世界。只要我们坚定不移全面从严治党,以科学理论引领全党行动,以党的路线、方针、政策引领民族复兴,以中国智慧引领全球治理,就一定能为增进人民福祉、推动人类进步做出更大贡献。

全面从严治党永远在路上。我们深信,中国共产党继续在中华民族的复兴路上历练历险,必将使自己始终成为中国特色社会主义事业的坚强领导核心,带领全国各族人民实现国家富强、民族振兴、人民幸福。

第二节 "十个明确"的理论逻辑

"十个明确"贯通马克思主义哲学、政治经济学、科学社会主义,贯通历史、现在和未来,贯通改革发展稳定、内政外交国防、治党治国治军等各领域,具备理论体系构建的基本要素,实现了内在逻辑的内在贯通,呈现出系统科学的理论形态,反映出党中央推进理论创新的生动历程,是对中国特色社会主义建设规律认识深化和理论创新的重大成果,也是我们党对共产党执政规律、社会主义建设规律、人类社会发展规律认识的新高度,为发展马克思主义做出了原创性贡献。

一、体现了马克思主义的特质属性

"十个明确"深刻回答了历史之问、人民之问、实践之问、时代之问,充分体现了习近平新时代中国特色社会主义思想是对马克思主义的升华和发展。

(一)体现了马克思主义理论的科学性

"十个明确"基于对人类社会发展规律的科学把握,着重揭示了在中国的情境中社会发展的规律、社会主义建设的规律和党的建设的规律,并就这些方面在治国理政实践中提出了一系列与中国国情和实际相结合的路线与方略,是科学逻辑和实践逻辑的现实结合,也是科学性和革命性的有机统一。比如在第三个明确"新时代我国社会主要矛盾是人民日益增长的美好生活需要和不平衡不充分的发展之间的矛盾"这一科学论断中,集中体现了马克思主义唯物历史观和辩证唯物主义关于生产力与生产关系、经济基础与上层建筑之间辩证关系的科学解读。党的十八大以来,以习近平同志为核心的党中央多次强调要学习马克思主义,学习辩证唯物主义和历史唯物主义,要求党的各级干部掌握马克思主义的科学方法论,保证中国特色社会主义建设的各项工作始终有科学的遵循,有科学思想的指引和科学方法论的指导,反映了我们党推进国家治理体系和治理能力现代化规律性的科学认识,涵盖了中国特色社会主义经济建设、政治建设、文化建设、社会建设、生态文明建设以及国防、外交、党的建设等各个领域,回答了新时代坚持发展什么样的中国特色社会主义的问题,揭示了新时代中国特色社会主义的本质规定、发展规律、宏伟蓝图。

(二) 体现了马克思主义理论的人民性

"十个明确"中指出"发展全过程人民民主,推动人的全面发展、全体人民共同富裕取得更为明显的实质性进展"[1],以人民为中心的发展思想是习近平新时代中国特色社会主义思想的灵魂,体现了党的根本宗旨和党的领导本质的内在统一,为实现党的理想信念提供了理论指引。

人民观是马克思主义政党区别于其他一切政党的根本标志。马克思、恩格斯在《共产党宣言》中指出,"过去的一切运动都是少数人的或者为少数人谋利益的运动。无产阶级的运动是绝大多数人的、为绝大多数人谋利益的独立的运动","工人革命的第一步就是使无产阶级上升为统治阶级,争得民主"。[2] 人民是一个集合名词,是由一个个鲜活的个体构成的。为人民谋利益,就要关心人、尊重人、解放人;让人民提升幸福感、获得感,首先要代表好、维护好、实现好人民群众的根本利益。"十个明确"把人民这个集合概念和"每一个人"的个体内涵充分结合起来,体现在社会主义本质的认识和实践中,体现在共产党人的价值观和认识论中,体现在党员干部的政治历练和个人修养中。党的十八大以来,以习近平同志为核心的党中央坚持人民至上,始终把人民对美好生活的向往作为奋斗目标,从根本上回答了"为了谁"的问题,从而夯实了为人民谋利益的主体条件和价值立场;依靠亿万人民创造伟大事业,从根本上回答了"依靠谁"的问题,从而明确了为人民谋利益的主体地位和首创精神;推动人的全面发展和共同富裕取得更为明显的实质性进展,从根本上回答了"怎么办"的问题,从而明晰了为人民谋利益的发展方向和实现路径。

---

[1] 本书编写组编著:《〈中共中央关于党的百年奋斗重大成就和历史经验的决议〉辅导读本》,人民出版社 2021 年版,第 37 页。
[2] 中共中央马克思恩格斯列宁斯大林著作编译局编译:《共产党宣言》,人民出版社 2014 年版,第 39 页。

(三) 体现了马克思主义理论的实践性

"十个明确"中指出"明确必须坚持和完善社会主义基本经济制度,使市场在资源配置中起决定性作用,更好发挥政府作用,把握新发展阶段,贯彻创新、协调、绿色、开放、共享的新发展理念,加快构建以国内大循环为主体、国内国际双循环相互促进的新发展格局,推动高质量发展,统筹发展和安全",将党中央提出的政府与市场关系、把握新发展阶段、贯彻新发展理念、构建新发展格局、推动高质量发展、统筹发展和安全等重大理论创新纳入其中,凸显了习近平经济思想的重要性。这既是十九大以来党对中国特色社会主义基本经济制度建设实践经验的提炼与总结,也是在新的历史条件下、在新发展格局塑造进程中对高质量发展的总体要求和战略谋划。而如何解读这个新增加的"明确",需要以马克思主义政治经济学理论为基础,在中国特色社会主义伟大实践中加以深刻认识和领悟。

习近平总书记曾指出,"坚持问题导向是马克思主义的鲜明特点","我们中国共产党人干革命、搞建设、抓改革,从来都是为了解决中国的现实问题"。[①] 问题导向,既是马克思主义最基本的哲学立场,也是党的十八大以来以习近平同志为核心的党中央治国理政的鲜明特征。中国特色社会主义进入新时代,一方面意味着中国特色社会主义依然是我们这一时代的主题;另一方面也意味着与过去相比,在建设中国特色社会主义的若干具体问题上,如建设中国特色社会主义的总目标、总任务、社会主要矛盾、总体布局、战略布局、战略步骤、发展方向、外部条件等诸多方面,都发生了与过去完全不同的新变化,出现了许多新情况,遇到了许多新问题和新挑战。这就要求我们对于坚持和发展什么样的中国特色社会主义、怎样坚持和发展中国特色社会主义这一重大理论问题做出新的回答。

(四) 体现了马克思主义理论的发展性

党的十九大报告以"八个明确"对习近平新时代中国特色社会主义思想进行了概括,《中共中央关于党的百年奋斗重大成就和历史经验的决议》从"十个

[①] 《习近平在十八届中央政治局第二十次集体学习时的讲话》,《求是》2019年第1期,第8页。

明确"进行了进一步概括,既有一脉相承的"不变",也有与时俱进的"变",彰显了新时代中国共产党人与时俱进的理论品格。"不变"的地方体现在,都是从理论和实践上系统概括了习近平总书记对新时代坚持和发展什么样的中国特色社会主义、怎样坚持和发展中国特色社会主义的深刻思考和科学判断。"变"的地方体现在表述上的重大创新、顺序上的调整,深刻反映出以习近平同志为核心的党中央着眼党和国家事业发展大局,着眼世情、国情、党情发生深刻变化的现实,对重大时代课题不断进行深入的科学把握和思考,反映了习近平新时代中国特色社会主义思想所具有的马克思主义开放性特征、与时俱进的可贵品性、实践中发展的理论本质。

"十个明确"中有些条目的具体表述是在原有表述的基础上新增加的,是在十九大总结的"八个明确"基础上新的补充和完善。比如,"十个明确"第一条中在原有表述的基础上增加了"全党必须增强'四个意识'、坚定'四个自信'、做到'两个维护'"。这是因为党的十八大以来,正是确立了习近平总书记党中央的核心地位、全党的核心地位,并坚定拥护和维护习近平总书记的核心地位,我们党才有了定盘星,全国人民才有了主心骨。把增强"四个意识"、坚定"四个自信"、做到"两个维护"增写进"十个明确"的表述中,既是对以往实践经验的总结,又是我们开启新征程的根本工作遵循。比如说,"十个明确"第二条增写了"以中国式现代化推进中华民族伟大复兴",这样的补充和完善反映了习近平新时代中国特色社会主义思想对"建设什么样的社会主义现代化强国、怎样建设社会主义现代化强国"新的时代课题的深刻思考和准确判断,指明了中国式现代化道路的新图景。比如说,"十个明确"的第三条增写了"发展全过程人民民主",这是习近平总书记总结中国民主政治建设的实践提出的一个重大命题。我国全过程人民民主是民主含量高、民主成色足、深受人民欢迎的民主,是真正的人民民主。把这些认识增写进"十个明确"中,充分说明了中国人民有着高度的政治制度自信。

二、突出了马克思主义政党的核心地位

"十个明确"丰富和发展了马克思主义政党的领导理论,为统一全党全国

人民思想提供了理论指南。

(一) 中国特色社会主义最本质的特征是中国共产党领导

第一个"明确"强调中国共产党的领导,鲜明提出全党必须增强"四个意识"、坚定"四个自信"、做到"两个维护",这是对加强党的全面领导理论和实践成果的总结升华,彰显了党的领导的极端重要性。在当代中国,党的领导是党和国家的根本所在、命脉所系,是全国各族人民的利益所系、命运所系,是党和国家事业不断发展的"定海神针"。坚持党的领导,是总结党的百年奋斗得出的科学结论,是习近平新时代中国特色社会主义思想的核心内容,在十条宝贵历史经验中位居首位。学懂弄通党的领导理论和历史,毫不动摇地坚持党的领导,对于统一全党全国各族人民思想和意志,具有根本性、统领性、方向性意义。中国共产党从成立之初只有50多名党员的小党成长壮大为一个拥有9 500多万名党员、领导着14亿多人口大国,具有重大全球影响力的世界第一大执政党,这本身就是值得深入研究的政治现象和政党奇迹。从无产阶级政党发展史看,马克思主义政党是在资本主义发展日益呈现尖锐矛盾的历史条件下诞生的,解放全人类的历史使命和积极投身革命的斗争实践铸就了其始终走在时代前沿的先进政治特质。因此,共产党不是一般的群众组织,而是工人阶级中最优秀的集体,是无产阶级的先锋队;共产党员也不是一般的工人群众,而是工人群众中最优秀的成员,是无产阶级先进政党肌体中的细胞。"中国特色社会主义最本质的特征是中国共产党领导,中国特色社会主义制度的最大优势是中国共产党领导",这两个科学论断深刻揭示了党的领导与中国特色社会主义的关系,反映了以习近平同志为核心的党中央对共产党执政规律、社会主义建设规律、人类社会发展规律认识的深化。它不仅是中国话语的关键词汇,是讲好中国故事、传播好中国声音不可缺少的核心要素,更是中国特色社会主义理论逻辑、历史逻辑、现实逻辑有机统一的必然结论。

从科学社会主义基本原则来看,坚持中国共产党的领导是中国特色社会主义事业取得胜利的根本政治保证。科学社会主义的核心观点是社会主义必然代替资本主义。马克思、恩格斯对社会主义的实现条件和途径进行了深入研究和系统阐述,认为社会主义代替资本主义必须通过无产阶级革命运动来实现。无产阶级只有建立代表自己阶级利益的先进政党,才能最终完成其阶级解放和人类解放的历史任务。马克思主义创始人将这个党命名为共产党。这一事实本身就说明了共产党的领导是科学社会主义的题中应有之义,是科学社会主义最本质的特征。中国共产党之所以能够团结带领人民坚持和发展中国特色社会主义,是因为中国共产党是中国工人阶级的先锋队;同时是中国人民和中华民族的先锋队,是中国特色社会主义事业的领导核心,能够代表中国先进生产力的发展要求,代表中国先进文化的前进方向,代表中国最广大人民的根本利益。坚持和发展中国特色社会主义,必须坚持中国共产党领导。离开党的领导,中国特色社会主义就缺乏根本的政治保证,就会失去正确方向。

(二)中国特色社会主义制度的最大优势是中国共产党领导

从践行社会主义本质的现实来看,中国共产党是团结带领全国各族人民实现社会主义的核心力量。社会主义的本质包括解放和发展生产力,消灭剥削,消除两极分化,最终实现共同富裕,也包括实现国家富强、民主、文明、和谐,实现人的全面而自由的发展,等等。为了实现社会主义的本质,中国共产党在不同历史阶段提出不同的历史任务和行动纲领。新形势下,以习近平同志为核心的党中央把握时代大势,回应实践要求,团结带领全党全国各族人民同心协力、苦干实干,树立和贯彻创新、协调、绿色、开放、共享的新发展理念,坚持以人民为中心的发展思想,统筹推进"五位一体"总体布局和协调推进"四个全面"战略布局,不断推进中国特色社会主义事业的发展。

回顾中国共产党成立以来中国社会主义革命、建设和改革的发展进步,可以得出一个基本结论:办好中国的事情,关键在中国共产党。党具有巨大的思想优势、政治优势和组织优势,有信心、有能力随时准备应对重大挑战、抵御重大风险、克服重大阻力、解决重大问题。实现社会主义的本质,离不开中国共产党的领导,必须毫不动摇地坚持中国共产党的领导。

(三)中国特色社会主义事业的根本保证是党的自我革命

第十个明确具体表述为:"明确全面从严治党的战略方针,提出新时代党的建设总要求,全面推进党的政治建设、思想建设、组织建设、作风建设、纪律建设,把制度建设贯穿其中,深入推进反腐败斗争,落实管党治党政治责任,以伟大自我革命引领伟大社会革命。"强调全面从严治党,凸显了我们党对自身建设规律认识的进一步深化,表明了以伟大自我革命引领伟大社会革命的坚定决心。党的十八大以来,习近平总书记亲自谋划、亲自部署、亲自推动坚持和加强党的全面领导,指引新时代党的领导全面加强,党把方向、谋大局、定政策、促改革的能力和定力得到不断增强,党总揽全局、协调各方的领导核心作用得到充分发挥。实践充分证明,中国共产党的领导是中国特色社会主义最本质的特征,中国特色社会主义制度最大的优势是中国共产党的领导,这种规律性的认识必须置于习近平新时代中国特色社会主义思想核心内容的首要位置加以强化。党的建设是党的事业健康发展的根本保证。党的十八大以来,我们党以自我革命精神推进全面从严治党,强调党的政治建设是党的根本性建设,党的建设全面加强,党的创造力、凝聚力、战斗力显著增强,党在革命性锻造中更加坚强。这一条写在"十个明确"的最后,与党的领导首尾呼应,充分体现了党的建设是党的事业根本性、基础性的保障。

三、彰显了马克思主义的价值取向

马克思主义价值观是无产阶级的价值观,是建立在唯物主义历史观的基础上、批判了资产阶级的利益至上的价值观,是以无产阶级和人民大众为主体、以在全世界实现社会主义和共产主义为目标、以辩证唯物主义和历史唯物主义为指导、以全心全意为人民服务为价值取向、以集体主义为核心的新价值观。马克思的价值理想和信念就是"实现全人类的解放";就是将人类从束缚自身的各种框架中解脱出来,获得真正意义上的自由。马克思主义价值观的核心是实现人民的发展,改善人民的生存现状,一切为了国家和社会,为了广大无产阶级和人民的根本利益。它是建立在尊重人、关爱人的基础上,在与国家和社会利益不矛盾的情况下,努力实现个人价值的观念。

在总体目标层面,"明确坚持和发展中国特色社会主义,总任务是实现社会主义现代化和中华民族伟大复兴,在全面建成小康社会的基础上,分两步走在本世纪中叶建成富强民主文明和谐美丽的社会主义现代化强国"①。国家至上、人民中心,坚决维护国家主权、安全、发展利益,坚决依靠人民群众创造历史伟业和美好生活,是习近平新时代中国特色社会主义的最高价值取向。国家主权、国家安全、领土完整、国家统一,中国宪法确立的国家政治制度和社会大局稳定,经济社会可持续发展的基本保障,是国家的核心利益。坚决维护国家核心利益,是中国特色社会主义的最高价值,也是中国特色社会主义的根本前提。坚持和发展中国特色社会主义,建设社会主义现代化强国,实现国家富强、民族振兴、人民幸福的中华民族伟大复兴的中国梦,是习近平新时代中国特色社会主义思想的总体价值目标。

在经济价值层面,明确新时代坚持和发展中国特色社会主义,根本的任务和价值取向就是坚持以经济建设为中心,坚定不移地推进全面深化改革,促进社会主义现代化建设的各个环节、各个方面相协调。要促进生产关系与生产力、上层建筑与经济基础相协调,促进经济持续健康发展,让一切劳动、知识、技术、管理、资本等要素的活力竞相迸发,让一切创造社会财富的源泉充分涌流,为坚持和发展中国特色社会主义、改善和普惠民生奠定坚实的物质基础。

在制度价值层面,明确制度向人们所展现出的,应当是效率、自由、平等、民主、公正、法治等价值指向。民主与法治在制度价值中具有根本性、决定性的意义与价值,没有民主与法治,效率、自由、平等、公正等价值的实现就无从谈起。发展社会主义民主政治,坚持党的领导、人民当家作主、依法治国有机统一,充分保障人民当家作主的民主权利,实现、维护和发展人民群众的根本利益,是我国民主与法治建设的根本出发点和落脚点。

在社会价值层面,明确坚持和发展中国特色社会主义,必须以公平正义、共享共富为社会价值取向,使全体社会成员公平地获得发展与发挥自己主体能力的机会,公平地享有经济社会的发展成果。要把促进社会公平正义、增进人民福祉作为一面镜子,审视我们各方面的体制机制和政策规定,使我们的制度安排更好地体现社会主义公平正义的原则。

---

① 本书编写组编著:《〈中共中央关于党的百年奋斗重大成就和历史经验的决议〉辅导读本》,人民出版社2021年版,第36页。

在文化价值层面,明确国家文化发展繁荣,人民精神振奋,社会才能充满活力、和谐稳定。发展先进文化,建设精神文明,既是发展社会生产力、创造更多社会财富的需要,也是提高人民思想道德素质与科学文化素质、增强人民精神力量的需要。因此,习近平总书记提出创造性转换和创新性发展传统文化,使之与新的时代、新的事业、新的生活有机结合,引导社会形成向上向善的力量。

在生态价值层面,明确建设的现代化是人与自然和谐共生的现代化。因此,要坚持节约资源和保护环境的基本国策,坚持以节约优先、保护优先、自然恢复为主的方针,形成节约资源和保护环境的空间格局、产业结构、生产方式、生活方式,还自然以宁静、和谐、美丽,坚定地走生产发展、生活富裕、生态良好的文明发展道路,实现人与自然和谐共生、经济社会永续发展。

四、实现了重大思想论断的有机统一

"十个明确"继承了中国特色社会主义理论体系,又赋予中国特色社会主义理论体系中每一个重要命题以新的时代内涵。这一科学理论体系的各项内容之间联系紧密、相辅相成、相得益彰,具有严密的内在逻辑关系,实现了重大思想论断的有机统一。这既是对重大时代课题的深刻回答,也是引领我们实现第二个百年奋斗目标的科学指南和行动纲领。

第一,在回答新时代坚持和发展什么样的中国特色社会主义、怎样坚持和发展中国特色社会主义的重大时代课题中实现有机统一。理论创新永无止境,体系完善不会止步。以习近平同志为主要代表的中国共产党人,坚持把马克思主义基本原理同中国具体实际相结合、同中华优秀传统文化相结合,坚持毛泽东思想、邓小平理论、"三个代表"重要思想、科学发展观,深刻总结并充分运用党成立以来的历史经验,从新的实际出发,创立了习近平新时代中国特色社会主义思想。第一个"明确"鲜明指出,中国特色社会主义最本质的特征是中国共产党领导,中国特色社会主义制度的最大优势是中国共产党领导;第二个"明确"规定了坚持和发展中国特色社会主义的总任务;第四个"明确"标定了中国特色社会主义事业的总体布局和战略布局,对新时代坚持和发展中国特色社会主义进行了战略擘画,提供了任务引领;第五个、第六个"明确"提到要完善和发展中国特色社会主义制度、建设中国特色社会主义法治体系,目的正是为坚持和发展中国特色社会主义提供更加坚实的制度支撑。最新表述的重大变化、布局排序上的重要调整,体现了党的理论守正与创新、连续性与创新性的统一。

第二,在回答建设什么样的社会主义现代化强国、怎样建设社会主义现代化强国的重大时代课题中实现有机统一。第二个"明确"强调要在全面建成小康社会的基础上,分两步走在本世纪中叶建成富强、民主、文明、和谐、美丽的社会主义现代化强国,以中国式现代化推进中华民族伟大复兴,既规定了建设社会主义现代化强国的具体内涵,也提供了时间表、路线图。第四个"明确"将全面建设社会主义现代化国家纳入"四个全面"战略布局之中,并置于首要位置,充分凸显了其重要地位。强国必须强军,军强才能国安。第八个"明确"指出党在新时代的强军目标是建设一支听党指挥、能打胜仗、作风优良的人民军队,把人民军队建设成为世界一流军队,深刻揭示了国防和军队现代化建设在党和国家事业全局中的重要地位,阐明了建设社会主义现代化强国必须统筹好发展和安全、富国和强军的关系。调整变化彰显的新特点,既有一脉相承的守正,也有与时俱进的创新。

第三,在回答建设什么样的长期执政的马克思主义政党、怎样建设长期执政的马克思主义政党的重大时代课题中实现有机统一。第一个"明确"聚焦党的领导,强调中国共产党是最高政治领导力量,并且要求全党必须增强"四个意识"、坚定"四个自信"、做到"两个维护"。第十个"明确"聚焦党的建设,明确了全面从严治党战略方针,提出新时代党的建设总要求,全面推进党的政治建设、思想建设、组织建设、作风建设、纪律建设,为建设长期执政的马克思主义政党、以伟大自我革命引领伟大社会革命提供了理论指引。

可见,"十个明确"既有领导力量、发展方向,又有清晰的目标任务、发展路径等。这些创新论断的集中汇聚、有机组合,彰显出习近平新时代中国特色社会主义思想守正创新的理论特质和理论品格,实现了对中国特色社会主义理论体系的整体性更新。它既包括对中国特色社会主义理论体系的拓展和深化，又包括对社会主义现代化强国和长期执政的马克思主义执政党的深刻思考和科学回答，大大拓展了新时代我们党理论创新的视野和理论创新的空间。

第三节 "十个明确"的实践逻辑

党的十八大以来，以习近平同志为核心的党中央，解决了许多长期想解决而没有解决的难题，办成了许多过去想办而没有办成的大事，推动党和国家事业取得历史性成就、发生历史性变革，"十个明确"是对新时代实践经验的科学凝练。"十个明确"体现了实现民族复兴的美好愿望与实现路径的有机统一，确保了中华民族伟大复兴历史进程在实践中扎实推进、稳步向前，是对新时代实践方略的科学谋划。"十个明确"对习近平新时代中国特色社会主义思想进行再概括、再提炼，这是党对共产党执政规律、社会主义建设规律、人类社会发展规律认识深化和理论创新的重大成果，是"未来我们怎样才能继续成功"的根本遵循。

一、"十个明确"是对新时代实践经验的科学凝练

时代是思想之母，实践是理论之源。党的十八大以来，以习近平同志为核心的党中央，以伟大的历史主动精神、巨大的政治勇气、强烈的责任担当，统筹国内国际两个大局，贯彻党的基本理论、基本路线、基本方略，统揽伟大斗争、伟大工程、伟大事业、伟大梦想，坚持稳中求进工作总基调，出台一系列重大方针政策，推出一系列重大举措，推进一系列重大工作，战胜一系列重大风险挑战，解决了许多长期想解决而没有解决的难题，办成了许多过去想办而没有办成的大事，推动党和国家事业取得历史性成就、发生历史性变革。"十个明确"是对新时代中国特色社会主义伟大实践的理论总结和理论升华。

（一）在"八个明确"基础上新增了"两个明确"，于实践中不断丰富习近平新时代中国特色社会主义思想内涵

《中共中央关于党的百年奋斗重大成就和历史经验的决议》指出，"明确必

须坚持和完善社会主义基本经济制度,使市场在资源配置中起决定性作用,更好发挥政府作用,把握新发展阶段,贯彻创新、协调、绿色、开放、共享的新发展理念,加快构建以国内大循环为主体、国内国际双循环相互促进的新发展格局,推动高质量发展,统筹发展和安全","明确全面从严治党的战略方针,提出新时代党的建设总要求,全面推进党的政治建设、思想建设、组织建设、作风建设、纪律建设,把制度建设贯穿其中,深入推进反腐败斗争,落实管党治党政治责任,以伟大自我革命引领伟大社会革命"。这"两个明确"是新增的两条。党的十八大以来,以习近平同志为核心的党中央在领导经济工作的实践中深化了对经济规律的认识,提出了关于创新、协调、绿色、开放、共享发展的理论,关于发展社会主义市场经济、使市场在资源配置中起决定性作用和更好发挥政府作用的理论,关于加快形成以国内大循环为主体、国内国际双循环相互促进的新发展格局的理论,等等。这些创新性的理论是我们党自十八大以来经济发展取得历史性成就的经验总结,把这些对经济工作规律性的认识写进《中共中央关于党的百年奋斗重大成就和历史经验的决议》是实践的要求、人民的要求、时代的要求。党的十八大以来,我们党把政治建设放在首位,全面从严治党,管党治党宽、松、软的状况得到根本扭转,反腐败斗争取得压倒性胜利并得到巩固。这些成就已经凝练成经验,需要在习近平新时代中国特色社会主义思想中体现。所以,这些重要内容作为新的"明确"被写进了"十个明确"中。

(二)将中国共产党的领导置于"十个明确"首位的顺序安排,于实践中得出党在中国特色社会主义伟大事业中的领导核心作用和党的建设根本保证作用

党的十八大以来,习近平总书记亲自谋划、亲自部署、亲自推动坚持和加强党的全面领导,指引新时代党的领导全面加强,党把方向、谋大局、定政策、促改革的能力和定力得到不断增强,党总揽全局、协调各方的领导核心作用得到充分发挥。《中共中央关于党的百年奋斗重大成就和历史经验的决议》把党的十九大报告中的第八个"明确"一分为二,把党的领导置于"十个明确"首位,同时增加了第十个明确,即"明确全面从严治党的战略方针"。第十个"明确"中,除了将党的十九大报告中第八个"明确"的"提出新时代党的建设总要求,

突出政治建设在党的建设中的重要地位"的表述融合进来,还新增加了"全面推进党的政治建设、思想建设、组织建设、作风建设、纪律建设,把制度建设贯穿其中,深入推进反腐败斗争,落实管党治党政治责任,以伟大自我革命引领伟大社会革命"重要内容。《中共中央关于党的百年奋斗重大成就和历史经验的决议》明确全面从严治党的战略方针,对于继续推进新时代党的建设新的伟大工程、增强全面从严治党永远在路上的政治自觉,确保我们党在世界形势深刻变化的历史进程中始终走在时代前列、在应对国内外各种风险挑战的历史进程中始终成为全国人民的主心骨具有重大意义,体现着我们党以伟大自我革命引领伟大社会革命的历史责任与时代担当。实践充分证明,中国共产党的领导是中国特色社会主义最本质的特征,中国特色社会主义制度最大的优势是中国共产党的领导,这种规律性的认识必须置于习近平新时代中国特色社会主义思想核心内容的首要位置加以强化,党的建设是党的事业健康发展的根本保证。党的十八大以来,我们党以自我革命精神推进全面从严治党,强调党的政治建设是党的根本性建设,党的建设全面加强,党的创造力、凝聚力、战斗力显著增强,党在革命性锻造中更加坚强。

(三)"十个明确"反映了我们党于实践中探索出推进国家治理体系和治理能力现代化规律性的认识

"十个明确"中新增了"明确必须坚持和完善社会主义基本经济制度",并将其放在第七个,体现了以习近平同志为核心的党中央推动我国经济发展实践的宝贵智慧和理论结晶,是中国特色社会主义政治经济学的最新成果。同时,在讲清楚理论内涵的基础上,《中共中央关于党的百年奋斗重大成就和历史经验的决议》又进一步指明了实践意蕴。

二、"十个明确"是对新时代实践方略的科学谋划

实现中华民族伟大复兴不能停留于理想和愿望的层面,而是必须通过科学的方略和明晰的路径加以推进和实施。第一个"明确"强调全党必须增强"四个意识"、坚定"四个自信"、做到"两个维护",不仅展现出坚持党的领导的理论内涵,而且明确提出了实践要求。第四个"明确"就是"明确中国特色社会

主义事业总体布局是经济建设、政治建设、文化建设、社会建设、生态文明建设五位一体,战略布局是全面建设社会主义现代化国家、全面深化改革、全面依法治国、全面从严治党四个全面"。这一重大论断所呈现的既是中国特色社会主义总体布局和战略布局,也是推进中华民族伟大复兴的两大布局。总体布局展现的是推进民族复兴的系统工程,注重生产力与生产关系、经济基础与上层建筑、人与自然的相互配合、相互促进和相互协调;战略布局呈现的是推进民族复兴的战略重点和战略抓手。"十个明确"体现了实现民族复兴的美好愿望与实现路径的有机统一,确保了中华民族伟大复兴历史进程在实践中扎实推进、稳步向前。

(一)"十个明确"是实践基础上的重大理论创新

党的十九大报告在系统总结"八个明确"的基础上,将新时代坚持和发展中国特色社会主义的基本方略概括为"十四个坚持"。基本方略是习近平新时代中国特色社会主义思想的重要组成部分,是新时代坚持和发展中国特色社会主义的行动纲领。十九届六中全会又在"八个明确"基础上改为"十个明确",将"十四个坚持"改为"十个坚持"。"十个明确"与"十个坚持"是理论与实践、认识与方法、战略与战术的关系。必须立足新的实践来准确把握和全面贯彻,才能充分发挥基本方略对于中国特色社会主义实践的指导作用。

新时代坚持和发展中国特色社会主义的基本方略,是改革开放以来特别是党的十八大以来,我们党坚持和发展中国特色社会主义的基本经验与理论成果,集中体现了习近平新时代中国特色社会主义思想的主要内容和实践要求。

新时代的实践催生基本方略。随着新时代的到来,中国特色社会主义实践的空间、领域、方式得到发展,由此使中国特色社会主义的实践经验日渐丰富起来,这是当代中国马克思主义成长的肥田沃土。十八大以来,以习近平同志为核心的党中央以巨大的政治勇气和强烈的责任担当,开辟了中国特色社会主义实践创新的新境界,习近平新时代中国特色社会主义思想的形成,就是十八大以来中国特色社会主义实践经验的理性总结和升华。新时代坚持和发展中国特色社会主义的丰富实践,催生了习近平新时代中国特色社会主义思想,奠定了基本方略的理论基础。

基本方略是一个有机的整体。基本方略涵盖了改革开放以来我们党相继提出的党的基本纲领、基本经验、基本要求的内容,并增添了新的时代内涵:内容上贯穿改革发展稳定、内政外交国防、治党治国治军等各个领域,更加完备和系统;举措上更加强调坚持党对一切工作的领导、人民主体地位、新发展理念、"五位一体"总体布局、推动构建人类命运共同体等,旗帜鲜明地回应了新时代治国理政的实践要求;思想上更加突出为中国人民谋幸福、为中华民族谋复兴的历史担当,表现出永不懈怠的精神状态和一往无前的奋斗姿态。①

基本方略具有重大意义。基本方略深化了对共产党执政规律、社会主义建设规律、人类社会发展规律的认识,表明我们党对中国特色社会主义建设规律的把握进入了新境界,是新时代坚持和发展中国特色社会主义的行动纲领和实践路径、实践要求。十八大以来,我们党和国家事业取得了全方位、开创性成就,发生了深层次、根本性变革,基本方略在实践中发挥了指导作用。

(二) 推进中国特色社会主义实践创新必须贯彻基本方略

实践创新催生理论创新,理论创新推进实践创新。新时代坚持和发展中国特色社会主义的基本方略,紧紧围绕怎样坚持和发展中国特色社会主义这个重大时代课题,做出了深刻的理论分析和明晰的政策指导,为在新起点上统筹推进中国特色社会主义"五位一体"总体布局、协调推进"四个全面"战略布局,提供了战略指引和根本遵循。

基本方略保证实践的方向。基本方略大致可以分为三个层次。第一个层次是涵盖坚持和发展中国特色社会主义各领域、各方面的总体实践要求,包括坚持党对一切工作的领导、坚持以人民为中心、坚持全面深化改革。党的领导是中国特色社会主义最本质的特征,也是中国特色社会主义制度的最大优势;以人民为中心是中国共产党的宗旨,也是坚持和发展中国特色社会主义的落脚点;全面深化改革是坚持和发展中国特色社会主义的动力之源。这三个方面是新时代坚持和发展中国特色社会主义实践的方向保证、动力支撑。

---

① 蒋斌:《在实践中全面把握新时代基本方略》,《南方日报》2017年12月9日,第4版。

基本方略协调实践的关系。基本方略的第二个层次,涵盖中国特色社会主义"五位一体"总体布局的具体实践要求,包括坚持新发展理念、坚持人民当家作主、坚持全面依法治国、坚持社会主义核心价值体系、坚持在发展中保障和改善民生、坚持人与自然和谐共生。这六个方面不仅有利于协调经济、政治、文化、社会、生态之间的关系,促进五位一体发展,而且有利于协调各领域内部的关系。

基本方略为实践提供保障。基本方略的第三个层次,涵盖坚持和发展中国特色社会主义保障条件的实践要求,包括坚持总体国家安全观、坚持党对人民军队的绝对领导、坚持"一国两制"和推进祖国统一、坚持推动构建人类命运共同体、坚持全面从严治党。国家安全、军队国防、祖国统一、外交、党的建设,这是新时代中国特色社会主义实践的保障,为坚持和发展新时代中国特色社会主义提供条件支撑。

基本方略为解决我国社会矛盾提供指引。党的十九大报告指出:"我国社会主要矛盾已经转化为人民日益增长的美好生活需要和不平衡不充分的发展之间的矛盾。"[1]这表明,基本方略着眼于人民日益增长的美好生活需要,彰显了对人民需要、人民利益的关切;发展不平衡不充分已成为妨碍人民日益增长的美好生活需要满足的主要因素,解决我国社会主要矛盾的出路在于实现平衡充分的发展。基本方略所蕴含的以人民为中心、全面深化改革的总体实践要求以及"五位一体"总体布局的具体实践要求,为我国社会主要矛盾的解决提供了指引。

(三) 全面贯彻"十个明确"需要正确处理三个关系

"十个明确"既源于实践经验的总结,又必须在指导实践中彰显价值和意义。为此,必须处理好目标导向和问题导向、整体推进和重点突破、继承传统和创新发展的关系。

正确处理目标导向和问题导向的关系。"十个明确"是我们党坚持目标导向与问题导向相统一,破解突出问题找到的"金钥匙"。用好这把钥匙,既要反

---

[1] 《习近平谈治国理政》(第三卷),外文出版社2020年版,第9页。

对那种好高骛远、不切实际的空想主义,又要摒弃只顾眼前、不及长远的短视行为。要以夺取新时代中国特色社会主义伟大胜利、实现中华民族伟大复兴这个长远目标为坐标,厘清各个时间节点的阶段性任务;以决胜全面建成小康社会迫切需要解决的现实问题为中心,脚踏实地找到破解难题的途径和方法,切实按照"十个明确"倡导的精神和规定动作,解决"发展质量和效益不高""民生问题还有不少短板""生态环境保护任重道远""国家治理体系和治理能力有待加强"等一系列发展不平衡、不充分的问题,不断满足人民日益增长的美好生活需要。

正确处理整体推进和重点突破的关系。贯彻"十个明确"是一个系统工程,只有整体推进才能统筹协调、把握大局,只有重点突破才能以点带面、激发动力。"十个明确"既在总体框架上又在具体条文上体现了习近平新时代中国特色社会主义思想的精粹,其中每一个"明确"都是我们党在新时代必须抓好的工作重点,任何一个部分都不能脱离整体而单独存在。在推进每一个"明确"时,要找到影响经济社会发展全局、关系人民群众切身利益的关键领域和重点环节,集中力量攻坚克难,务求取得突破性进展。把这些重点集中起来,一个时间节点接着一个时间节点向前推进,以钉钉子精神全面抓好落实,就能抓出成效、取得突破,最终实现建成社会主义现代化强国、实现中华民族伟大复兴的宏伟目标。

正确处理继承传统和创新发展的关系。实践创新没有止境,理论创新也就没有止境。世界每时每刻都在发生变化,中国每时每刻也都在发生变化,要求我们跟上时代步伐,适应时代诉求,不断认识规律,不断推进理论创新和实践创新。全面贯彻"十个明确"也是如此。一方面,作为习近平新时代中国特色社会主义思想的重要组成部分,"十个明确"必须长期坚持,不能有任何松懈;另一方面,要聆听时代声音,从时代主题、时代特点出发,不断补充、完善和发展"十个明确"。

总之,新时代"十个明确"来源于实践,并在指导实践的过程中彰显功能、吸取智慧、得到发展。结合新时代坚持和发展中国特色社会主义的实践认识、理解"十个明确",才能把握新时代实践方略的真谛。

三、"十个明确"是"未来我们怎样才能继续成功"的根本遵循

《中共中央关于党的百年奋斗重大成就和历史经验的决议》以"十个明确"科学阐明了习近平新时代中国特色社会主义思想的理论内涵和重大意义,指出"习近平新时代中国特色社会主义思想是当代中国马克思主义、二十一世纪马克思主义,是中华文化和中国精神的时代精华,实现了马克思主义中国化新的飞跃"。"十个明确"对习近平新时代中国特色社会主义思想进行再概括、再提炼,这是党对共产党执政规律、社会主义建设规律、人类社会发展规律认识深化和理论创新的重大成果。"十个明确"是系统完整、相互贯通的统一整体,十个方面相互联系、相互支撑、相互促进。"十个明确"深刻揭示了党和人民事业不断成功的根本保证,深刻揭示了党始终立于不败之地的力量源泉,深刻揭示了党始终掌握历史主动的根本原因,深刻揭示了党永葆先进性和纯洁性、始终走在时代前列的根本途径,进一步深化了对共产党执政规律、社会主义建设规律、人类社会发展规律的认识。

(一)以马克思主义为指导总结百年奋斗历史经验的必然结论

"总结党的百年奋斗重大成就和历史经验,要坚持辩证唯物主义和历史唯物主义的方法论,用具体历史的、客观全面的、联系发展的观点来看待党的历史。"[①]"十个明确"的历史经验总结蕴含着丰富的唯物史观原理,是对马克思主义历史观的生动表达和诠释。一百年来,党坚持把马克思主义写在自己的旗帜上,自觉以马克思主义为指导,紧紧围绕实现中华民族伟大复兴这个主题,不怕牺牲、不懈奋斗、不断创造,形成了一系列宝贵历史经验。

马克思主义理论不是教条而是行动指南,必须中国化才能落地生根,必须本土化才能深入人心。党的十八大以来,以习近平同志为核心的党中央坚持理论创新的勇气和开拓创新的精神,坚持用马克思主义的立场、观点、方法观察时代、把握时代、引领时代,把马克思主义基本原理同中国具体实际相结合、同中华优秀传统文化相结合,以一系列具有战略性、前瞻性、创造性的新理念、

---

① 《关于〈中共中央关于党的百年奋斗重大成就和历史经验的决议〉的说明》,人民出版社 2021 年版,第 79 页。

新思想、新战略回答历史之问、人民之问、实践之问、时代之问,回应新时代重大时代课题,推动党和国家事业取得历史性成就、发生历史性变革。

《中共中央关于党的百年奋斗重大成就和历史经验的决议》在党的十九大报告提出的"八个明确"基础上,用"十个明确"对习近平新时代中国特色社会主义思想的核心内容做了进一步概括,并从13个方面分领域总结了新时代党和国家事业取得的重大成就,重点概括了其中原创性的理念和思想。习近平新时代中国特色社会主义思想既立足于现实的中国,又根植于历史的中国,把马克思主义的思想精髓与中华优秀传统文化的精神特质融会贯通,成为中华优秀传统文化创造性转化、创新性发展的生动典范,是中华文化和中国精神的时代精华。习近平新时代中国特色社会主义思想不仅深化了我们对马克思主义中国化的规律性认识,还为丰富发展马克思主义做出了原创性贡献,实现了马克思主义中国化新的飞跃、新的升华。

(二)基于第一个百年奋斗历程,对"过去我们为什么能够成功"的深刻总结

中国共产党自创立之日起,就具有深厚的历史意识和高度的历史自觉,注重从历史中寻求使自己立于不败之地的经验教训。《中共中央关于党的百年奋斗重大成就和历史经验的决议》以宏阔的历史视角和深厚的历史智慧,对百年来党的光辉历程进行了全景式总结,"十个明确"对"过去我们为什么能够成功"的科学概括,充分体现了中国共产党把握历史规律、总结历史经验的行动自觉。

立足大历史观对百年历史经验的精辟总结。习近平总书记强调,"要教育引导全党胸怀中华民族伟大复兴战略全局和世界百年未有之大变局,树立大历史观,从历史长河、时代大潮、全球风云中分析演变机理、探究历史规律"。《中共中央关于党的百年奋斗重大成就和历史经验的决议》正是从中国历史的长时段和世界历史的宽视野中来看待党百年奋斗重大成就和历史经验的。"十个明确"的经验总结,不仅是从中华民族近代以来180多年的历史、中国共产党成立以来100多年的历史、中华人民共和国成立以来70多年的历史这三个紧密相连历史时段的综合分析中得出的历史结论,也是置于社会主义500

年发展史和中华民族5 000年文明史的历史长河中得出的历史结论,同时是置于世界历史、人类文明发展史中得出的历史结论。

观照百年历程对历史发展规律的科学把握。一个成熟的马克思主义政党,有深刻的历史自觉,善于通过总结历史经验来把握自身规律解决现实问题,并进一步着眼事业的长远发展。中国共产党紧紧围绕中华民族伟大复兴这一历史伟业,在坚持不懈的奋斗、牺牲和创造中,遵循历史发展规律,把握时代发展潮流,对实现中华民族伟大复兴的规律性认识不断达到新的境界。《中共中央关于党的百年奋斗重大成就和历史经验的决议》对历史经验的科学总结也是从历史逻辑的层面对中国共产党为什么能、马克思主义为什么行、中国特色社会主义为什么好的最有力回答。"十个明确"既是经验也是规律,是我们党成功的密码、成长的基因,反映了我们党对人类社会发展规律、社会主义建设规律尤其是党的执政规律的深刻认识与透彻把握,充分彰显了我们党认识规律、把握规律及运用规律的历史自觉和卓越智慧。

(三)着眼于第二个百年奋斗目标,对"未来我们怎样才能继续成功"的根本要求

总结历史经验的根本目的在于指导现实。邓小平指出:"总结历史不要着眼于个人功过,而是为了开辟未来。"[①]"十个明确"是我们党站在历史唯物主义的高度贯通历史、现实和未来而提出来的,既是"以史为鉴"的智慧结晶,是从对"过去我们为什么能够成功"的深刻总结中得出的宝贵经验;也是"开创未来"的行动遵循,是从对"未来我们怎样才能继续成功"的科学回答中提出的根本要求,为向第二个百年奋斗目标进军明确了前进方向,是走好新时代赶考之路的行动指南,是继续推进中华民族复兴伟业的根本遵循。"十个明确"是站在中国共产党成立百年的历史节点上提出的,其对我们党宝贵历史经验的阐释,既基于党的百年奋斗历程对历史经验的内涵进行了具体说明,又着眼于第二个百年奋斗的伟大任务提出了实践要求。

"十个明确"从领导核心、价值追求、理论指导、正确道路、战略基点、精神

---

① 《邓小平文选》第3卷,人民出版社1993年版,第272页。

力量等十个方面对继续推进中华民族伟大复兴历史伟业提出了新的要求,做出了新的部署;从理论和实践的结合上,系统概括了习近平总书记对新时代坚持和发展什么样的中国特色社会主义、怎样坚持和发展中国特色社会主义的深刻思考和科学判断;从主体内容上,包括新时代坚持和发展中国特色社会主义的总任务、对我国社会主要矛盾的判断、总体布局和战略布局、总目标、发展方式、发展动力、外部条件、政治保证等基本问题。这些都为实现全面建成社会主义现代化强国的第二个百年奋斗目标提供了根本遵循和战略思路。

"十个明确"是应对新的矛盾、风险、挑战、考验的制胜法宝。新时代、新征程,我国社会主要矛盾变化带来了一系列新特征、新要求,错综复杂的国际环境带来了一系列新矛盾、新挑战。百年奋斗的伟大实践充分证明,敢于斗争、敢于胜利,是党和人民不可战胜的强大精神力量。从逻辑表达上看,"十个明确"的概括总分结合、前后照应,形成逻辑严密的整体;从理论表述上看,"十个明确"从理论、实践和文化三个相互联系的方面,科学揭示了当代中国马克思主义产生的理论前提、实践基础和构成要素;从实践指向上看,每一个"明确"都既讲是什么又讲怎么做,具有很强的行动指南意义。历史已经证明并将继续证明,只要我们能够做到"十个明确",正确处理领导人民与依靠人民、坚持马克思主义与发展马克思主义、社会革命与自我革命、独立自主与胸怀天下、团结合作与坚决斗争等各个方面的关系,中国共产党就一定能够凝聚起全党全国各族人民的意志和力量,一定能够战胜一切可以预见和难以预见的风险挑战,从而成功实现第二个百年奋斗目标。

第三编　理论飞跃与时代伟业

中国共产党是有着崇高理想和追求的马克思主义政党，它进行理论创新不是为了"书斋里的革命"，而是为了提升自身建设水平和执政能力，以更好地指导实践。中国共产党作为马克思主义政党，其先进性不仅体现在其以人民为中心的发展思想和执政业绩上，还体现于其胸怀世界、关注人类命运，并从人类历史发展的角度思考自身治理和本国治理之道。正如习近平总书记所指出的："中国共产党是为中国人民谋幸福的政党，也是为人类进步事业而奋斗的政党。中国共产党始终把为人类作出新的更大的贡献作为自己的使命。"

第七章
理论飞跃与中国梦

实现中华民族伟大复兴是近代以来中华民族最伟大的梦想。中国共产党团结带领中国人民进行的一切奋斗、一切牺牲、一切创造,归结起来就是一个主题:实现中华民族伟大复兴。为了实现中华民族伟大复兴,中国共产党团结带领中国人民,坚持把马克思主义基本原理同中国具体实际相结合、同中华优秀传统文化相结合,坚持一切从实际出发,及时回答时代之问、人民之问,不断推进马克思主义中国化时代化,领导人民在一次次求索、一次次挫折、一次次开拓中完成中国其他各种政治力量不可能完成的艰巨任务。

第一节 理论飞跃聚焦中国问题

中国共产党作为极具理论创新意识和能力的无产阶级政党,在革命、建设、改革的历史进程中始终坚持把马克思主义基本原理同中国具体实际相结合、同中华优秀传统文化相结合,不断形成马克思主义中国化的理论创新成果,实现了马克思主义中国化三次伟大的理论飞跃,及时回答了中国之问、世界之问、人民之问、时代之问,着力解决了不同时代的重大课题。

一、理论飞跃是解决中国问题的产物

中国共产党始终把为中国人民谋幸福、为中华民族谋复兴作为自己的初心使命,始终坚持共产主义理想和社会主义信念,团结带领全国各族人民为争

取民族独立、人民解放和实现国家富强、人民幸福而不懈奋斗。在先进理论的引领下,中国共产党紧紧团结和依靠人民,战胜无数艰难险阻,夺取了革命、建设、改革一个又一个伟大胜利,创造了中华民族发展史、世界社会主义发展史、人类社会发展史上的辉煌成就,中华民族迎来了从站起来、富起来到强起来的伟大飞跃。

(一)第一次伟大理论飞跃使中华民族站起来了

毛泽东思想是马克思列宁主义在中国的创造性运用和发展,是被实践证明了的关于中国革命和建设的正确的理论原则和经验总结,是马克思主义中国化的第一次历史性飞跃。这一次伟大理论飞跃指引着中国共产党领导中国人民完成了新民主主义革命、社会主义革命,消灭一切剥削制度,实现了中华民族有史以来最为广泛而深刻的社会变革,实现了一穷二白、人口众多的东方大国大步迈进社会主义社会的伟大飞跃。它是中国共产党在领导中国人民创造新民主主义革命与社会主义革命和建设的伟大成就中历尽艰难险阻,解决各种复杂问题后得到的宝贵经验财富。

第一,中国共产党在夺取新民主主义革命伟大胜利和完成社会主义革命、推进社会主义建设的过程中面临的问题是严峻复杂的。

首先,中国共产党在一个半殖民地半封建的东方大国里进行了长达28年的新民主主义革命,其中就遇到了许多特殊的复杂问题。诸如在20世纪20年代后期和30年代前期,在国际共产主义运动中和我们党内盛行的把马克思主义教条化、把共产国际决议和苏联经验神圣化的错误倾向,曾使中国革命几乎陷于绝境。而后的抗日战争时期,中国共产党面对两种矛盾问题:一是民族矛盾,关系到中国存亡的问题;二是阶级矛盾,关系到能否将全民族抗战坚持到底并在战后建设新中国的问题。再之后的解放战争时期,党又面对了国统区土地改革的问题,革命胜利前夕关于中国两条道路、两种前途、两个命运决战的问题等。

新中国的成立标志着中国共产党成为在全国范围执掌政权的党,踏上了带领人民创造美好生活的新征程。这时的党面临着人民政权能不能站得住脚、能不能管好国家的问题:军事上,人民解放战争还没有完全结束,国民党还有 100 多万军队在西南、华南和沿海岛屿负隅顽抗;经济上,新中国继承的是一个千疮百孔的烂摊子,生产萎缩、民生困苦;国际上,妄图称霸全球的美国在其"扶蒋反共"政策失败后,仍不肯放弃与中国人民为敌的立场,拒绝承认新中国,并竭力阻挠他国承认新中国,阻挠中华人民共和国恢复在联合国的合法席位,对新中国实行政治孤立、经济封锁和军事包围。

即便面临严峻的国内外环境,中国共产党仍紧紧依靠人民群众,坚持社会主义建设,虽然在党的八大形成了社会主义建设的正确路线,但是仍旧出现了诸多严重问题。诸如经济建设中的急躁冒进问题,出现了"大跃进"运动、人民公社化运动;党员干部的官僚主义问题;人民内部矛盾扩大化,出现了反右派斗争以及"文化大革命"这场灾难。[1]

第二,毛泽东思想是中国共产党解决新民主主义革命、社会主义革命与建设过程中问题的良方。

首先,在新民主主义革命中,毛泽东从中国的历史状况和社会状况出发,深刻研究中国革命的特点和中国革命的规律,发展了马克思列宁主义关于无产阶级在民主革命中的领导权的思想,创立了无产阶级领导的、以工农联盟为基础的、人民大众的,反对帝国主义、封建主义和官僚资本主义的新民主主义革命理论。在革命的实践中,他立足于中国革命的现实,时刻做到实事求是、走群众路线与独立自主。土地革命时期,面对国民党反动派的残酷镇压,年轻的中国共产党一度简单套用马克思列宁主义关于无产阶级革命的一般原理和照搬俄国十月革命城市武装起义的经验,使中国革命遭受了严重挫折。这时的毛泽东提出要武装夺取政权,并建议走农村包围城市的路线,建立革命根据地,不断发展壮大革命队伍。抗日战争和解放战争时期,为了系统阐明党的理论和纲领,回答中国向何处去的问题,更好地指导中国革命,毛泽东发表了许多重要的理论著作,深刻总结和全面阐述中国革命的一系列重大理论问题,形成了比较系统的哲学思想、军事思想、统一战线思想和党的建设思想。特别是毛泽东对新民主主义理论的系统阐发、党的政策和策略的精辟论证,对指导中

---

[1] 本书编写组编著:《党的十九届六中全会〈决议〉学习辅导百问》,党建读物出版社、学习出版社 2021 年版,第 48 页。

国革命具有重大意义。

其次,在社会主义革命和建设中,毛泽东提出了对人民内部的民主方面和对反动派的专制方面互相结合起来就是人民民主专政的理论,系统讨论了当时中国社会主义建设的十大关系,为巩固社会主义新生政权指明了方向。其后他对社会主义建设的各个方面,始终坚持实事求是、群众路线、独立自主的立场、观点与方法,为新中国各项事业的发展鞠躬尽瘁。正是在毛泽东思想指引下,党团结带领人民创造了社会主义革命和建设的伟大成就,为实现中华民族伟大复兴奠定了根本政治前提和制度基础。[①]

习近平总书记指出,毛泽东思想教育了几代中国共产党人,它培养的大批骨干,不仅在新民主主义革命、社会主义革命、社会主义建设时期发挥了重要作用,也为新的历史时期开创和建设中国特色社会主义发挥了重要作用。毛泽东的重要著作,有许多是在新民主主义革命时期和社会主义革命与建设时期写的,但仍然是我们必须经常学习的。这不但因为历史不能割断,如果不了解过去,就会妨碍我们对当前问题的了解;而且因为这些著作中包含的许多基本原理、原则和科学方法,是有普遍意义的,对我们现在和今后的发展都具有重要的指导作用。真正的马克思列宁主义者,必须根据现在的情况,认识、继承和发展马克思列宁主义,认识、继承和发展毛泽东思想。

(二) 第二次伟大理论飞跃使中华民族富起来了

开创改革开放和社会主义现代化建设新局面,必须以理论创新引领事业发展。党领导和支持开展真理标准问题大讨论,从新的实践和时代特征出发,坚持和发展马克思主义,科学回答了建设中国特色社会主义的发展道路、发展阶段、根本任务、发展动力、发展战略、政治保证、祖国统一、外交和国际战略、领导力量和依靠力量等一系列基本问题,形成中国特色社会主义理论体系,实现了马克思主义中国化新的飞跃。这一次伟大历史飞跃适应改革开放和社会主义现代化建设的实践要求而产生,在引领和总结改革开放和社会主义现代化建设的实践中逐步形成,对其理解可分为以下几个方面。

[①] 本书编写组编著:《党的十九届六中全会〈决议〉学习辅导百问》,党建读物出版社、学习出版社 2021 年版,第 49 页。

第一，中国特色社会主义理论体系探索和回答了当代中国问题。

建设和发展中国特色社会主义是一项前无古人的伟大事业,有诸多理论和实践问题需要做出回答,诸如我国如何实现从高度集中的计划经济体制到充满活力的社会主义市场经济体制的历史性转变？我国如何实现从封闭半封闭到全方位开放的历史性转变？中国到21世纪中叶如何分三步走,基本实现社会主义现代化的发展战略？怎样实施一国两制,恢复对香港、澳门行使主权？如何建立起全方位、多层次的对外关系新格局？怎样开创和推进新时期党的建设新的伟大工程？怎样实现人民生活从温饱不足到总体小康、全面小康的历史性跨越？……总的说来,其中最根本的是三个问题,即什么是社会主义、怎样建设社会主义,建设什么样的党、怎样建设党,实现什么样的发展、怎样发展。中国特色社会主义理论体系正是紧紧围绕探索和回答这三个问题展开的,创造性地提出了一系列的新思想、新观点、新论断,深化和丰富了我们党对共产党执政规律、社会主义建设规律、人类社会发展规律的认识。它涵盖了社会主义经济建设、政治建设、文化建设、社会建设以及党的建设的各个领域,设计改革发展稳定、内政外交国防、治党治国治军等各个方面,科学回答了建设中国特色社会主义的发展道路、发展阶段、根本任务、发展动力、发展战略、政治保证、祖国统一、外交和国际战略、领导力量和依靠力量等一系列基本问题,形成了一个科学完整、逻辑严密、内涵丰富的理论体系。[1]

第二,中国特色社会主义理论体系是我们党领导改革开放和社会主义现代化建设伟大实践的理论结晶,是坚持和发展中国特色社会主义的行动指南。

党的十一届三中全会以后,以邓小平同志为主要代表的中国共产党人,团结带领全党全国各族人民,深刻总结新中国成立以来正、反两方面经验,围绕什么是社会主义、怎样建设社会主义这一根本问题,借鉴世界社会主义历史经验,解放思想、实事求是,做出把党和国家工作重心转移到经济建设上来、实行改革开放的历史性决策,深刻揭示社会主义本质,确立社会主义初级阶段基本

---

[1] 本书编写组编著：《党的十九届六中全会〈决议〉学习辅导百问》,党建读物出版社、学习出版社2021年版,第74页。

路线,明确提出走自己的路、建设中国特色社会主义,科学回答了建设中国特色社会主义的一系列基本问题,制定了到21世纪中叶分三步走、基本实现社会主义现代化的发展战略,成功开创了中国特色社会主义。

党的十三届四中全会以后,以江泽民同志为主要代表的中国共产党人,团结带领全党全国各族人民,坚持党的基本理论、基本路线,加深了对什么是社会主义、怎样建设社会主义和建设什么样的党、怎样建设党的认识,形成了"三个代表"重要思想,在国内外形势十分复杂、世界社会主义出现严重曲折的严峻考验面前捍卫了中国特色社会主义,确立了社会主义市场经济体制的改革目标和基本框架,确立了社会主义初级阶段以公有制为主体、多种所有制经济共同发展的基本经济制度和以按劳分配为主体、多种分配方式并存的分配制度,开创全面改革开放新局面,推进党的建设新的伟大工程,成功把中国特色社会主义推向21世纪。

党的十六大以后,以胡锦涛同志为主要代表的中国共产党人,团结带领全党全国各族人民,在全面建设小康社会进程中推进实践创新、理论创新、制度创新,深刻认识和回答了新形势下实现什么样的发展、怎样发展等重大问题,形成了科学发展观,抓住重要战略机遇期,聚精会神搞建设,一心一意谋发展,强调坚持以人为本、全面协调可持续发展,着力保障和改善民生,促进社会公平正义,推进党的执政能力建设和先进性建设,成功在新形势下坚持和发展了中国特色社会主义。[①]

四十多年的改革开放,打破了僵化保守思想观念的禁锢,全党全国人民的思想面貌和精神面貌焕然一新;打破了传统的计划经济体制,让农村和城市竞相迸发出无穷的活力和创造力,使得中国实现了从生产力相对落后的状况到经济总量跃居世界第二的历史性突破,迎来了香港、澳门的顺利回归,转变了经济发展方式,促进了社会和谐稳定,开创、坚持、捍卫、发展了中国特色社会主义道路,实现了人民生活从温饱不足到总体小康、全面小康的历史性跨越,推进了中华民族从站起来到富起来的伟大飞跃,为实现中华民族伟大复兴提

---

① 刘红凛:《百年来党的理论创新与马克思主义中国化的三次飞跃》,《人民论坛·学术前沿》2021年第12期,第4—11页。

供了充满新的活力的体制保证和快速发展的物质条件。

所以,中国特色社会主义理论体系是中国特色社会主义实践的成果,是党和人民集体智慧的结晶。习近平总书记指出:"改革开放是我们党的一次伟大觉醒,正是这个伟大觉醒孕育了我们党从理论到实践的伟大创造。改革开放是中国人民和中华民族发展史上一次伟大革命,正是这个伟大革命推动了中国特色社会主义事业的伟大飞跃!"继承和发展中国特色社会主义理论体系,既是对历史经验的科学运用,更是开创未来的根本要求。我们党深刻认识到,社会主义建设是一个不断发展和变革的过程,没有固定、唯一的模式,必须把马克思主义的普遍真理同我国的具体实际不断相结合。

(三) 第三次伟大理论飞跃使中华民族强起来了

党的十八大以来,中国特色社会主义进入新时代。以习近平同志为核心的党中央统筹把握中华民族伟大复兴战略全局和世界百年未有之大变局,坚持把马克思主义基本原理同中国具体实际相结合、同中华优秀传统文化相结合,深刻总结并充分运用党成立以来的历史经验,从新的实际出发,创立了习近平新时代中国特色社会主义思想。习近平新时代中国特色社会主义思想成为当代中国马克思主义、21世纪马克思主义,是中华文化和中国精神的时代精华,实现了马克思主义中国化新的飞跃。这一伟大理论的飞跃是党在新时代发展中国特色社会主义事业的最新理论结晶,推动了党和国家事业取得历史性成就、发生历史性变革。

第一,习近平新时代中国特色社会主义思想为解决新时代国际风险挑战与国内改革发展问题做出了指引。

改革开放以来,党和国家事业取得重大成就,为新时代发展中国特色社会主义事业奠定了坚实基础、创造了有利条件,但党清醒地认识到国内外环境并不太平。一是外部环境变化带来许多新的挑战:我国面临着更加严峻的国际安全形势,传统安全和非传统安全威胁相互交织,"黑天鹅""灰犀牛"事件时有发生。特别是近年来全球新冠肺炎疫情肆虐,局部冲突不断。二是国内改革发展深层次矛盾与问题的出现:管党治党一度宽、松、软带来党内消极腐败现象蔓延、政治生态出现严重问题,党群、干群关系受到损害,党的创造力、凝聚力、战斗力受到削弱,党治国理政面临重大考验。

针对上述问题,习近平同志对关系新时代党和国家事业发展的一系列重大理论和实践问题进行了深刻思考和科学判断,就新时代坚持和发展什么样的中国特色社会主义、怎样坚持和发展中国特色社会主义,建设什么样的社会主义现代化强国、怎样建设社会主义现代化强国,建设什么样的长期执政的马克思主义政党、怎样建设长期执政的马克思主义政党等重大时代课题,提出一系列原创性的治国理政新理念、新思想、新战略,概括起来其核心内容为"十个明确"。这实质上也是解决上述问题的具体内容。

第二,习近平新时代中国特色社会主义思想为实现中华民族伟大复兴的光明前景指明了方向。

习近平新时代中国特色社会主义思想既一以贯之坚持了马克思主义,又开辟了马克思主义的崭新境界,成为马克思主义中国化最新成果,它是中华文化和中国精神的时代精华。这一思想深深根植于中华文化的沃土之中,深刻汲取博大精深的中华优秀传统文化所蕴含的丰富哲学思想、人文思想、教化思想、道德观念,自觉传承革命文化和社会主义先进文化所展现的我们党的梦想和追求、情怀与担当、牺牲与奉献,是对中华优秀传统文化进行创造性转化、创新性发展的光辉典范。它深刻揭示和自觉遵循中华民族传承发展的历史逻辑,深刻反映中华民族自古以来的梦想和追求,特别是实现中华民族伟大复兴这一近代以来最伟大的梦想,凝结着中国人民的伟大创造精神、伟大奋斗精神、伟大团结精神、伟大梦想精神,具有强大的历史穿透力、文化感染力、精神感召力。它承前启后、继往开来,全面把握中华民族伟大复兴战略全局和世界百年未有之大变局,是关乎中国前途命运的当代中国马克思主义,是关乎科学社会主义发展前景的 21 世纪马克思主义,为丰富和发展马克思主义做出了原创性贡献,为激活中华民族优秀传统文化的生命力做出了历史性贡献,为推进人类文明进步事业做出了世界性贡献。[①]

[①] 本书编写组编著:《党的十九届六中全会〈决议〉学习辅导百问》,党建读物出版社、学习出版社 2021 年版,第 104—106 页。

二、理论飞跃蕴含着中国逻辑

马克思主义中国化的三次理论飞跃分别解决了中国在不同时期所面临的现实问题,这不仅是因为马克思主义理论具有强大生命力,还是因为这三次理论飞跃中都蕴含着强大的中国逻辑。

第一,坚持中国共产党的领导。

习近平指出,"以史为鉴、开创未来,必须坚持中国共产党坚强领导",并进一步强调:"中国共产党领导是中国特色社会主义最本质的特征,是中国特色社会主义制度的最大优势,是党和国家的根本所在、命脉所在,是全国各族人民的利益所系、命运所系。"①

回望百年奋斗历程,中国共产党的领导地位不是自封的,而是历史的选择、人民的选择。一百年来,中国共产党历经千锤百炼,始终巍然屹立,不断用自己的实际行动证明历史和人民的选择是必然的、正确的。

办好中国的事情,关键在党。中国共产党是中国特色社会主义事业的坚强领导核心,是最高政治领导力量。坚持中国共产党领导,集中反映了社会主义中国最鲜明的特质。

党的领导是党和国家的根本所在、命脉所在,是全国各族人民的利益所系、命运所系,全党必须自觉在思想上、政治上、行动上同党中央保持高度一致,提高科学执政、民主执政、依法执政水平,提高把方向、谋大局、定政策、促改革的能力,确保充分发挥党总揽全局、协调各方的领导核心作用。

党的领导是全面的、系统的、整体的,保证党的团结统一是党的生命;党中央集中统一领导是党的领导的最高原则,加强和维护党中央集中统一领导是全党共同的政治责任,坚持党的领导首先要旗帜鲜明讲政治,保证全党服从中央。

中国共产党是领导我们事业的核心力量。中国人民和中华民族之所以能够扭转近代以后的历史命运、取得今天的伟大成就,最根本是因为有中国共产

---

① 习近平:《在庆祝中国共产党成立 100 周年大会上的讲话》,《人民日报》2021 年 7 月 1 日,第 2 版。

党的坚强领导。历史和现实都证明,没有中国共产党,就没有新中国,就没有中华民族伟大复兴。治理好我们这个世界上最大的政党和人口最多的国家,必须坚持党的全面领导特别是党中央集中统一领导,坚持民主集中制,确保党始终总揽全局、协调各方。

从建党的开天辟地,到新中国成立的改天换地,到改革开放的翻天覆地,再到党的十八大以来党和国家事业取得历史性成就、发生历史性变革的惊天动地,我们党坚守初心使命,团结带领人民创造了"当惊世界殊"的伟大成就,书写了人类发展史上的伟大传奇,中华民族迎来了从站起来、富起来到强起来的伟大飞跃,社会主义中国以更加雄伟的身姿屹立于世界东方。实践证明,中国共产党领导是党和国家的根本所在、命脉所在,是国家长治久安、社会和谐稳定、人民安居乐业的"定海神针"。

只要我们坚持党的全面领导不动摇,坚决维护党的核心和党中央权威,充分发挥党的领导政治优势,把党的领导落实到党和国家事业各领域、各方面、各环节,就一定能够确保全党、全军、全国各族人民团结一致向前进。

第二,坚持中国特色发展道路。

方向决定道路,道路决定命运。近代以来,中华民族之所以能够改变受压迫、受奴役的命运,进而实现民族独立、人民解放、国家富强,归根结底在于中国共产党带领中国人民,坚持从国情出发,在各个历史时期探索并形成了符合中国实际的正确道路。中国特色发展道路是中国共产党在百年历史进程中不断探索、甄别、选择并开拓创新的产物。坚持中国特色发展道路不仅从根本上改变了中国人民的前途命运,赋予党和人民无比强大的前进定力,而且深刻影响了世界历史进程,具有重大世界意义。

马克思主义是我们立党立国、兴党强国的根本指导思想。马克思主义理论不是教条而是行动指南,必须随着实践发展而发展,必须中国化才能落地生根,本土化才能深入人心。以习近平同志为主要代表的中国共产党人,坚持把马克思主义基本原理同中国具体实际相结合、同中华优秀传统文化相结合,坚持毛泽东思想、邓小平理论、"三个代表"重要思想、科学发展观,深刻总结并充分运用党成立以来的历史经验,从新的实际出发,创立了习近平新时代中国特色社会主义思想。

中华优秀传统文化是中华民族的独特标识,是坚持特色发展道路的文化基础。习近平总书记指出:"为什么中华民族能够在几千年的历史长河中顽强生存和不断发展呢?很重要的一个原因,是我们民族有一脉相承的精神追求、精神特质、精神脉络。"[①]在人类历史长河中,许多古老的文化在辉煌一时后走向衰落甚至消失。唯有中华文化源远流长,五千年连绵不断,延续至今,堪称人类文明史上的奇迹。中华文化是中华民族的宝贵财富,它支撑中华民族绵延至今,也是我们走向未来的重要支撑。中华文化是中华民族创造历史的条件,它作为中华民族的独特标识深深根植在中国人的心中,潜移默化地影响着中国人的思维方式和行为方式,是建设中华民族共有精神家园的重要支撑。

中国共产党之所以能够领导人民在一次次求索、一次次挫折、一次次开拓中完成中国其他各种政治力量不可能完成的艰巨任务,根本在于坚持解放思想、实事求是、与时俱进、求真务实,坚持把马克思主义基本原理同中国具体实际相结合、同中华优秀传统文化相结合,坚持实践是检验真理的唯一标准,坚持一切从实际出发,及时回答时代之问、人民之问,不断推进马克思主义中国化时代化。习近平指出,当代中国的伟大社会变革,不是简单延续我国历史文化的母版,不是简单套用马克思主义经典作家设想的模板,不是其他国家社会主义实践的再版,也不是国外现代化发展的翻版。只要我们勇于结合新的实践不断推进理论创新,善于用新的理论指导新的实践,就一定能够让马克思主义在中国大地上展现出更强大、更有说服力的真理力量。

第三,坚持人民至上执政理念。

习近平指出:"民心是最大的政治,正义是最强的力量。"[②]我们党来自人民,为人民而生,因人民而兴。一百年来,我们党紧紧依靠人民,跨过一道道沟坎,取得一个个胜利。江山就是人民,人民就是江山。党的根基在人民、血脉在人民、力量在人民,人民是党执政兴国的最大底气。

---

① 《习近平谈治国理政》,外文出版社2014年版,第181页。
② 习近平:《坚持全面从严治党依规治党　创新体制机制强化党内监督》,《人民日报》2016年1月13日,第1版。

人民性是马克思主义最鲜明的品格,中国共产党作为马克思主义政党,党性和人民性从来都是一致的、统一的。人民立场是中国共产党的根本政治立场,是马克思主义政党区别于其他政党的显著标志。党始终代表中国最广大人民的根本利益,与人民休戚与共、生死相依,没有任何自己特殊的利益,从来不代表任何利益集团、任何权势团体、任何特权阶层的利益,这是党立于不败之地的根本所在。

我们党的百年历史,就是一部践行党的初心使命的历史,就是一部党与人民心连心、同呼吸、共命运的历史。在波澜壮阔的百年征程中,我们党的一切奋斗都围绕人民的福祉展开。风雨如磐的革命岁月,党领导人民打土豪、分田地,赶走日本侵略者,推翻国民党反动统治,建立了新中国;筚路蓝缕的建设时期,党领导人民开展社会主义革命和建设,改变了一穷二白的国家面貌;春潮澎湃的改革年代,党领导人民实行改革开放,推进社会主义现代化;奋力逐梦的新时代,党领导人民决战决胜脱贫攻坚战,在中华大地上全面建成了小康社会,正意气风发向着第二个百年奋斗目标迈进。所有这一切,都是为了实现好、维护好、发展好最广大人民的根本利益。

中国共产党的百年奋斗从根本上改变了中国人民的前途命运,推动昔日国弱民穷的中国发生了翻天覆地的历史巨变,书写了中华民族几千年历史上最恢宏的史诗。从一百年前受欺负、受压迫、受奴役到成为国家、社会和自己命运的主人,中国人民物质上富起来、精神上强起来,志气、骨气、底气不断增强。

党的最大政治优势是密切联系群众,党执政后的最大危险是脱离群众。我们党来自人民、根植人民、服务人民,一旦脱离群众就会失去生命力。时代是出卷人,我们是答卷人,人民是阅卷人。我们党的执政水平和执政成效不是自己说了算,必须而且只能由人民来评判,最终要看人民是否真正得到了实惠,人民生活是否真正得到了改善,人民权益是否真正得到了保障。只要我们始终坚持全心全意为人民服务的根本宗旨,坚持党的群众路线,坚持一切为了人民、一切依靠人民,坚持为人民执政、靠人民执政,坚持发展为了人民、发展依靠人民、发展成果由人民共享,坚定不移走全体人民共同富裕道路,就一定能够领导人民夺取中国特色社会主义新的更大胜利,任何想把中国共产党同中国人民分割开来、对立起来的企图就永远不会得逞。

第四,坚持治党与治国相统一。

我们党高度重视治党与治国的关系,一方面强调治国必先治党、治党务必从严;另一方面强调党的建设必须紧紧围绕和服务党领导的伟大事业,按照党的政治路线来进行,围绕党的中心任务来展开。这些要求深刻揭示了治党与治国的有机统一关系。

办好中国的事情,关键在党。习近平深刻指出:"我们的党员、干部队伍庞大,管理起来难度很大,但又必须管好,管不好就会出乱子。我们国家要出问题主要出在共产党内,我们党要出问题主要出在干部身上。"[1]

我们党带领人民取得的伟大成就,证明了治国必先治党这一规律。中国共产党成立后,始终坚持从严治党。在中国历史上,没有任何一个政党像中国共产党这样强调党的领导权,也没有任何一个政党像中国共产党这样提出和形成了系统完整的治党理论。

中国共产党是中国特色社会主义事业的领导核心。习近平深刻指出:"中国特色社会主义最本质的特征是中国共产党领导,中国特色社会主义制度的最大优势是中国共产党领导。"[2]当今中国发展得怎么样、国家治理成效如何,取决于我们党的理论和路线、方针、政策,取决于我们党的执政能力和领导水平,取决于我们党的思想、作风、纪律、组织等状况。

我们党之所以能够处理好治党与治国的关系,不仅在于强调治国必先治党,而且在于强调治党旨在治国。我们党加强自身建设的一条基本经验就是:坚持把推进党的建设伟大工程同推进党领导的伟大事业紧密结合起来。我们党加强自身建设,目的是为抓好发展这个党执政兴国的第一要务,建设富强、民主、文明、和谐的社会主义现代化国家,坚持和发展中国特色社会主义提供根本保证。

---

[1] 《习近平在党的群众路线教育实践活动总结大会上的讲话》,《人民日报》2014年10月9日,第2版。

[2] 习近平:《在庆祝中国共产党成立95周年大会上的讲话》,《人民日报》2016年7月2日,第2版。

从新中国成立以来七十多年的奋斗历程中可以清楚地看到,我们党的一个突出优势就是实现了治党与治国的有机统一①。治党是治国的前提,没有全面从严治党,党的领导就不可能坚强有力,国家治理就不可能成功。同时,治党与治国不可分割,离开治国,治党就会失去方向目标,就会失去评判标准。治党是治国的保证,如果治党不力,我们党弱了、散了、垮了,治国就无从谈起。治国的推进,也必然会对治党产生促进作用。习近平强调,打铁必须自身硬,办好中国的事情,关键在党,关键在党要管党、全面从严治党。必须以加强党的长期执政能力建设、先进性和纯洁性建设为主线,以党的政治建设为统领,以坚定理想、信念、宗旨为根基,以调动全党积极性、主动性、创造性为着力点,不断提高党的建设质量,把党建设成为始终走在时代前列、人民衷心拥护、勇于自我革命、经得起各种风浪考验、朝气蓬勃的马克思主义执政党。

第二节　理论飞跃是实现中国梦的基石

实现中华民族伟大复兴,就是中华民族近代最伟大的中国梦。为了实现这个梦想,太平天国运动、戊戌变法、义和团运动、辛亥革命接连而起,各种救国方案轮番出台,但都以失败而告终。中国迫切需要新的思想引领救亡运动,迫切需要新的组织凝聚革命力量。应运而生的中国共产党,坚持马克思主义基本原理,坚持实事求是,从中国实际出发,洞察时代大势,把握历史主动,进行艰辛探索,不断推进马克思主义中国化时代化,指导中国人民不断推进伟大社会革命,书写了中华民族几千年历史上最恢宏的史诗,实现中华民族伟大复兴进入了不可逆转的历史进程。

一、从实践中来到实践中去

中国共产党创立理论的目的是指导实践,而非纯粹的思想生产。中国共

---

① 杜艳华:《深刻认识治党与治国的有机统一关系》,《人民日报》2017年4月7日,第7版。

产党之所以能够团结带领人民取得一个又一个胜利,关键在于将革命、建设和改革的实践与理论相结合,在理论与实践之间建立起良性互动关系。

(一) 理论飞跃源于实践

理论与实践是中国梦理论的基本域。全部社会生活在本质上是实践的,而对社会生活的本质反映与逻辑展开是马克思主义理论的基本功能。理论与实践共同构成中国梦理论的前提和基础。习近平新时代中国特色社会主义思想是中国共产党伟大的思想理论,是指导新时代中国人民实现共产主义的科学世界观与科学方法论,为无产阶级和广大人民群众认识世界与改变世界提供了"伟大的认识工具"。作为源自实践、服务人民的理论,习近平新时代中国特色社会主义思想不是从来就有的。它本身就是马克思主义理论与中国国情相结合的产物。离开了对当代中国社会主要矛盾的深刻揭示,离开了对人类社会发展规律特别是中国特色社会主义发展规律的客观把握,就不可能产生习近平新时代中国特色社会主义思想,更不会产生中国梦。如何做到理论和实践相结合,用科学理论指导实践并取得成功是比较复杂的问题。如果处理不好,会走向教条化、神圣化、经验化的误区,最终导致实践受挫。我们应从历史中寻找答案。

新民主主义革命时期,以毛泽东同志为主要代表的中国共产党人经过总结大革命失败的经验教训,逐步认识到中国革命的出路在于将党的工作重心转向农村,于是,创造性地提出了农村包围城市、武装夺取政权的工农武装割据思想。之后,又坚决同教条主义做斗争,纠正"左"倾错误,坚持走中国特色的革命道路,使革命转危为安。社会主义革命和建设时期,中国共产党人用马克思主义基本原理指导新中国的各项建设,创立了社会主义革命理论,比较顺利地实现了由新民主主义向社会主义的过渡,开创了社会主义建设的良好局面。20 世纪 70 年代,在历史的重大转折关头,以邓小平同志为主要代表的中国共产党人把党的工作重心转移到经济建设上来,开启了改革开放的新时期,在不断发展的实践中创立了中国特色社会主义理论体系。党的十八大以来,以习近平同志为核心的党中央,推动党和国家事业取得历史性成就、发生历史性变革,在新的伟大实践中创立了习近平新时代中国特色社会主义思想。

(二) 以实践验证理论

马克思主义的辩证唯物主义认识论表明：不仅要充分发挥科学理论对社会实践的指导作用；还要清楚地认识到理论来源于实践，理论正确与否需要到实践中去检验，理论的进一步发展与完善也要依靠实践的发展。这是一个循环往复的过程。实践发展永无止境，理论创新与完善就不能停止。

中国共产党推动理论飞跃的一个重要逻辑，就是在实践中检验和发展理论。从毛泽东开始，中国共产党历届领导人都坚持用科学理论指导中国革命和建设的实践，又在实践中验证、发展和完善理论。新民主主义革命时期，毛泽东深刻指出："通过实践而发现真理，又通过实践而证实真理和发展真理。从感性认识而能动地发展到理性认识，又从理性认识而能动地指导革命实践，改造主观世界和客观世界。实践、认识、再实践、再认识，这种形式，循环往复以至无穷，而实践和认识之每一循环的内容，都比较地进到了高一级程度。这就是辩证唯物论的全部认识论，这就是辩证唯物论的知行统一观。"[1]改革开放新时期，邓小平也说："我们说的做的究竟能不能解决问题，问题解决得是不是正确，关键在于我们是否能够理论联系实际，是否善于总结经验，针对客观现实，采取实事求是的态度，一切从实际出发。我们只有这样做了，才有可能正确地或者比较正确地解决问题，而这样地解决问题，究竟是否正确或者完全正确，还需要今后的实践来检验。如果我们不这样做，那我们就一定什么问题也不可能解决，或者不可能正确地解决。"[2]新时代，习近平总书记坚持辩证地处理理论与实践关系，做到了理论创新和实践创新的辩证统一。习近平总书记强调："坚持和发展中国特色社会主义，必须高度重视理论的作用，增强理论自信和战略定力，对经过反复实践和比较得出的正确理论，要坚定不移坚持。同时要根据时代变化和实践发展，不断深化认识，不断总结经验，不断推进实践基础上的理论创新，坚持理论指导和实践探索辩证统一，实现理论创新和实践创新良性互动，在这种统一和互动中发展21世纪中国的马克思主义。"[3]

---

[1] 《毛泽东选集》第1卷，人民出版社1991年版，第296—297页。
[2] 《邓小平文选》第2卷，人民出版社1994年版，第113—114页。
[3] 《习近平在中共中央政治局第二十次集体学习时强调坚持运用辩证唯物主义世界观方法论提高解决我国改革发展基本问题本领》，《党建》2015年第2期，第8页。

事实上,在实践中反复验证理论,又以经过验证的理论推动实践的发展,这是中国共产党理论与实践发展的常态。中国共产党史坚持在实践中反复验证理论,进而推动实践发展。

二、理论为群众所掌握

中国梦表征着作为主体的人的在场,因为"梦"表达的是有意识的主体状态,一种有生命的个体存在。而有生命的个体恰恰是唯物史观的出发点与基础,马克思指出:"全部人类历史的第一个前提无疑是有生命的个人的存在。"[①] 因而,我们的一切出发点都是有生命的个体。因此,有生命的个体亦是马克思建构"人自由全面发展"理论的逻辑起点与目标。

(一)必须坚持"让群众掌握马克思主义理论"

"让群众掌握马克思主义理论"的关键在于我们能不能构建一种机制,让群众在这种机制下能自觉地运用马克思主义的理论武器去审视、评判、检验、监督党和政府制定的政策及其施政行为,看实践有没有偏离当代中国的马克思主义。马克思主义理论教育本身是"理论掌握群众"逻辑,在这个逻辑中,要着力提升理论的说服力和公信力,用理论的严密逻辑和科学道理进行理论阐释,发挥马克思主义理论的真理性力量,进而推进马克思主义理论的中国化、时代化、大众化,让理论为群众所掌握,实现理论武装。

"理论掌握群众"实质是理论武装,是马克思主义大众化过程中的首要一环。所谓"理论掌握群众"就是来源于实践的理论说服了群众,得到了群众认同,能占领群众的头脑,支配群众的行动。"理论掌握群众"体现了理论工作中的"到群众中去",其过程是主动的而不是被动的。所谓主动就是指必须在理论联系实际、用理论去成功地说明和解释现实中使群众完全准确地掌握理论,使其对马克思主义理论心悦诚服,而不能把群众当成被动接受的对象,那样的结果只能是浮光掠影、流于形式。从当前的实践来看,"让马克思主义理论掌握群众"的难点在于如何发挥好马克思主义理论的解释功能,在现实中用理论

[①] 《马克思恩格斯选集》第1卷,人民出版社2012年版,第146页。

合理地、合乎逻辑地说服群众，让群众对理论心悦诚服。理论要想掌握大众，就必须要有说服力，要能解答大众的疑惑。马克思在《〈黑格尔法哲学批判〉导言》中指出："批判的武器当然不能代替武器的批判，物质力量只能用物质力量来摧毁；但是理论一经掌握群众，也会变成物质力量。"①马克思科学揭示出了精神的物质力量，即精神对物质的反作用，主张理论能够外化成为物质因素，成为思想武器，产生革命性的作用。

"理论掌握群众"重点是理论"灌输"，社会存在对社会意识具有决定性的作用，同时社会意识又反作用于社会存在。20世纪初，俄国与当时的欧美各国有着显著不同的国情，以工人阶级和小农阶级为主体，对于马克思主义理论的传播和接受，亟须以特定的办法影响这些群体。因此，俄国无产阶级革命导师列宁指出，"对于社会主义思想体系的任何轻视和任何脱离，都意味着资产阶级思想体系的加强"。②他认为，资产阶级的思想有着较长的历史与传播历程，影响深刻，相比而言，无产阶级思想产生较晚，影响较小，迫切需要传播，需要教育。他进一步指出了方法："工人本来也不可能有社会民主主义的意识。这种意识只能从外面灌输进去。"③这就是列宁提出的著名的"灌输"理论。他认为，无产阶级的阶级意识不会自发形成，需要外力加以影响，只有进行理论的"灌输"，才有可能出现效果，实现理论掌握群众。马克思主义是中国共产党的指导思想，无论是在革命战争年代，还是在社会主义建设、发展的新时代，坚定不移地传播马克思主义理论，是中国共产党不变的重任与使命。"灌输"作为理论传输中最为有效的办法，对于理论传播具有重要的意义。中国共产党作为马克思主义理论"灌输"的推动者，在当下，要重新审视"灌输"理论的价值，重视发挥"灌输"在理论的系统学习、主导学习中的积极作用，"灌输"理论打破知识"垄断"，使得"灌输"能够成为体现无产阶级教育权、进行无产阶级思想意识教育的重要依靠。

---

① 《马克思恩格斯选集》第1卷，人民出版社2012年版，第96页。
② 《列宁选集》第4卷，人民出版社2012年版，第355页。
③ 《列宁选集》第4卷，人民出版社2012年版，第356页。

（二）必须坚持"群众掌握理论"的实质是实践运用

"群众掌握理论"的实质是实践运用，理论学习相对抽象、深奥，让人学习起来难免有畏难情绪。针对马克思主义理论的实践性特征，毛泽东强调："马克思主义的哲学辩证唯物论有两个最显著的特点：一个是……再一个是它的实践性，强调理论对于实践的依赖关系，理论的基础是实践，又转过来为实践服务。"①

与"理论掌握群众"不同，"群众掌握理论"则是马克思主义理论教育的更高要求。"群众掌握理论"的前提是真信和真懂理论。首先，信仰是理论学习的最高目标和最高层次的追求。正如马克思所说的："贫困也将迫使工人抛弃信仰，他们会越来越认识到，这种信仰只能使他们变得软弱，使他们屈服于自己的命运，对榨取他们脂膏的有产阶级俯首帖耳。"②正是由于这个信仰不是与生俱来，也不是长久不变，坚定信仰就变成了一个永恒的课题。马克思曾说过："哲学把无产阶级当作自己的物质武器，同样，无产阶级也把哲学当作自己的精神武器。"③其次，"群众掌握理论"是要掌握理论的精髓。群众掌握理论不仅是熟读或者熟记理论的语句，而且是要掌握理论的精髓。掌握马克思主义理论的精髓，理论联系实际地学习马克思主义，把握马克思主义的基本观点、基本逻辑与基本方法，真正从内心上拥护理论、信仰理论，懂得理论中的本质。最后，我们运用马克思主义理论对那些众说纷纭的热点问题做出正确回答，就能帮助干部群众明辨是非，提高他们分析与认识复杂的社会现象和社会问题的能力。只有让理论发挥好解释功能，才能让理论实质性地掌握群众，而不是在形式上掌握群众。

从当前的实践来看，"让马克思主义理论掌握群众"的难点在于如何发挥好马克思主义理论的解释功能，在现实中用理论合理地、合乎逻辑地说服群众，让群众对理论心悦诚服。理论要想掌握大众，就必须要有说服力，要能解答大众的疑惑；当然，运用理论去解释现实的过程，也是让理论进一步接受实

---

① 《毛泽东选集》第 2 卷，人民出版社 1991 年版，第 345 页。
② 《马克思恩格斯选集》第 1 卷，人民出版社 2012 年版，第 129 页。
③ 《马克思恩格斯选集》第 1 卷，人民出版社 2012 年版，第 78 页。

践检验的过程,理论已经滞后于现实,需要进一步发展,这是马克思主义中国化时代化的发展契机,借此可以推动马克思主义的中国化时代化向前发展。由于我国当前处于社会矛盾凸显期,发挥理论解释功能很重要。我们应该围绕中国特色社会主义经济建设、政治建设、文化建设、社会建设以及生态文明建设和党的建设的全局,应用马克思主义中国化的最新理论成果,直面新情况,解析新问题。通过科学、透彻的理论分析,使马克思主义中国化的创新理论润物细无声地发挥着指引方向、统一认识、凝聚力量的巨大作用。

(三) 必须坚持"群众掌握理论"的根本是推动实践

"群众掌握理论"的根本是推动实践,马克思主义理论是实践性的理论,对实践具有指导作用是马克思主义理论的价值所在。毛泽东曾说过:"我们看列宁、斯大林他们是如何把马克思主义的普遍真理和苏联革命的具体实践互相结合又从而发展马克思主义的,就可以知道我们在中国是应该如何地工作了。"①

习近平在纪念马克思诞辰200周年大会上的讲话中强调,"马克思主义是实践的理论,指引着人民改造世界的行动"②,客观地指出了马克思主义理论的实践性。马克思主义理论源自实践,是实践智慧的升华和总结,又对未来社会具有科学的预见性。"先进的思想文化一旦被群众掌握,就会转化为强大的物质力量;反之,落后的、错误的观念如果不破除,就会成为社会发展进步的桎梏。"正是因为实践,理论才会转化为物质力量。"理论掌握群众"与"群众掌握理论"是理论学习的两种样态,二者统一于理论教育的全过程,"理论掌握群众"侧重于理论的学习,"群众掌握理论"侧重于理论的运用。割裂了两者之间的联系,忽略了两者之间的关系,理论就会成为空洞的理论,实践就会变成盲目的实践,彰显不出活力。因此,在马克思主义理论教育过程中,要重视实现理论学习的"两次飞跃",重视实现马克思主义理论教育的知、行相统一,实现"理论掌握群众"与"群众掌握理论"的有机统一。

实现理论学习"两次飞跃"的第一次飞跃,由"理论文本"到"思想观念"。

---

① 《毛泽东选集》第3卷,人民出版社1991年版,第56页。
② 《习近平在纪念马克思诞辰200周年大会上的讲话》,《人民日报》2018年5月4日,第1版。

在内容形态上,马克思主义首先是文本形态,即由马克思主义经典著作组成的理论文本体系。马克思主义理论学习的第一次飞跃,就是要把理论内化于心,掌握理论的精髓,灵活运用理论看世界、想问题、分析问题,进而坚定理想信念,打牢思想基础。习近平指出:"要抓好马克思主义理论教育,深化学生对马克思主义历史必然性和科学真理性、理论意义和现实意义的认识,教育他们学会运用马克思主义立场观点方法观察世界、分析世界,真正搞懂面临的时代课题,深刻把握世界发展走向,认清中国和世界发展大势,让学生深刻感悟马克思主义真理力量,为学生成长成才打下科学思想基础。"①从这句话中,也可以看出,马克思主义理论教育的过程,就是要以理论学习为基础,夯实理论根基,进而把握理论精髓,学习到用马克思主义的原理和方法论,去认识世界和改造世界。

第二次飞跃,由"思想观念"到"实践运用"。"马克思主义理论教育不能离开对现实社会的批判。"理论是实践的先导,思想是行动的指南。理论与实践之间既有联系,又有隔阂。马克思主义理论被群众所掌握或者说掌握群众的第二次飞跃是由"思想观念"到"实践运用",理论转为思想观念后,就是形成对事物的基本看法和判断,形成特定的世界观和方法论,有了这些后,才能灵活运用理论解释和解决实践问题,推动实践的发展,这样才能形成完整的理论学习闭环。在教育途径上,尽量避免单一化,要更加重视结合对象思想、价值、认知的实际状况,通过针对性的设计方法,提升教育实践的效果。最终,实现马克思主义理论的知、行相统一。马克思主义理论教育的过程不是简单的知、行的过程,而是复杂的思想接受过程,这个过程是理论学习能够转化为实践能力的途径,帮助人们健康成长成才。

马克思主义大众化不能把群众仅仅作为科学理论的受众、对象,群众不仅是科学理论的接受主体,更是科学理论的运用主体。大众化是马克思主义理论与群众利益之间的一座桥梁,一方面是为了促进马克思主义的宣传和普及,用它来武装群众的头脑;另一方面,也是为了形成一种良性的反馈机制,让群

---

① 习近平:《在北京大学师生座谈会上的讲话》,人民出版社 2018 年版,第 26 页。

众用自己所掌握的马克思主义基本理论、观点和方法去审视、发现实践中的偏差与问题,并根据大众化过程中得来的反馈进一步发展自身。现实告诉我们,群众掌握理论的关键不是群众懂不懂理论,关键在于能不能让群众运用理论改造现实,因为群众掌握马克思主义主要是为了正确运用,以维护自身的利益。

中国共产党100多年的历史,从某种意义上说,就是在马克思主义中国化的实践中,不断地推进马克思主义大众化,使之成为群众改造现实的强大物质力量的历史。因此,在大力推进马克思主义中国化的同时,努力推进马克思主义大众化,让中国化的马克思主义理论和群众彼此相互掌握,这是一个不可或缺的要素。马克思主义的大众化,决定着马克思主义的生命力,决定着马克思主义理论的群众基础。"让马克思主义理论掌握群众",也"让群众掌握马克思主义理论",使马克思主义理论与人民群众之间形成双向的良性互动,是推动马克思主义走向大众化的一条必由之路。

第八章
理论飞跃与人类社会

中国共产党从成立时就立志为实现社会主义和共产主义而奋斗,这一崇高理想本身就内含了中国共产党人的宽广胸襟。中国共产党既谋求中华民族伟大复兴,也把实现共产主义、解放全人类作为自己的使命。中国共产党不断推动马克思主义中国化的理论飞跃,不仅着眼于解决中国发展面临的问题,而且也从全球视域出发,为破解人类面临的难题贡献中国智慧、提供中国方案。

第一节 为全球治理体系改革和建设贡献新智慧

近年来,随着全球性挑战逐年增多,国际力量对比消长加速,旧有的全球治理体系失序,改革已成大势所趋。全球治理体系改革和建设关乎我国可持续发展,关乎世界和平与发展,关乎人类前途与命运,是摆在人类面前的重大课题。这个重大课题不是哪一个国家能够解决的,而是需要全人类集体智慧共同应对。为此,中国一直努力贡献全球公共产品,并在实践中逐渐成为全球治理改革进程中的参与者、贡献者和引领者,为全球治理体系改革和建设不断贡献中国智慧和力量。

一、以公平正义理念积极参与、引领全球治理体系改革

在国际格局加速调整之际,新冠肺炎疫情等突发事件加剧了世界的动荡

变革,"世界怎么了,我们怎么办"成为时代之问,各国人民对美好生活的向往更加强烈,和平、发展、合作、共赢的时代潮流不可阻挡。2015 年,习近平总书记在出席第七十届联合国大会一般性辩论时明确指出,"和平、发展、公平、正义、民主、自由是全人类的共同价值",这是中国价值立场的鲜明表达。

第一,以公平正义理念引导经济全球化,加强全球经济治理。经济全球化是一把"双刃剑",一方面为世界经济增长提供了强劲动力,另一方面反全球化的呼声也反映了经济全球化进程的不足。但毋庸置疑,经济全球化不可阻挡是历史趋势,不是哪些人、哪些国家能够阻挡的。这就需要正确的价值观引领,推动经济全球化朝着开放、包容、普惠、平衡、共赢方向发展,充分利用一切机遇,合作应对一切挑战。

倡导共同走出一条公平、开放、全面、创新的发展之路。现行全球经济治理体系加大了世界贫富差距,导致全球发展失衡,收入分配不平等、发展空间不平衡已经成为全球经济治理面临的突出问题。习近平总书记指出:"要争取公平的发展,让发展机会更加均等。各国都应成为全球发展的参与者、贡献者、受益者。"[1]这就需要各国打开大门搞建设,以促进生产要素在全球范围更加自由便捷地流动,构建开放型经济,追求全面发展,进而培育核心竞争力。

倡导平等、开放、合作、共享的全球经济治理观。自 2008 年国际金融危机以来,世界经济陷入低迷,复苏艰难,面临世界经济增长动力不足、需求不振、金融市场动荡、国际贸易和投资持续低迷、全球供应链压力大、主要发达经济体贸易保护主义措施大幅增加等多重风险。全球经济治理体系面临巨大挑战,主要体现在三方面:一是未能适应国际经济力量对比的深刻演变,二是未能具备足够的抗风险能力,三是未能有效解决全球发展失衡的问题。为此,习近平总书记在 G20 杭州峰会上提出了中国的经济治理观——全球经济治理应该以平等为基础,以开放为导向,以合作为动力,以共享为目标[2],这为完善全球经济治理指明了方向。

---

[1] 《习近平外交思想学习纲要》,人民出版社 2021 年版,第 151 页。
[2] 《习近平外交思想学习纲要》,人民出版社 2021 年版,第 150 页。

第二，以公平正义理念推进国际共同安全，加强全球安全治理。当前，世纪疫情和百年变局交织共振，多边主义同单边主义激烈博弈，非传统安全与传统安全威胁多重叠加，保护主义和战争思维甚嚣尘上，全球安全稳定正面临前所未有的严峻挑战。面对日益复杂化、综合化的安全威胁，单打独斗不行，迷信武力更不行，进一步改革和完善全球安全治理成为国际社会的普遍共识。

直面问题挑战，把脉时代课题。2015年9月28日，习近平总书记在纽约联合国总部出席第七十届联合国大会一般性辩论，并发表题为《携手构建合作共赢新伙伴 同心打造人类命运共同体》的重要讲话，深刻指出：“要摒弃一切形式的冷战思维，树立共同、综合、合作、可持续安全的新观念。”新安全观主张尊重各国安全与发展诉求，坚持通过经济交往、政治谈判和文明交流等和平方式实现共同安全，营造公平正义、共建共享的安全格局。而且，中国始终认真履行自己的责任和义务，积极推动国际社会在网络、反恐、核安全等领域加强合作。新安全观成为推动全球安全治理、破解各种安全难题的一把"金钥匙"，打破了近代以来国际社会的安全思维定式，实现了对西方排他性安全观和霸权稳定论的超越，指明了世界发展和人类未来的正确前进方向。

第三，以公平正义理念开创合作共赢的环境治理体系，加强全球环境治理。自人类进入工业文明时代以来，在物质上创造了巨大财富，但同时加速了对自然资源的攫取，打破了地球生态系统平衡，人与自然深层次矛盾日益突显。作为全球生态文明建设的参与者、贡献者、引领者，中国坚定践行多边主义，努力推动构建公平合理、合作共赢的全球环境治理体系。

中国在推进全球环境治理体系的进程中，提出了坚持人与自然和谐共生理念，要以自然为根，尊重自然、顺应自然、保护自然。提出了坚持绿色发展理念，习近平总书记指出，绿水青山就是金山银山。人类需要一场自我革命，加快形成绿色发展方式和生产方式，建设生态文明和美丽地球。提出了坚持以人为本理念，生态环境关系各国人民福祉，必须充分考虑各国人民对美好生活的向往、对优良环境的期待、对子孙后代的责任，探索保护环境和发展经济、创造就业、消除贫困的协同增效，在绿色转型过程中努力实现社会主义公平正义，增加各国人民获得感、幸福感、安全感。提出了坚持共同但有区别的责任原则,发展中国家面临抗击疫情、发展经济等多重挑战,要照顾其特殊困难和关切;发达国家则应展现更大的雄心和行动,切实帮助发展中国家解决困难,提供资金、技术等方面支持,避免设置绿色贸易壁垒,帮助其加速向绿色低碳转型。

二、以共商、共建、共享理念构建中国特色全球治理观

党的十九大报告指出:"中国秉持共商共建共享的全球治理观,积极参与全球治理体系改革和建设,不断贡献中国智慧和力量。"共商、共建、共享的全球治理观是中国积极参与全球治理体系变革和建设的基本理念和主张,为建设一个更加美好的世界提供了中国智慧,为破解世界共同面临的治理难题提供了中国方案。中国坚持共商、共建、共享的全球治理观,积极倡导合作共赢理念、正确义利观,努力推动全球治理体系朝着更加公正合理的方向发展。

第一,共商强调全球治理需要平等参与、民主协商。全球治理应该是不分大小、强弱,各国平等参与的过程。共商就是集思广益,好事大家商量着办,是国际关系民主化在全球治理领域的具体体现。冷战后,全球治理体系更多的是一种霸权主导下的治理,强调的是西方大国的绝对主导和控制,这种长期的主导也使得西方大国最大限度地维护自己的利益。近年来,发展中国家的迅速发展和发展中大国的群体崛起,改变了旧有的权力结构,为解决全球问题提供了新动力、新力量。但是广大发展中国家在全球治理规则制定、话语权等方面被边缘化是不争的事实。尤其在经贸领域的国际投资谈判中,发展中国家往往处于"要么接受、要么走开"的境地。习近平总书记指出:"全球治理应该以平等为基础,更好反映世界经济格局新现实,增加新兴市场国家和发展中国家代表性和发言权,确保各国在国际经济合作中权利平等、机会平等、规则平等。"[①]

全球治理应该是一个协商过程,需遵循民主协商原则。由于世界各国发展不平衡,发达国家与新兴市场国家因为处于不同的发展阶段,对国家利益界

---

① 习近平:《中国发展新起点 全球增长新蓝图——在二十国集团工商峰会开幕式上的主旨演讲》,《人民日报》2016年9月4日,第3版。

定和对问题轻重缓急的认识不同,所以在很多全球问题上的主张意见、利益责任都不同。对此,新兴市场国家应该逐步承担更多责任,努力实现可持续发展,同时不能要求其以牺牲本国基本发展战略为代价,去实现超越其发展阶段的目标。面对此种矛盾问题,协商解决是关键,无论在程序上还是实质问题上,平等协商都是实现有效全球治理的必要条件。

第二,共建强调全球治理需要各施所长、包容合作。全球治理应是世界各国共同参与治理的过程。共建意味着各国各施所长、各尽所能,把双方优势和潜能充分发挥出来,聚沙成塔、积水成渊,持之以恒加以推进。全球治理是一种问题解决机制,这种治理所要解决的问题不是一个国家的问题,也不是一个国家能解决的问题,全球性挑战需要各行为体通力合作,共同承担提供全球公共产品的责任,共同采取行动。各国发挥所长,建立多元行为体广泛参与、以共同治理为核心的治理体系。

共建具体体现为共建全球治理规则,在公平公正的国际规则基础上形成全球治理价值共识,实现全球和平发展。长期以来,旧有的全球治理规则严重滞后于全球化现实,导致诸多问题、矛盾无法有效解决,例如,地区冲突不断、贸易摩擦升级等,其主要原因是国家利益与全球利益的冲突、全球规则的不合理以及人们对全球性问题的有限认识。全球规则在全球治理中处于核心地位,没有一套能够为各国共同遵守、对国际社会有约束力的普遍规范,全球治理便无从谈起。共建的实质正是建立一套公平公正的全球治理规则,形成全球治理价值共识,以引领未来全球治理走向和构建未来世界秩序健康形态。

第三,共享强调全球治理成果公平惠及各国人民。共享就是让全球治理成果更多、更公平地惠及各国人民,实现共享发展成果、共享安全保障、共享平等尊严、共享和谐进步。传统的全球治理在治理责任与义务的分配等方面存在着明显"大国"偏好,即只重视大国利益而忽视小国利益,只强调发达资本主义国家的利益而无视发展中国家的利益,只注重人类眼前利益而轻视人类长远利益和整体利益,导致利益分配失衡,造成全球治理体制机制碎片化和全球治理公共物品供给不足。针对于此,习近平总书记鲜明指出:"全球经济治理应该以共享为目标,提倡所有人参与,所有人受益,不搞一家独大或者赢者通吃,而是寻求利益共享,实现共赢目标。"①具体而言,共享是在经济领域,进一步优化全球资源配置,建立共享经济体;在安全领域,各国应平等地共同参与管理地区事务;在文化领域,主张人类文明多彩、文明平等、文化包容;在外交领域,始终坚持睦邻友好、互利合作、独立自主的基本原则,从而推进全球治理良性发展。

共商、共建、共享的中国特色全球治理观以推动构建平等、协商、合作、共赢为价值取向,以构建人类命运共同体为目标,有助于全球治理走出实践和理论困境,对转型中的世界秩序塑造具有重要意义。

第二节　为人类迈向现代化创造新道路

百年来,中国共产党团结带领中国人民在不懈推进中华民族伟大复兴的进程中,创造了中国式现代化新道路。中国式现代化新道路拓展了发展中国家走向现代化的途径,为人类迈向现代化、创造新道路,贡献了中国智慧和中国方案。

一、中国特色社会主义为世界的发展带来机遇

中国特色社会主义进入新时代,在中华民族发展史上具有重大意义,在世界社会主义发展史、人类社会发展史上也具有重大意义。中国特色社会主义进入新时代,将为人类文明做出新的更大贡献。

(一) 中国特色社会主义丰富了人类社会现代化的新模式

人类近代文明的发展历程表明,从传统社会走向现代社会,这既是人类社会形态的一次转型,也是文明方式的一次转换,而这一历史转换必然要经历现代化的洗礼。在马克思看来,人类现代化的实践进程也就是世界历史的形成过程,现代化是人类社会进步发展的重要动力。因此,马克思基于唯物史观立

---

① 习近平:《中国发展新起点　全球增长新蓝图——在二十国集团工商峰会开幕式上的主旨演讲》,《人民日报》2016年9月4日,第3版。

场,在《共产党宣言》中充分肯定了资本主义对人类文明的贡献,认为资产阶级"在它已经取得了统治的地方把一切封建的、宗法的和田园诗般的关系都破坏了"[1],资产阶级"由于开拓了世界市场,使一切国家的生产和消费都成为世界性的了"[2]。人类开始真正形成了世界范围的普遍交往。

事实上,实现现代化是中华民族和世界上许多民族共同的追求。现代化在其内涵展开方面,则表现为经济上的工业化,即用现代机器生产取代手工生产,大力发展市场经济;政治上的民主化与法治化,即用民主主义思想取代封建专制观念,以法治取代人治;思想上的理性化,即以民主和科学的理念取代教会的精神独裁。在人类 500 多年的现代化历史实践中,形成了形形色色的现代化理论,这些理论从不同视角概括总结了现代化的进程和经验。

在近代文明向现代文明的演进过程中,人类文明发展史以资本主义文明为主要形态,它经由西方现代化进程加速成熟与发展,确立了在当代世界文明形态的影响力。资本主义文明在西方资本主义国家的现代化进程中得以确立、成熟、发展,将人类从传统农业文明带入现代工业文明之中,对人类文明的进步有着不可磨灭的贡献,这一由西方发达国家主导的现代化道路也成为大多数发展中国家模仿的对象。中国也曾经不遗余力地模仿西方的现代化道路,"各种主义和思潮都在中国进行过尝试,资本主义道路没有走通,改良主义、自由主义、社会达尔文主义、无政府主义、实用主义、民粹主义、工团主义等也'你方唱罢我登场',但都没能解决中国的前途和命运问题"[3]。

在中国人民和中华民族的伟大觉醒中,在马克思列宁主义同中国工人运动的紧密结合中,中国共产党应运而生。中国共产党将马克思主义与中国的实际相结合,以中国特色社会主义理论体系为引领,从社会主义革命和建设的探索到走中国特色社会主义道路,立足于中国国情走自己的路,走出了一条中国式现代化之路,创造了社会主义革命和建设的伟大成就、改革开放和社会主义现代化建设的伟大成就,更创造了新时代中国特色社会主义的伟

---

[1] 《马克思恩格斯选集》第 1 卷,人民出版社 2012 年版,第 402—403 页。
[2] 《马克思恩格斯选集》第 1 卷,人民出版社 2012 年版,第 404 页。
[3] 习近平:《关于坚持和发展中国特色社会主义的几个问题》,《求是》2019 年第 7 期,第 2 页。

大成就。

习近平总书记强调,我们坚持和发展中国特色社会主义,推动物质文明、政治文明、精神文明、社会文明、生态文明协调发展,创造了中国式现代化新道路,创造了人类文明新形态。这条新道路"新"在哪儿?中国式现代化既有各国现代化的共同特征,更有基于国情的中国特色。中国要实现的现代化,是人口规模巨大的现代化,是全体人民共同富裕的现代化,是物质文明和精神文明相协调的现代化,是人与自然和谐共生的现代化,是走和平发展道路的现代化。

历经百年探索,中国走出了一条中国式现代化道路,实现了人类历史上前所未有的大变革,开创了人类历史上最有影响的现代化发展之路,丰富了人类社会现代化的新模式。

(二) 中国特色社会主义开拓了人类文明发展的广阔前景

马克思、恩格斯认为,人类文明必须同人类的物质生产和精神生产联系起来,把文明看作一个反映物质生产成果和精神生产成果的总和、标示人类社会开化状态和进步状态的范畴,认为文明发展与生产力进步具有本质联系。《共产党宣言》将代表当时先进生产力的资产阶级文明视为一种新的文明象征,同以往一切文明区分开来。在近代文明向现代文明的演进过程中,人类文明发展史以资本主义文明为主要形态,它经由西方现代化进程加速成熟与发展,对当代世界文明形态具有重大影响力。

在马克思看来,阶级性、对抗性、私有制是各种欲望的根源,强烈的欲望又会产生对公共财产的掠夺,在斗争中胜出的阶级组成了所谓的文明社会,资产阶级就是在这一不断循环的斗争中新出现的胜出者,而旧的阶级则"必须被炸毁,它已经被炸毁了"。[①]

资本主义兴起加剧了世界范围内文明与野蛮的冲突,把落后民族、地区和阶级纳入所谓文明进程之中,使农村屈服于城市,使落后屈服于先进,其实现方式充满了血腥与野蛮。"它把人的尊严变成了交换价值,用一种没有

---

① 《马克思恩格斯选集》第1卷,人民出版社2012年版,第405页。

良心的贸易自由代替了无数特许的和自力挣得的自由。总而言之,它用公开的、无耻的、直接的、露骨的剥削代替了由宗教幻想和政治幻想掩盖着的剥削。"①

世界市场的形成将资本主义的文明传播到世界各地,"由于一切生产工具的迅速改进,由于交通的极其便利,把一切民族甚至最野蛮的民族都卷到文明中来了。它的商品的低廉价格,是它用来摧毁一切万里长城、征服野蛮人最顽强的仇外心理的重炮。它迫使一切民族——如果它们不想灭亡的话——采用资产阶级的生产方式;它迫使它们在自己那里推行所谓的文明,即变成资产者。一句话,它按照自己的面貌为自己创造出一个世界"。②

中国特色社会主义制度是社会主义的制度模式,具有资本主义制度所没有的优越性。中国特色社会主义的根本制度和基本制度构建了中国社会制度的框架,人民代表大会的根本政治制度和中国共产党领导的多党合作的政治协商制度、民族区域自治制度、基层群众自治制度构建了民主政治的框架,保障了人民当家作主的根本权利。以公有制为主体、多种所有制经济共同发展和以按劳分配为主体、多种分配方式并存的分配制度在保证经济建设社会主义性质的同时,激发了社会经济发展的活力,激发了人民群众进行社会主义现代化建设的积极性、主动性和创造性。

我们创造的人类文明新形态,是以中国自己的方式给出的一个答卷。除了民主、自由、平等、人权等在中国得到了更好的体现外,我们还提出了健康中国、共同富裕、人的全面发展等理念,提出了物质文明、政治文明、精神文明、社会文明、生态文明协调发展,这些都极大地丰富了人类文明的内容。

中国式现代化新道路、人类文明新形态的价值底色,就是和平、发展、公平、正义、民主、自由的全人类共同价值,其实践路径是践行以人民为中心的发展思想,发展全过程人民民主,维护和促进社会公平正义,着力解决发展不平衡、不充分问题和人民群众急难问题,推动人的全面发展、全体人民共同富裕取得更为明显的实质性进展。

---

① 《马克思恩格斯选集》第1卷,人民出版社2012年版,第403页。
② 《马克思恩格斯选集》第1卷,人民出版社2012年版,第404页。

（三）中国特色社会主义奏响了世界社会主义运动的华彩乐章

党的十八大以来，以习近平同志为主要代表的中国共产党人，应时代之变迁、立时代之潮头、发时代之先声，在理论和实践结合基础上，系统回答了新时代坚持和发展什么样的中国特色社会主义、怎样坚持和发展中国特色社会主义这一重大时代课题，形成了习近平新时代中国特色社会主义思想。这既集中体现了当代中国马克思主义的最新成果，也科学构建了 21 世纪马克思主义的最新理论形态。[①]

中国特色社会主义进入新时代，意味着科学社会主义在 21 世纪的中国焕发出强大生机活力，在世界上高高举起了中国特色社会主义伟大旗帜。新时代中国特色社会主义对于世界社会主义发展具有重大意义。

经济文化比较落后的国家如何建设社会主义，是社会主义发展中的重大历史课题。马克思、恩格斯曾提出比较落后国家跨越资本主义"卡夫丁峡谷"的设想。十月革命后，列宁对经济文化相对落后的俄国如何建设社会主义做了许多开创性探索，提出新经济政策、实行工业化、加强党的建设等思想。中国特色社会主义进入新时代，迎来了从创立、发展到完善的伟大飞跃。这一历史课题正在得到成功破解。

科学社会主义在中国的成功，对马克思主义、科学社会主义、世界社会主义的意义，是十分重大的。东欧剧变后，"社会主义失败论""历史终结论"一度甚嚣尘上。中国顶住巨大压力和挑战，成功坚持和发展了社会主义，取得举世瞩目的发展成就。中国特色社会主义进入新时代，以不可辩驳的事实彰显了科学社会主义的鲜活生命力。中国特色社会主义道路越走越宽广，使世界范围内两种意识形态、两种社会制度的历史演进及其较量，发生了有利于马克思主义、社会主义的深刻转变。中国特色社会主义进入新时代，对世界社会主义发展具有深远历史意义。

（四）中国特色社会主义促进了世界各国人民的和平发展

中国特色社会主义进入新时代，我们党积极为解决人类面临的共同问题、

[①] 中共中央宣传部编：《习近平新时代中国特色社会主义思想学习纲要》，学习出版社、人民出版社 2019 年版，第 7 页。

促进世界各国人民的和平发展贡献中国智慧和中国方案。

当前,世界多极化、经济全球化、文化多样化、社会信息化深入发展,全球治理体系和国际秩序变革加速推进。同时,世界面临的不稳定性、不确定性突出,人类处在一个挑战层出不穷、风险日益增多的时代。世界经济增长乏力,发展鸿沟日益突出,冷战思维和强权政治阴魂不散,恐怖主义、网络安全、重大传染性疾病、气候变化等非传统安全威胁持续蔓延。人类又一次站在了十字路口。

在世界大发展、大变革、大调整的背景下,中国特色社会主义为解决世界经济、国际安全、全球治理等一系列重大问题提供了新方向、新方案、新选择。中国高举和平、发展、合作、共赢旗帜,奉行独立自主的和平外交政策,坚持走和平发展道路,推动建设新型国际关系,推动构建人类命运共同体,推动共建"一带一路"高质量发展,以中国的新发展为世界提供新机遇,推动经济全球化朝着更加开放、包容、普惠、平衡、共赢的方向发展,积极参与全球治理体系改革和建设,倡导构建人类命运共同体和新型国际关系,推动各国以文明交流超越文明隔阂、文明互鉴超越文明冲突、文明共存超越文明优越。

二、中国特色社会主义拓展了发展中国家走向现代化的途径

现代化是一个包罗宏富、多层次、多阶段的历史过程。实现现代化是近代以来世界历史发展的大趋势。世界潮流浩浩荡荡,人类文明多姿多彩,西方现代化道路并非人类通向现代化的单一选择。中国式现代化新道路的成功实践,拓展了发展中国家走向现代化的途径,为广大发展中国家探索符合自己国情的现代化道路提供了经验和借鉴。

(一)西方道路并不是通往现代化的唯一之路

纵观发展中国家走向现代化的历程,许多国家都在因循西方发达国家现代化路径,甚至不顾本国具体国情,盲目移植西方现代化模式,从而陷入现代化困境:经济发展长期停滞,社会动荡、政局不稳,与现代化渐行渐远。拥抱民主化浪潮的诸多发展中国家,原本具有适合本国国情的政治、经济和社会制度,政局稳定、社会安宁,却因按照西方经验和模式,亦步亦趋,搬来所谓现代

化标识的民主"飞来峰",遭遇"水土不服",陷入国家治理低效失效、经济社会发展停滞、民不聊生的困境。一些"被民主化"的发展中国家,更是被"民主"搅得政局动荡,经济坠崖式滑落,社会发展水平远不如"前民主化"时期,见证了西式民主在发展中国家的无用性、破坏性。发展中国家按照西方理论在追赶发达国家过程中出现的"中等收入陷阱"、"塔西佗陷阱"、逆全球化、单边主义、恐怖主义等诸多现象,暴露出资本主义文明的困境,人类发展、世界进步渴求新的发展模式、新的文明形态。

(二)中国特色社会主义道路是一条行之有效的现代化道路

相比于西方,改革开放 40 多年来我们坚持走中国特色社会主义道路,实现了经济持续快速发展,7 亿多人口摆脱贫困,人均国内生产总值超过 1 万美元,实现了从贫穷落后到阔步走向繁荣富强的历史性跨越。实践充分证明,中国特色社会主义道路是一条行之有效的现代化道路,它不仅将在新时代继续领航中国全面建设社会主义现代化国家的新征程,也为发展中国家走向现代化提供了中国经验。

发展是硬道理,这是中国特色社会主义发展实践反复证明了的一条真理。在中国特色社会主义现代化道路上,发展这条主线从未动摇,并不断以新的伟大实践主动回应世界性的发展难题和普遍性的发展困境。党的十八大以来,以习近平同志为核心的党中央深刻洞悉国际、国内形势的新变化,着力推动发展方式转变,明确提出创新、协调、绿色、开放、共享的新发展理念,极大地拓展了中国特色社会主义现代化的实现路径。现在,我国经济发展已由高速增长阶段转向高质量发展阶段,我国现代化建设也站到了一个更高的起点上。

统筹推进"五位一体"总体布局,协调推进"四个全面"战略布局。中国特色社会主义现代化是全方位的现代化。改革开放以来,我们党对中国特色社会主义现代化内涵的认识不断深化,党的十八大创造性提出"五位一体"总体布局,大大丰富了中国特色社会主义现代化的理论体系。党的十八大以来,我们党在积极推进"五位一体"总体布局中,又逐步形成了"四个全面"战略布局,确定了我们党新时代的治国理政新理念、新思想、新战略。统筹推进"五位一体"总体布局和协调推进"四个全面"战略布局,紧紧扣住了我国社会主要矛盾的变化,步步合拍中国现代化进程,促进形成了经济富裕、政治民主、文化繁荣、社会公平、生态良好的发展格局,全面开创了我国社会主义现代化事业的新局面。[①]

中国式现代化道路的确立与发展,创造了实现现代化进程的最小代价方式,将正向成果与负面代价的利害冲突降到最低,将人类文明引向新纪元。中国特色社会主义为发展中国家探索符合本国国情的发展道路树立了榜样,提供了全新选择。作为一种实现社会主义现代化的发展模式,中国道路解决了中国的实际问题。

(三) 中国特色社会主义为发展中国家提供经验和借鉴

中国式现代化新道路增强了发展中国家的信心,拓展了发展中国家走向现代化的途径,为世界上那些既希望加快发展又希望保持自身独立性的国家,走符合本国国情的现代化道路提供了经验和借鉴。

中国开辟了后发国家实现现代化的新道路。中国式现代化是发展中国家的现代化。这条新道路拓展了发展中国家走向现代化的途径,给广大发展中国家提供了实现现代化的全新选择,在理论和实践上证明了,一条新的道路是可行的。

2008年全球金融危机之后,全球经济失衡、政治动荡、社会动乱的格局至今没有根本改变,人类始终处在探寻一个最理想发展道路的过程中。"历史终结论"的提出者福山也认为,"历史终结论"有待进一步推敲和完善,人类思想宝库需要为中国传统留有一席之地。中国式现代化道路,不断深化了对共产党执政规律、社会主义建设规律、人类社会发展规律的认识,对于当前世界的发展来说,中国提供了有益的借鉴和方向。

中国式现代化新道路打破了"只有走资本主义道路、采取资本主义模式才能实现现代化"的神话。中国式现代化新道路以事实证明,世界上既不存在定于一尊的现代化模式,也不存在放之四海而皆准的现代化标准,各国历史条件和国情不同,决定了各国选择发展道路的多样性。中国式现代化是发展中国

[①] 中共中央宣传部编:《习近平新时代中国特色社会主义思想学习纲要》,学习出版社、人民出版社2019年版,第8页。

家的现代化。这条新道路拓展了发展中国家走向现代化的途径,给广大发展中国家提供了实现现代化的全新选择。

只有尽快推动世界上那些还没有实现现代化的国家走上发展的道路,我们面临的全球失衡、资金流动性过剩、民粹主义、民族问题等才能得到解决。特别是在百年未有之大变局和世纪大疫情的背景下,世界面临的困难和挑战需要各国人民同舟共济、携手应对,和平发展、合作共赢才是人间正道。这也是中国提出全球发展倡议和推动构建人类命运共同体的重大意义,是中国式现代化道路可以为世界做出的贡献。

三、中国式现代化新道路为人类走向现代化提供了新选择

现代化"是人类历史上最剧烈最深远并且显然是最不可避免的一场社会变革"。[①]它对于任何国家和民族来说,都不是一蹴而就之事,都会面临各种挑战和考验。而且,由于世界各国和民族的政治、经济、文化发展仍然是不平衡的,因此,现代化道路必然不是单一的。

(一)通往现代化的道路是可选择的

"经典现代化理论"主张现代化模式的西化论。这一理论认为,现代化等于西方化,人类的现代化进程不过是发展中国家向发达国家看齐的过程、东方向西方过渡的过程。长期以来,某些发展中国家诉诸路径依赖,欲求实现现代化,不仅硬件要西方化,软件也要西方化;不仅要全盘引进欧美的发展模式和现代科技,也要全盘复制欧美的社会制度和价值观。其将西方模式作为衡量发展中国家道路、制度、文化和价值观是否具有合法性的唯一标准,将东西方的发展差异扭曲为传统与现代、愚昧与先进的对立。然而,这些效仿西方现代化模式的发展中国家,并没有取得预期的成功,比如拉美国家的现代化运动已经持续了一个多世纪,至今仍深陷拉美陷阱之中;非洲国家的现代化之路更是困难重重。西方现代化道路并没有结束人类对现代化的探索,西方的现代文明并不构成历史的终结。因现实国情、文化传统、历史命运不同,通向现代化

---

① 吉尔伯特·罗兹曼主编:《中国的现代化》,江苏人民出版社1995年版,第5页。

的道路不可避免地表现出国别特色和多样性。现代化的潮流不可逆转,但通往现代化的道路实则可以选择,任何国家都无法垄断现代化的一切真理。

(二) 中国式现代化是不同于西方现代化的伟大创造

中国式现代化道路是马克思主义基本原理与中国社会实际相结合的伟大成果。中国式现代化道路承袭了五千年历史积淀而成的文化禀赋,淬炼于中国共产党的百年奋斗实践之中,因此它是承载中国梦的发展之路,有底气承接中国人民的理想希望与国家的前途命运。面对西方势力别有用心的同化,中国式现代化道路在批判继承人类文明成果的同时,坚守着内在特质。

中国式现代化道路是一项前无古人的伟大实践,书写了中华民族从积贫积弱走向伟大复兴的壮美华章。中国式现代化的特殊性主要体现在8个方面:中国式现代化是中国共产党领导的社会主义现代化;中国式现代化是14亿多人口规模的巨大现代化,即人口规模巨大、经济规模巨大、超级复杂和难度极大的现代化;中国式现代化是追求全体人民共同富裕的现代化,就是要体现出以人民为中心发展的、逐步推动实现共同富裕的现代化;中国式现代化是物质文明和精神文明相协调的现代化;中国式现代化是传承中国文化和光耀中华文明的现代化;中国式现代化是实现国家治理体系和治理能力的现代化,也即要实现国家治理的制度现代化,靠制度安排来确保国家的长治久安;中国式现代化是人与自然和谐共生的现代化;中国式现代化是走和平发展道路的现代化,就是要走一条不靠发动战争、不殖民掠夺、不欺负弱小国家,和平共处、合作共赢的现代化道路,中国既是世界和平的建设者、全球经济发展的贡献者,更将是国际秩序的维护者。

(三) 沿着中国式现代化新道路走向光辉未来

一百年来,中国共产党把马克思主义与中国的实际相结合,走出了一条中国式现代化之路。中国特色社会主义为发展中国家探索符合本国国情的发展道路树立了榜样,提供了全新选择。作为一种实现社会主义现代化的发展模式,中国道路解决了中国的实际问题,也在一定意义上回答和解决了其他经济文化相对落后国家如何实现现代化、如何发展的共同问题。

现在,党团结带领全国各族人民踏上了实现第二个百年奋斗目标新的赶考之路。无论风云如何变幻,无论挑战如何严峻,一百年前,中华民族呈现在世界面前的是一派衰败凋零的景象。今天,中华民族向世界展现的是一派欣欣向荣的气象,正以不可阻挡的步伐迈向伟大复兴。

中国的现代化是人类历史上最为壮丽的事业。长期以来,"现代化=西方化"的所谓公理捆绑了世界人民的现代化梦想,人们一直翘首以盼西方之外的选择。如今,现代化的历史叙事、空间叙事正在被中国重构,现代化的学术话语、理论术语正在被中国改写。

中国坚定地走自己的路,到21世纪中叶,我国必将沿着中国式现代化新道路走向光辉未来,必将全面建成社会主义现代化强国,必将彻底改写现代化的世界版图,拓展人类走向现代化的途径,进一步丰富发展具有大国气象、社会主义性质的人类文明新形态,全面建成社会主义现代化强国的目标一定能够实现,中华民族伟大复兴的中国梦一定能够实现!

第三节　为人类文明发展提供新样本

中国特色社会主义道路,是中国共产党在百年实践中逐步开辟的道路。为了加快推进社会主义现代化,党领导人民进行经济建设、政治建设、文化建设、社会建设,取得了一系列重大成就。这条道路取得的历史性成就,不仅证明了它是一条能够引领中国成为社会主义现代化强国的道路,而且证明了中国特色社会主义是融合了社会主义、中华优秀传统文化、人类文明发展成果三大文明元素的结晶,可以成为人类文明发展的新样本。

一、中国特色社会主义是汲取人类优秀文明成果的伟大创造

中国特色社会主义制度是当代中国发展进步的根本制度保障,具有鲜明中国特色、明显制度优势、强大自我完善能力。中国特色社会主义是社会主义,不是别的什么主义。习近平指出:"中国特色社会主义,既坚持了科学社会主义基本原则,又根据时代条件赋予其鲜明的中国特色。这就是说,中国特色

社会主义是社会主义,不是别的什么主义。"①毫无疑问,中国在改革开放中认真地学习和借鉴了世界各国现代化经验,这一点我们从来没有否定过。但是,学习借鉴的目的不是要搞资本主义,而是要解决自身面临的历史性课题,是历史的结论、人民的选择。我们通过走自己的路快速发展起来,是科学社会主义理论逻辑和中国社会发展历史逻辑的辩证统一。同时,中国制度具有开放包容的品格,从不自我封闭,而是坚持合理借鉴人类文明一切优秀成果,博采众长、兼收并蓄,在交流借鉴中不断发展完善,因而充满生机活力,愈发科学管用。

马克思指出:"人们自己创造自己的历史,但是他们并不是随心所欲地创造,并不是在他们自己选定的条件下创造,而是在直接碰到的、既定的、从过去承继下来的条件下创造。"②要知道,人类任何新的创造,都是在"直接碰到的、既定的、从过去承继下来的"条件和环境下进行的,而不是凭空想象或拿来主义。社会主义作为西方舶来品,在其扎根中国的过程中,首先遇到的条件和环境便是中国的现实国情和独特的文化传统。因而当我们面临什么是社会主义、怎样建设社会主义的时代课题时,既定的现实国情和文化传统决定了我们既不能照抄照搬"苏联模式",也不能完全借鉴"西方模式",而必须切合中国的实际情况,将社会主义与现实国情和中华优秀文化结合起来,走中国特色社会主义道路。改革开放以后,我党在文化建设上坚持物质文明和精神文明两手抓、两手硬,推动社会主义文化繁荣发展,振奋了民族精神,凝聚了民族力量。

中国特色社会主义道路的选择与发展不仅立足于中华优秀传统文化所形成的既定历史基础,而且中华优秀传统文化中兼收并蓄、实事求是、革故鼎新、与时俱进等精神品质也为中国特色社会主义道路的选择和发展提供了理论指导与方法论启迪,反映了中国人的意愿与诉求,推进了中国特色社会主义的发展与完善,加固了中华优秀传统文化的沃土根基。

---

① 中共中央宣传部编:《习近平新时代中国特色社会主义思想学习纲要》,学习出版社、人民出版社2019年版,第25页。
② 《马克思恩格斯选集》第1卷,人民出版社2012年版,第669页。

二、中国特色社会主义是人类文明发展的结晶

新中国成立 70 多年来,中国最成功的探索和最伟大的成就,就是开辟了中国特色社会主义现代化道路。与此相联系,中国创立了中国特色社会主义理论,建构了中国特色社会主义制度,形成了中国特色社会主义文化。在中国特色社会主义文化体系中,社会主义文化和中华优秀传统文化,在中华民族伟大复兴的进程中密不可分。中国特色社会主义文化是在中国共产党人把马克思主义和中国实际相结合的历史进程中形成的,以马克思主义为指导,坚持中华文化立场,立足当代中国现实,结合当今时代条件,将现代化和中华优秀传统文化元素相结合的人类文明最新成果。党的十八大以来,习近平在对待中国特色社会主义问题上,一再要求我们回答好新时代坚持和发展什么样的中国特色社会主义、怎样坚持和发展中国特色社会主义这一重大时代课题,他强调:"不忘本来才能开辟未来,善于继承才能更好创新。"[1]追根溯源,中国特色社会主义文化和中华优秀传统文化的关系是中华优秀传统文化是中华民族的根和魂,是中国特色社会主义根植的文化沃土。中华传统文化内容丰富,既有宝贵的营养成分值得我们汲取,又有一定历史局限性。习近平新时代中国特色社会主义思想作为马克思主义中国化的最新成果,就是坚持用辩证唯物主义和历史唯物主义的科学方法对待传统文化,真正实现"取其精华,去其糟粕"。

习近平新时代中国特色社会主义思想围绕着坚持和发展什么样的中国特色社会主义、怎样坚持和发展中国特色社会主义这一新的时代课题,以"十个明确"为核心内容,以"十四个坚持"为基本方略,对中国特色社会主义总目标、总任务等一系列问题展开论述,形成了完备的科学理论。这一理论作为一个有机整体,在价值立场、历史担当、谋篇布局、世界价值等方面都体现出对传统文化的传承与创新。

第一,价值立场:从民本思想到以人民为中心。民本思想是中国古代极为重要的政治理论,如《尚书·五子之歌》中的"民惟邦本,本固邦宁"、荀子的"君

---

[1] 中共中央宣传部编:《习近平新时代中国特色社会主义思想学习纲要》,学习出版社、人民出版社 2019 年版,第 146 页。

舟民水"和孟子的"民贵君轻"等,都反映出中国早期的民本思想。民本思想认识到民众在国家中的重要地位,有利于在一定程度上缓和社会矛盾、维护政治稳定。与封建时期的思想家站在君主立场上限制君主权力不同,中国共产党人继承了传统民本思想中的合理元素,抛弃了其维护封建统治的立场,始终站在人民的立场上,代表最广大人民的根本利益。

2012年11月,刚刚当选中共中央总书记的习近平在同中外记者见面时说道:"人民对美好生活的向往,就是我们的奋斗目标。"[①]习近平在党的十九大报告开篇指出:"中国共产党人的初心和使命,就是为中国人民谋幸福,为中华民族谋复兴。"[②]可见,尽管时间推移,但以人民为中心的价值立场在习近平心中始终不变。这一价值立场,是党的十八大以来治国理政取得显著成绩的重要原因。在党的十九大报告中,习近平在阐述新时代时,强调了新时代是"不断创造美好生活、逐步实现全体人民共同富裕的时代";在分析主要矛盾时,突出了"人民日益增长的美好生活需要";在论述"伟大斗争"时,指明要"更加自觉地维护人民利益";在论述"八个明确"时,要求"必须坚持以人民为中心的发展思想";在论述"十四个坚持"时,提出"增进民生福祉是发展的根本目的";在论述新征程时,展望了"全体人民共同富裕基本实现,我国人民将享有更加幸福安康的生活"。由此可见,以人民为中心的价值立场体现在习近平新时代中国特色社会主义思想的各个方面,在扬弃的基础上赋予传统民本思想以新时代的丰富内容。

第二,历史担当:从大同理想到中国梦。中国古代儒家思想是一种"入世"的思想,其"修齐治平"的理念强调个人对国家和民族的担当精神。从范仲淹的"先天下之忧而忧,后天下之乐而乐",到顾炎武的"天下兴亡,匹夫有责",仁人志士莫不以天下为己任。而古人对于天下的最高追求就是《礼记·礼运》中提出的大同理想。习近平在十八届中共中央政治局第十三次集体学习时,要求提炼并诠释传统文化"讲仁爱、重民本、守诚信、崇正义、尚和合、求大同"的

[①]《习近平谈治国理政》,外文出版社2014年版,第4页。
[②] 习近平:《决胜全面建成小康社会 夺取新时代中国特色社会主义伟大胜利——在中国共产党第十九次全国代表大会上的报告》,人民出版社2017年版,第2页。

时代价值，体现出对大同理想借鉴作用的肯定。从一定意义上讲，大同理想是古人长期追求的中国梦。只不过在封建等级制度下，这种美好的设想只能是乌托邦。2012年11月，习近平以空前的历史担当提出了中国梦的战略构想，目标指向中华民族伟大复兴。中国梦不仅是对古人追求"天下为公"的大同理想的继承，而且是对其的扬弃和超越。

习近平强调，中国梦必须紧紧依靠人民来实现，明确了实现中国梦的动力源泉。2017年党的十九大报告在"两个一百年"基础上，提出了新时代"两步走"，这让实现中国梦的战略步骤变得更加具体和更有可操作性。从"社会主义现代化国家"到"社会主义现代化强国"，则再次彰显了习近平的历史担当，加快了民族复兴的步伐。中国梦作为近代以来中华民族最伟大的梦想，不仅体现着当代中国人的追求，"也深深反映了我们先人们不懈奋斗追求进步的光荣传统"。中国梦既继承了古人追求大同理想的进步精神，又以明确的动力源泉和清晰的战略步骤彰显了目标的可实现性，从而超越了大同理想的历史局限性，体现出当代中国共产党人的智慧与担当。

第三，谋篇布局：从朴素的整体观到辩证的全局观。中国传统哲学把天地万物视为不可分割的整体，如《春秋繁露》中的"天人之际，合而为一"就表达出一种朴素的整体观。习近平立足于整体，以"不谋全局者，不足谋一域"的气魄谋篇布局，在内政方面提出"四个全面""四个自信""四个伟大""五大发展理念"等全局性战略思想；在外交方面强调人类各种文明交流互融、相互借鉴，从整体角度、从全人类的利益看待世界各国的关系。此外，中国传统哲学整体观中又蕴含着自发的辩证思维，如《周易》中的"一阴一阳之谓道"、《老子》中的"祸兮福所倚，福兮祸所伏"，等等，强调事物存在相互依存的两个方面，且有相互转化的可能。但中国传统辩证思维有一个重大缺点，即一般只注重对矛盾普遍性、绝对性的分析，而不注重对矛盾特殊性的分析。①

习近平坚持运用辩证唯物主义世界观方法论，既重视矛盾的普遍性，又关注矛盾的特殊性，超越了中国传统朴素整体观的局限性。"四个全面"战

---

① 张岱年、程宜山：《中国文化论争》，中国人民大学出版社2006年版，第119页。

略布局中,全面建成小康社会是战略目标,另外三个是战略举措,是目标与举措的辩证统一,既有整体思维,又抓住了重点。在"四个伟大"中,"起决定性作用的是党的建设新的伟大工程",突出了重点;同时强调,"推进伟大工程,要结合伟大斗争、伟大事业、伟大梦想的实践来进行",彰显出辩证的全局观。

第四,世界价值:从"兼济天下"的情怀到造福。中国传统文化向来具有"兼济天下"的情怀,习近平在 2017 年新年贺词中表示:"中国人历来主张'世界大同,天下一家'。中国人民不仅希望自己过得好,也希望各国人民过得好。"中国曾为世界文明进步做出了巨大贡献,近代以来却饱受奴役和压迫。在中国共产党的正确领导下,中国已经逐步实现了从站起来、富起来到强起来的历史性飞跃。①

中华优秀传统文化是民族的,它代表着中华民族独特的精神标识。同时,中华优秀传统文化又是世界的,它为世界文明做出了重要贡献,其繁荣发展也离不开对外来文化的包容借鉴。在当前经济全球化背景下,世界各国文化的互相交流成为大势所趋。习近平新时代中国特色社会主义思想在对传统文化传承创新的过程中,既强调"本国本民族要珍惜和维护自己的思想文化",又提倡学习借鉴人类社会创造的各种文明,提出"让中华优秀传统文化同世界各国优秀文化一道造福人类",真正实现民族性和世界性的统一。

一方面,推动中华优秀传统文化"走出去",以丰富的形式促进文化交流,让国外民众感受到中华传统文化的魅力,提升我国的文化软实力;另一方面,以中华传统文化蕴含的智慧为世界做出新的贡献。例如,面对当前复杂的国际形势,"人类命运共同体"倡议继承了马克思社会共同体思想,既是我国和平外交政策在新时代的发展,又是对传统文化"和合理念"的传承与创新。"人类命运共同体"倡议体现了中华优秀传统文化"以和为贵"的内在基因,鼓励人类文明的多样性;同时,强调合作中的各项法律必须讲究公平正义,不能搞双重标准,希望国际公约和法律要"真正做到'无偏无党,王道荡荡'";既强调和平、

---

① 王海军、王栋:《习近平新时代中国特色社会主义思想对传统文化的传承创新探析》,《思想教育研究》2018 年第 6 期,第 11 页。

主张合作,又注重合作中的普惠、公平,紧跟时代步伐,摒弃过时的零和博弈思维,使传统"和合理念"在当代得到了创新性发展,更好地造福世界。

习近平高度重视中华优秀传统文化,并将其作为治国理政的重要思想文化资源。他强调,中华优秀传统文化是中华民族的突出优势,是我们在世界文化激荡中站稳脚跟的根基。实现中华民族伟大复兴,必须结合新的时代条件和弘扬中华优秀传统文化。习近平总书记说:"宣传阐述中国特色,要讲清楚每个国家和民族的历史传统、文化积淀、基本国情不同,其发展道路必然有着自己的特色;讲清楚中华文化积淀着中华民族最深沉的精神追求,是中华民族生生不息、发展壮大的丰厚滋养;讲清楚中华优秀传统文化是中华民族的突出优势,是我们最深厚的文化软实力;讲清楚中国特色社会主义植根于中华文化沃土、反映中国人民意愿、适应中国和时代发展进步要求,有着深厚历史渊源和广泛现实基础。"因此,要坚持中国特色社会主义,必须搞清楚中国特色社会主义从哪里来、到哪里去,搞清楚中国特色社会主义内在包含的文明元素,懂得中国特色社会主义是人类文明的最新成果。通过提高国家文化软实力,讲好中国故事,提高中华文化影响力,形成同我国综合实力相适应的国际话语权。

三、中国特色社会主义创造了人类文明新形态

事实上,我们党向来重视文化传承与建设,始终把握世界范围内思想文化相互激荡、我国社会观念深刻变化的趋势,强调意识形态工作是为国家立心、为民族立魂的工作。我们进一步提出,文化自信是一个国家、一个民族发展中最基本、最深沉、最持久的力量,没有高度的文化自信、没有文化繁荣兴盛,就没有中华民族伟大复兴。实践发展告诉我们,必须坚持以人民为中心的工作导向,举旗帜、聚民心、育新人、兴文化、展形象,牢牢掌握意识形态工作领导权,建设具有强大凝聚力和引领力的社会主义意识形态,建设社会主义文化强国,激发全民族文化创新创造力,更好构筑中国精神、中国价值、中国力量,巩固全党全民族人民团结奋斗的共同思想基础。这就是我们创造的中国特色社会主义新型文明形态的意义所在。

第一，中国特色社会主义文化形态是中国特色社会主义的重要组成部分。思想文化是民族的血脉，是人民的精神家园，更是人民美好生活需要的重要组成部分。正是基于中国特色社会主义道路、理论、制度、文化四者之间的历史发展和逻辑发展的内在规律，党的十八大以来，以习近平同志为核心的党中央继提出"三个自信"后，又提出第四个自信——文化自信，并认为文化体现的是深层次的精神追求和坚守。坚定"四个自信"说到底是要坚定文化自信，"文化自信，是更基础、更广泛、更深厚的自信"。坚定文化自信，是事关国运兴衰、文化安全、民族精神独立性的大问题。这就不仅将中国特色社会主义文化与经济、政治、社会、生态文明相并列，将文化建设视为"五位一体"总体布局的重要组成部分，而且使中国特色社会主义文化与中国特色社会主义道路、中国特色社会主义理论、中国特色社会主义制度相并列，将其视为中国特色社会主义的基本内容和重要组成部分，从而明确了中国特色社会主义文化在中国特色社会主义中的重要地位、科学内涵及主要功能，拓展和深化了我们党对科学社会主义理论的新认识，开创了我们党对社会主义文化理论认识的新飞跃。

第二，中国特色社会主义文化形态是激励全党全国各族人民奋勇前进的强大精神力量。中国特色社会主义文化包括中华优秀传统文化、革命文化、社会主义先进文化三类宝贵文化资源，积淀着中华民族最深层的精神追求，代表中华民族独特的精神标识，是激励全党全国各族人民奋勇前进的强大精神力量。中华民族在5 000年的文明历史中创造的灿烂的中华文明，为人类做出了卓越贡献。博大精深的中华优秀传统文化，是中华儿女共同的精神根基和血脉，是我们共同培育的民族精神。它把我国56个民族、14亿多人紧紧凝聚在一起。"中国优秀传统文化的丰富哲学思想、人文精神、教化思想、道德理念等，可以为人们认识和改造世界提供有益启迪，可以为治国理政提供有益启示，也可以为道德建设提供有益启发。"[1]激昂向上的革命文化是坚守理想信念的文化、充满革命激情的文化、歌颂献身精神的文化。在革命文化引领下，无数共产党人和革命先烈，前仆后继地用鲜血与生命谱写出中国革命波澜壮阔

---

[1] 习近平：《在纪念孔子诞辰2565周年国际学术研讨会暨国际儒学联合会第五届会员大会开幕会上的讲话》，《光明日报》2014年9月25日，第1版。

的乐章,挺起了中华民族坚强不屈的精神脊梁。生机勃勃的社会主义先进文化是以马克思主义为指导,以培育和践行社会主义核心价值观为灵魂,面向现代化、面向世界、面向未来的,民族的、科学的、大众的社会主义文化,既受世界大潮洗礼,也为时代风云熏陶,以理论、学术、文艺、影视等多姿多彩的文化样式塑造着国家形象,引领着社会风尚,教育人民树立和坚持正确的世界观、人生观、价值观、历史观、民族观、国家观、文化观、道德观等,为实现中华民族伟大复兴的中国梦不断注入蓬勃的生机活力和思想智慧。

第三,中国特色社会主义文化形态是使我国由富变强的价值观引领。文化是一个民族的精神高地、价值体系和科学创造,是建设富强、民主、文明、和谐、美丽的社会主义现代化强国的价值观引领,是极为重要的软实力。文化的价值力量潜藏于中国各族人民的思想和行动之中,既无比深厚,又无比强大。习近平指出,价值观念在一定社会的文化中是起中轴作用的,文化的影响力首先是价值观念的影响力。世界上各种文化之争,本质上是价值观念之争,也是人心之争、意识形态之争,正所谓"一时之强弱在力,千古之胜负在理"。因此,我们首先要打好价值观念之争这场硬仗。实现社会主义现代化和中华民族伟大复兴,必须增强综合国力。这个综合国力,既包括经济、政治、科技、军事等硬实力,也包括制度、治理、文化等软实力。建设中国特色社会主义文化强国,推动社会主义文化繁荣兴盛,就是为了实现"两个一百年"奋斗目标和中华民族伟大复兴的中国梦,以文化复兴推动民族复兴。①

第四,中国特色社会主义文化形态是理想信念的底蕴和滋养。"革命理想高于天。共产主义远大理想和中国特色社会主义共同理想,是中国共产党人的精神支柱和政治灵魂",是道路自信、理论自信、制度自信、文化自信的理想信念根基。中国特色社会主义文化自信,内涵丰富、功能独特,其主旨就是坚持以马克思主义为指导,以社会主义核心价值体系为灵魂,不断增强意识形态领域的主导权和话语权,激发全民族的文化创新活力,建设社会主义文化强国。中国特色社会主义文化以价值观念和意义系统来反映并组织世界,以集

---

① 荣开明:《担当起新时代的文化使命——学习习近平新时代中国特色社会主义文化思想》,《学习论坛》2018年第7期,第19页。

体身份与社会行动将人们联系在一起,以鼓励或禁止的方式促使大家形成目标一致的行动方针。它还能以文化为纽带,将实践、理论与制度融为一体,赋予文化更基本、更深沉、更持久的力量。这种丰富内涵、独特功能是提升自身文化软实力的不竭动力。"欲人勿疑,必先自信",文化自信不仅是中国经济、外交和影响力扩展的支撑,而且是推动大国复兴的更基本、更深沉、更持久的力量。这种丰富内涵、独特功能还是讲述好中国故事的逻辑前提。文化指导人的行为,诠释人的动机,为利益分析提供基础,让行动具有社会意义。文化是分析现实的一个变量,借助于文化,我们能够确立一种理论与实践、逻辑与现实的联系。新时代的中国文化叙事,需要以习近平新时代中国特色社会主义文化思想为指导,承担起解释新时代中国特色社会主义伟大实践的功能,促进中外民众相互了解和理解,为实现中国梦营造良好环境。

华夏文明源远流长,回顾历史,不同时代的人们从各自面临的实际出发,做出了不同的文化选择。战国时期,群雄并起,秦始皇用法家思想统一了中国。到了汉朝初期,刚刚饱受战乱之苦的百姓需要休养生息,严刑酷法已不再符合实际要求,于是"无为而治"的道家思想成为治国思想。汉武帝时期,国力日益强盛,面对北方匈奴的威胁,清静无为已然不是最好选择,这才有了"罢黜百家,独尊儒术"。近代以来,我们在一次次的斗争中不断壮大与发展,文明的进程也在不断试错中向前更迭。一个时期以来,我们经受了拜金主义、享乐主义、极端个人主义和历史虚无主义的不断挑战,错误思潮不时涌现,尤其在科技高速发展的今天,网络舆论乱象丛生。不可否认,一旦政治立场模糊、缺乏斗争精神,就极容易受到不良影响,动摇人民的思想和整个社会的舆论环境。历史发展证明,我们既要坚持传统文化的传承,又需要满足时代现实需要,只有创造属于中国自己的文明新形态,才能永远立于世界文化之林,永葆璀璨的文化之光。

结束语

新时代孕育新思想,新思想指导新实践。面向新时代、踏上新征程,为实现第二个百年奋斗目标、实现中华民族伟大复兴的中国梦,党和国家必须长期坚持以习近平新时代中国特色社会主义思想为指导,坚持用习近平新时代中国特色社会主义思想武装全党和全国各族人民,自信自强、守正创新。

一、习近平新时代中国特色社会主义思想是党和国家必须长期坚持的指导思想

党的十九大把习近平新时代中国特色社会主义思想确立为党必须长期坚持的指导思想并庄严地写进了党章,实现了党的指导思想的与时俱进。十三届全国人大一次会议通过的宪法修正案,郑重地把习近平新时代中国特色社会主义思想载入宪法,实现了从党的指导思想向国家指导思想的转化,实现了国家指导思想的与时俱进。习近平新时代中国特色社会主义思想是马克思主义中国化最新成果,是马克思主义中国化新的飞跃,是当代中国马克思主义、21世纪马克思主义,是中华文化和中国精神的时代精华,是党和国家必须长期坚持的指导思想。

(一)面对百年变局和世纪疫情,必须坚持以习近平新时代中国特色社会主义思想为指导

习近平总书记指出:"当今世界正在经历百年未有之大变局。这场变局不限于一时一事、一国一域,而是深刻而宏阔的时代之变。时代之变和世纪疫情相互叠加,世界进入新的动荡变革期。"世界多极化、经济全球化、社会信息化、文化多样化深入发展,全球治理体系和国际程序变革加速推进,新兴市场国家和发展中国家快速崛起,国际力量对比更趋均衡,世界各国人民的命运从未像今天这样紧紧相连。

同时,世界面临的不稳定性、不确定性突出,世界经济增长乏力,贸易保护主义、孤立主义、民粹主义等思潮不断抬头,贫富分化日益严重,地区热点问题此起彼伏,恐怖主义、网络安全、重大传染性疾病、气候变化等非传统安全威胁持续蔓延。

新冠肺炎疫情不但使各国政府被迫按下了经济发展和社会运行的暂停键,从而改变了人们的生活方式、学习方式、工作方法和交往方式,而且在一定程度上改变了社会的治理方式,改变了国与国之间的联系方式与国际交流合作机制。大疫之后,制度之争、国力之争和影响之争引发的对立和冲突,极有可能进一步升级变异。在这样一个重要历史当口,如何调整以联合国为核心的现行国际组织体系,如何完善以《联合国宪章》为主体的国际关系准则,如何构建均衡、稳定、协调发展的大国关系框架,如何推动建立符合时代潮流的世界秩序和安全架构,成为摆在全人类面前的共同问题。

百年变局和世纪疫情相互交织,人类社会正处于何去何从的十字路口。世界怎么了,我们怎么办,成为全世界都在思考的问题。习近平总书记提出"构建人类命运共同体"理念,深刻回答了建设一个什么样的世界、如何建设这个世界这一关乎人类社会前途命运的重大课题,成为引领人类文明进步方向的鲜明旗帜,为解决全球面临的共同问题提供了中国智慧、中国方案。中国日益发挥着世界和平建设者、全球发展贡献者、国际秩序维护者的重要作用。"'一带一路'倡议""中国开放的大门只会越开越大""弘扬和平、发展、公平、正义、民主、自由的全人类共同价值""人类文明交流互鉴"……面对世界之问,只要我们坚持以习近平新时代中国特色社会主义思想为指导,就一定能始终站在历史一边,站在人类进步的一边,与世界人民一起在人间正道上携手前行,共同创造更加美好的世界。①

(二)踏上新的赶考之路,必须坚持以习近平新时代中国特色社会主义思想为指导

习近平总书记指出:"现在,中国共产党团结带领中国人民又踏上了实现第二个百年奋斗目标新的赶考之路。"这既是向全党发出的政治号召,又赋予

---

① 宣言:《我们怎样才能继续成功》,《人民日报》2021年9月28日,第1版。

了"赶考"新的时代内涵,体现了习近平总书记深沉的忧患意识、高度的历史自觉和强烈的责任担当。

今天,我们比历史上任何时期都更接近、更有信心和能力实现中华民族伟大复兴的目标。同时,我们必须清醒地认识到,中华民族伟大复兴绝不是轻轻松松、敲锣打鼓就能实现的,前进道路上仍然存在可以预料和难以预料的各种风险挑战。美国等西方国家对我国全方位遏制打压不会消停,境内外敌对势力实施西化、分化战略和渗透、颠覆、破坏活动从未停止,我们面临的各种斗争不是短期的而是长期的,不是简单的而是复杂的。必须清醒认识到,我国仍处于并将长期处于社会主义初级阶段,我国仍然是世界上最大的发展中国家,社会主要矛盾是人民日益增长的美好生活需要和不平衡不充分的发展之间的矛盾。发展不平衡不充分问题突出,重点领域关键环节改革任务仍然艰巨,创新能力还不适应高质量发展要求,农业基础还不稳固,生态保护、社会治理等方面还有很多弱项。必须清醒认识到,党的自身建设上还存在一些不匹配、不适应的地方,"四大考验""四种危险"依然严峻复杂,一些弱化党的先进性、损害党的纯洁性的问题具有很大的危险性和破坏性,特别是党风廉政建设上一些问题具有反复性和顽固性,稍有不注意就会反弹回潮、前功尽弃。①

走好新的赶考之路,必须用习近平新时代中国特色社会主义理论指引前进的方向,观察时代、把握时代、引领时代,不断深化对共产党执政规律、社会主义建设规律、人类社会发展规律的认识。增强"四个意识",坚定"四个自信",做到"两个维护",坚持系统观念,统筹推进"五位一体"总体布局,协调推进"四个全面"战略布局,立足新发展阶段、贯彻新发展理念、构建新发展格局、推动高质量发展,全面深化改革开放,促进共同富裕,推进科技自立自强,发展全过程人民民主,保证人民当家作主,坚持全面依法治国,坚持社会主义核心价值体系,坚持在发展中保障和改善民生,坚持人与自然和谐共生,统筹发展和安全,加快国防和军队现代化,协同推进人民富裕、国家强盛、中国美丽。②

---

① 本书编写组编著:《〈中共中央关于党的百年奋斗重大成就和历史经验的决议〉辅导读本》,人民出版社2021年版,第408—409页。
② 《中共中央关于党的百年奋斗重大成就和历史经验的决议》,人民出版社2021年版,第73页。

二、坚持用习近平新时代中国特色社会主义思想武装全党和全国各族人民

理论创新每前进一步,理论武装就要跟进一步。坚持用习近平新时代中国特色社会主义思想武装全党、教育人民,对于统一思想认识、明确前进方向、凝聚奋进力量,实现社会主义现代化和中华民族伟大复兴,具有重大现实意义和深远历史意义。

(一) 必须在学懂、弄通、做实上下功夫

要在学懂上下功夫。"懂"是前提。坚持读原著、学原文、悟原理,深刻认识习近平新时代中国特色社会主义思想的时代意义、理论意义、实践意义、世界意义,深刻理解这一思想的核心要义、精神实质、丰富内涵、实践要求,深刻把握贯穿其中的马克思主义立场、观点、方法,知其然更知其所以然,不断提高马克思主义理论水平。要全面系统学,不照本宣科、不断章取义;要及时跟进学,做到理论创新每前进一步,理论学习就要跟进一步;要深入思考学,做到知其然、知其所以然、知其所以必然;要联系实际学,结合改革发展稳定、内政外交国防、治党治国治军等各方面工作学习。

要在弄通上下功夫。"通"是贯通。把学习领会习近平新时代中国特色社会主义思想,同学习马克思列宁主义、毛泽东思想、邓小平理论、"三个代表"重要思想、科学发展观贯通起来,把握这一思想的理论逻辑。把学习领会习近平新时代中国特色社会主义思想,同学习党史、新中国史、改革开放史、社会主义发展史贯通起来,把握这一思想的历史逻辑。把学习领会习近平新时代中国特色社会主义思想,同新时代进行伟大斗争、建设伟大工程、推进伟大事业、实现伟大梦想的丰富实践贯通起来,把握这一思想的实践逻辑。

要在做实上下功夫。"实"是落脚点。坚持理论联系实际的学风,坚持问题导向、实践导向、需求导向,紧密结合新时代、新实践、新要求,紧密结合思想和工作实际,更加自觉用这一思想指导解决实际问题,特别是改革发展稳定的重大问题、人民群众反映强烈的突出问题、党的建设面临的紧迫问题,切实把学习成效转化为做好本职工作、推动事业发展的生动实践。要拿出实实在在

的举措,一个时间点一个时间点往前推进,以钉钉子精神全面抓好落实;要真抓实干、埋头苦干,确实干出实效。

(二)必须在纯正学风上有突破

学风问题是关系党的事业兴衰成败的一个重大政治问题,用习近平新时代中国特色社会主义思想武装全党和全国各族人民,必须把弘扬优良学风作为根本遵循。

一是要坚持实事求是的学风。我们党一贯提倡"说老实话、办老实事、做老实人",学习习近平新时代中国特色社会主义思想必须脚踏实地、实事求是,只有这样才能学有所获、学有所成。这就需要我们自觉下实功夫、苦功夫,把学习计划订实,在一段时间内,对于重点学习哪些篇目,先学什么、后学什么,利用哪些时间段,达到怎样的学习效果等问题,做到心中有数、合理安排;把学习的内容落实,不以工学矛盾做"挡箭牌",不搞"说起来重要、做起来次要、忙起来不要"的敷衍式学习,按照既定的学习目标和计划读原著、学原文、悟原理;在学习态度上务实,防止"学给别人看""雷声大雨点小"等不良倾向和问题,坚持以满腔的热忱、求知的渴望、甘当小学生的精神,投入每一次理论学习。

二是要发扬持之以恒的学风。毛泽东曾说:"如果我们党有一百个至二百个系统地而不是零碎地、实际地而不是空洞地学会了马克思列宁主义的同志,就会大大地提高我们党的战斗力量。"理论学习如果仅满足于零敲碎打、囫囵吞枣,"三天打鱼、两天晒网",必然难以掌握和吸收蕴在其中的思想精髓,更谈不上运用科学理论之"矢"射具体工作之"的",学习效果将大打折扣。我们应当自觉弘扬"吃小米饭,攻理论山"的优良传统,刻苦钻研习近平新时代中国特色社会主义思想,努力掌握系统完备的理论体系。同时,牢记"学习不是背教条、背语录,而是要用以解决实际问题"的深刻道理,贯通"学习到实践,再学习,再实践"的理论学习闭合回路,紧密联系工作实践、任务需求,不断从习近平新时代中国特色社会主义思想中汲取科学智慧和理论力量。①

三是要培养边干边学的学风。习近平总书记强调:"坚持在干中学、学中干是领导干部成长成才的必由之路。"坚持在干中学、学中干,实现实践与认识

---

① 康怀海:《持续改进我们的学风》,《解放军报》2022年3月15日,第6版。

的相互促进、循环往复,既能有效推动工作,又能提高学习效率。在干中学,学习才有实践根基,才能开拓未知边界;在学中干,实干才有理论指导,才能得到专业支撑。正所谓"刀要在石上磨,人要在事上练",我们只有在重大任务中历练、在火热实践中锤炼,结合工作需要学习,坚持干什么学什么、缺什么补什么,才能成为工作的行家里手。①

(三)必须在全员武装上抓重点

用习近平新时代中国特色社会主义思想武装全党和全国各族人民,一是要抓好领导干部这个"关键少数",二是要抓好青年群体这个重心重点。

领导干部岗位重要、责任重大,在学习贯彻上要有更高标准、更严要求。各级领导干部要提高政治站位、树立历史眼光、强化理论思维、增强大局观念,带着信念学、带着感情学、带着使命学,先学一步、学深一层,在学习中坚定理想信念、改造主观世界、解决实际问题,做到心正、道正、神正、身正。充分发挥各级党委(党组)理论学习中心组龙头作用,努力打造学习习近平新时代中国特色社会主义思想"示范组""模范班"。发挥党校(行政学院)、干部学院作用,教育引导干部研机析理、融会贯通,真正把这一思想参悟透、领会准、运用好。领导干部要发挥好带学促学作用,以身作则、率先垂范,切实承担起组织、推动、学习、贯彻的领导责任,形成一级抓一级、层层抓学习的良好局面。

习近平总书记指出:"未来属于青年,希望寄予青年。"青年是国家和民族的希望,中华民族伟大复兴的中国梦终将在一代代青年的接力奋斗中变为现实。要坚持不懈用习近平新时代中国特色社会主义思想武装青年头脑,引导广大青年树立对马克思主义的信仰、对中国特色社会主义的信念、对中华民族伟大复兴中国梦的信心,积极争当新思想的坚定信仰者、忠实实践者。坚持用习近平新时代中国特色社会主义思想铸魂育人,推动这一思想进教材、进课堂、进学生头脑,建立全员、全程、全方位育人体制机制,深化思想政治理论课改革创新,打牢青年学生成长成才的科学思想基础。②

---

① 何娟:《坚持在干中学、学中干》,《人民日报》2021年9月30日,第4版。
② 中共中央宣传部编:《习近平新时代中国特色社会主义思想学习问答》,学习出版社、人民出版社2021年版,第31页。

后 记

本书系海军军医大学政治理论教研室"党的十九届六中全会精神研究"成果之一,由常运立副教授、崔辉副教授负责全书的整体框架设计和统稿。具体写作分工:引言(崔辉);第一章第一节(杨英),第一章第二节(孙亦超),第一章第三节(曾舒珩);第二章第一节(牛冬梅),第二章第二节(郭凡凡),第二章第三节(陆克富);第三章第一节(蒋詠),第三章第二节(杜萍、李宗良),第三章第三节(李斌);第四章第一节(成利平),第四章第二节(徐辉),第四章第三节(邱影悦);第五章第一节(冉婷婷),第五章第二节(邱萍),第五章第三节(李阳);第六章第一节(王自力、张婧),第六章第二节(吕东方、印言蹊),第六章第三节(徐青松);第七章第一节(陶欣欣、李妍),第七章第二节(于浩);第八章第一节(代小丹、赵若琳),第八章第二节(丁晓宇、王璐颖),第八章第三节(周春、王姝亚);结束语(常运立)。

本书在写作过程中,汲取了国内有关学者的研究成果和资料,在此致以诚挚的谢意。当然,由于本书写作时间紧迫和作者水平所限,文中难免有疏漏和论述不当之处,还希望广大读者进行批评指正。

图书在版编目(CIP)数据

真理的伟力：马克思主义中国化的理论飞跃 / 常运立，崔辉主编. — 上海：上海社会科学院出版社，2024
ISBN 978-7-5520-3959-7

Ⅰ.①真… Ⅱ.①常… ②崔… Ⅲ.①马克思主义—发展—研究—中国 Ⅳ.①D61

中国国家版本馆CIP数据核字(2023)第044623号

真理的伟力：马克思主义中国化的理论飞跃

主　　编：常运立　崔　辉
副 主 编：王璐颖　印言蹊
责任编辑：包纯睿
封面设计：黄婧昉
出版发行：上海社会科学院出版社
　　　　　上海顺昌路622号　邮编200025
　　　　　电话总机 021-63315947　销售热线 021-53063735
　　　　　http://www.sassp.cn　E-mail:sassp@sassp.cn
照　　排：南京理工出版信息技术有限公司
印　　刷：上海新文印刷厂有限公司
开　　本：710毫米×1010毫米　1/16
印　　张：15.25
插　　页：1
字　　数：231千
版　　次：2024年1月第1版　2024年1月第1次印刷

ISBN 978-7-5520-3959-7/D·662　　　　　　　　　定价:78.00元

版权所有　翻印必究